U0476325

习近平总书记指出:"中国共产党人的初心和使命,就是为中国人民谋幸福,为中华民族谋复兴。"千百年来,胶东一直被称为"千里胶东",故本书名之曰《初心千里》。

谨以书此献给伟大的中国共产党成立100周年。

——题记

初心千里

宫泉激 著

国际文化出版公司
·北京·

图书在版编目（CIP）数据

初心千里 / 宫泉激著. -- 北京：国际文化出版公司，2021.12
ISBN 978-7-5125-1286-3

Ⅰ．①初… Ⅱ．①宫… Ⅲ．①中国共产党－地方组织－党史－史料－山东 Ⅳ．① DD235.52

中国版本图书馆 CIP 数据核字 (2021) 第 249043 号

初心千里

作　　者	宫泉激
责任编辑	于锡平
出版发行	国际文化出版公司
经　　销	全国新华书店
印　　刷	北京虎彩文化传播有限公司
开　　本	710 毫米 ×1000 毫米　　16 开
	19.125 印张　　298 千字
版　　次	2021 年 12 月第 1 版
	2021 年 12 月第 1 次印刷
书　　号	ISBN 978-7-5125-1286-3
定　　价	58.00 元

国际文化出版公司
北京朝阳区东土城路乙 9 号　　邮编：100013
总编室：（010）64271551　　传真：（010）64271578
销售热线：（010）64271187
传真：（010）64271187-800
E-mail：icpc@95777.sina.net

目 录

第一章　黄渤海的浪涛拍打着中国新民主主义革命的大门 / 1

第二章　胶莱河奋飞的鸿雁 / 5

第三章　信号山的忠贞 / 12

第四章　从上海回来的年轻人 / 19

第五章　保驾山村说保驾 / 26

第六章　胶东第一个中共县委 / 32

第七章　海莱地区抗粮军 / 39

第八章　鲜血染红的征程 / 47

第九章　撒遍胶东的红色种子 / 54

第十章　唤起民众千百万 / 61

第十一章　"一一·四"暴动和昆嵛山红军游击队 / 68

第十二章　民先，青春的烈火 / 75

第十三章　山东抗日第三军的创建和胶东对日第一战 / 82

第十四章　胶东第一个县级抗日民主政府 / 92

第十五章　仙境复仙境的较量 / 101

第十六章　打退顽军的第一次进攻 / 109

第十七章　人民军队的黄县会师 / 117

第十八章　胶东党组织，从特委到党委 / 125

第十九章　扼住蚕食者的咽喉 / 131

第二十章　一仗打垮一大把顽军司令 / 138

第二十一章　把冈村宁次打跑了 / 146

第二十二章　千方百计减少人民群众的负担 / 155

第二十三章　不全靠敌人给我们造 / 165

第二十四章　扬眉吐气的战略反攻 / 174

第二十五章　日本投降了，人民胜利了 / 183

第二十六章　解放区的天是明朗的天 / 192

第二十七章　粉碎了国民党的重点进攻（一）/ 202

第二十八章　粉碎了国民党的重点进攻（二）/ 211

第二十九章　青岛，在爱与恨的交织中获得解放 / 218

第三十章　八月渤海，正是收秋好时节 / 228

第三十一章　中国，中国，鲜红的太阳永不落 / 236

第三十二章　组织起来的力量 / 244

第三十三章　从种田吃饭到种田富民 / 253

第三十四章　"莱西经验"，从胶东走向全国 / 262

第三十五章　在那桃花盛开的地方 / 272

第三十六章　人民至上，生命至上 / 281

第三十七章　胶东，迎着黄渤海的霞光进入新的百年 / 292

后记 / 295

第一章
黄渤海的浪涛拍打着中国新民主主义革命的大门

一条清澈的河流，沟通了两个浩瀚的海。这条河就是胶莱河。

胶莱河南北分流，以平度姚家村为分水岭，南向流入黄海的胶州湾，北向流入渤海的莱州湾，两端各取一字，便名之曰胶莱河。而两端的任何一端，都通连着汪洋大海，可以任意进入海上的远洋航线，驶向四面八方。

胶莱河为运河，开凿于公元1280年，是元世祖为南粮北调周济京师，便利漕运而兴以此举，五年连接贯通，成为粮道。其后，虽逐步为他途所取代，漕粮功能也最终止于荒废，但在当地仍有"运河""运粮河"之称。

胶莱河河面开阔处约200米，陡岸长堤，风光秀美。春天，萌发的柳芽，飘飞的柳絮，悠扬的柳笛和着葱茏的蒲苇，发散着温润的气息；夏天，丰密的水草，高茂的水蓼，轻盈的浮萍睡莲，衬托着无边的蝉鸣，渲染着炎热的舒缓；秋天，田园的稻粱，山岭的果木，水里的菱藕，陪伴着人挑马驮大小车辆的田径土堤，满载着天高云淡的香气缱绻；冬天，河面的冰凌，冰上的积雪，雪上疏疏密密的鸟印兽迹，构成一派别样的情趣。茕茕子立的寒树在两岸肃穆地挺立，承受着无边的朔风强劲的猛扑。朔风卷翻了冰面上的积雪，呼啸着、盘旋着，洋洋洒洒在近地和远空……

水中的鱼不分季节，不守时日地游动，鲫鱼、鲢鱼、鲤鱼、鳙鱼、鲇鱼、鳝鱼和无数种不知名或者根本就没有名的什么什么的鱼，融洽着河虾、螃蟹、甲鱼和水蛇、青蛙、癞蛤蟆之类，容融着生态，汇合着交响，组成了庞大的水族荣耀，尤涯地繁衍，无尽地生息，满足着一代又一代渔人的撒网和垂钓。

水鸟就不消说了，这里有它们丰美的食物。水鸭、水鸡、鸳鸯、白鹭、白鹤、白鹳等，都那么逍遥自在，交互着追逐嬉戏。那些野蛮的鸥鸟，低回着、盘旋着，瞅准时机，箭一般俯冲下来，叼起一条可食之鱼，又"扑啦啦"

飞得无影无踪。有趣的是，有的鸥鸟误叼了水蛇，便在半空中展开了搏斗，鸥叨啄着，蛇盘曲着，不知能有多少个回合，谁胜谁败，谁生谁死，就只有天知道了……数不清的候鸟，鸣春、唱夏、咏秋、号冬，都在各尽其能各依情绪地或热情奔放，或悲戚落寞。从西伯利亚来来回回的大雁，经冬循春都会在这里逗留、休憩，然后再振翅奋飞，向着其要去的地方……

大雁是出色的空中旅行家，据说每小时能飞90公里。每当秋冬季节，它们就成群结队地从西伯利亚飞到南方过冬；第二年春天，经过长途旅行，再回到它们的故乡——西伯利亚——生儿育女。

这里是大雁南来北往流转回还的驿站。

胶莱河连着胶河。不，胶河出胶山之源而北，向远与胶莱河连为一体，直到莱州湾入海。

正确的说法应该是胶莱河借了胶河之流开凿而得以通航。

有说法称胶莱河是胶东、胶西的分界，实际上这个分界应该是胶河而不是胶莱河。因为秦设胶东郡的时候胶莱河远无踪影，所以如果硬要说胶东以胶莱河为界就无以为凭了。

胶东在山东半岛东端，从地图上看，就是那个出黄渤海而东北向的顶尖部位。胶东面积6万余平方公里，南北东三面环海，西接内陆，有广阔的后方和辽远的回旋余地，人民习惯称之为"千里胶东"。黄、渤海延绵盘桓，隔海与韩国、日本相望，所谓"一衣带水"便应始于此地。

据要扼险的战略位置，旷达幽深的天然良港，得天独厚的气候环境，美丽富饶的地灵物华，成为中国乃至世界不可多得的梁园胜境。

胶东，是一个极富地域优势和人文特色的地方。

秦始皇统一六国，全国分36郡，胶东郡的区划大致在胶莱谷地及其以东具有相同语言、文化和风俗习惯的半岛地区，包括如今的烟台、威海、青岛辖区和潍坊所辖的部分地区，治所在即墨古城（今平度市古岘镇）。

从莱夷地到莱子国，从胶东郡、胶东国到胶东道，胶东经过了数千年演化，民生优裕，人文厚重。1840年的鸦片战争之后，帝国主义列强的坚船利炮打开了中国的大门，迫使中国门户洞开，铁骑到处，揭开了近代中国人民反抗外来侵略的历史篇章，也把胶东推向了中国近代史的前沿。

1894年7月25日，中日甲午战争爆发。面对日本政府蓄谋已久的侵略行径，清政府驻扎在威海刘公岛的北洋水师仓促应战，最终全军覆没。海军提督丁汝昌自尽殉国,"镇远""济远""平远"等舰被俘。清政府作为战败一方,于1895年4月17日与日本签订了屈辱的《马关条约》。

1897年11月10日,德国以"巨野教案"为借口出兵胶州湾,远东舰队司令棣利士率3艘军舰从海上进军中国,13日抵达胶州湾海面,以演习为名大举登陆。陆战队分头占领了军火库、电报局、栈桥、青岛炮台,包围了总兵衙门和4个兵营,5个钟头占领了整个青岛,便向青岛驻军总兵章高元下了通牒,要中国军队立即撤走。章高元电示清廷,得到的回复是:"断不可先行开枪。"① 随即,青岛落入德国人之手。

康有为为此第五次上书光绪皇帝,请求变法图强。光绪遂下了《明定国事诏》,实行变法维新。

这就是中国近代史上的"戊戌变法"。

德国最先闯入,侵占了胶州湾,开了西方列强凭武力"租借"中国沿海港口的先河,引发了帝国主义列强瓜分中国的狂潮。

1898年5月23日,日军撤离威海卫,次日英国海军占领了刘公岛。7月1日清政府与英国驻华公使在北京签订《中英议租威海卫专约》。英国以牵制俄国为借口强租了威海。

德国占领青岛之后,随即设置了总督府、军政部、民政部、工务部、法院等,市区的马路也改成了德国式的名字。

1914年第一次世界大战爆发,日本以对德宣战为口实向青岛发起进攻,11月16日进入市区,青岛从此成了日本的殖民地,日本人在青岛便可以横行无忌了。

日本侵占青岛时曾声称:打败德国便归还中国。之后,不仅尽食前言,反而变本加厉,迫使袁世凯政府签订了丧权辱国的"二十一条",企图长期霸占青岛。

1919年,在第一次世界大战结束后的"巴黎和会"上,中国政府提出废除"二十一条",把德国在中国"租借"的青岛和胶济铁路主权归还给中国。而那些把持会议的帝国主义国家的代表却无视中国代表的强烈反对,把德国在中国山东攫取的一切特权硬给了日本。

石破天惊!

---

① 黄同华、赵希秋:《青岛文化》,青岛出版社,2010年版,第15页。

消息传来，激起国内人民的强烈愤慨，以青年学生为先导的五四爱国运动火山般地爆发了。北京大学等学校的学生纷纷举行集会，致电巴黎专使，要他们拒签合约。一个学生当场啮破手指头，书写了"还我青岛"的血红大字。响彻云霄的"外争主权，内惩国贼""取消二十一条""誓死争回青岛"的口号，成为当时全中国人民庄严而正义的呼声。

然而，作为五四运动导火索的青岛，由于日本当局对消息的封锁，禁止媒体刊发五四运动的新闻，在街头密布军警，给日本人发了武器，以让他们以武力应对可能的突发事件。在这种高压而恐怖的态势下，五四初期的青岛一片沉寂。

全国人民发出了"还我青岛"的怒吼，青岛岂能无动于衷！

面对日本军警的枪口，青岛人民终于燃起了反抗的怒火——崇德中学师生在校长王守清的带领下，冒着生命危险走上街头，高呼"打倒日本帝国主义""坚决收回青岛和胶济铁路"的口号，游行示威，显扬心志，唤起市民，抵制日货。对此，青岛的日本当局竟冒天下之大不韪，将崇德中学的师生全部拘捕，校长王守清被逐出青岛，学校也不得不迁到了潍县。

日本侵略者的行径就是这么残暴，这么恶劣！

风起云涌的五四爱国运动在国内外造成了巨大的影响。面对强大的舆论压力，北洋政府无奈地释放了逮捕的学生，罢免了曹汝霖、陆宗舆、章宗祥的职务，电告参加巴黎和会的代表"自行决定"。远在巴黎的中国代表陆征祥、顾维钧深感公理不可变，民心不可违，遂下决心拒绝签字。

五四运动取得了最终胜利。

1921年11月，华盛顿会议召开，英美诸国皆支持中国收回山东权益。日本极不情愿地与中国开始谈判青岛的权力交接。1922年2月4日，中日双方签署了《解决山东悬案条约》及附约，经过几番艰难的讨价还价，于12月1日在北京签署了《山东悬案细目协定》，中国付出巨款才赎回了青岛和胶济铁路的主权，却还要将青岛开放为通商口岸，给日本人和外国侨民以特殊的权利。

12月10日，中日双方在青岛举行了交接仪式。

五四爱国运动对社会主义思潮在中国的蓬勃兴起起到了极大的推动作用，促进了马克思主义在中国的传播并与工人运动相结合，为中国共产党的成立在思想上、干部上做了准备，标志着中国新民主主义革命的伟大开端……

第二章

胶莱河上奋飞的鸿雁

在胶莱河东岸,有一个集镇叫马戈庄,是平度县的西部重镇,曾被许多人称为"胶东的西大门"。

马戈庄地面安葬过齐桓公的相国,出生过同治年间的进士,可谓历史悠久,文脉绵长。或许,这便是人杰地灵吧。到1882年3月,这里诞生了一个为中国共产党的成立做出过特殊贡献的人物——杨明斋。

杨明斋的父亲叫杨仁鉴,家有田产,在马戈庄也算是个殷实人家。但是,对于他的儿子杨明斋来说却就不是那么"殷实"了。

杨明斋3岁丧母,父亲续娶,义为他生下了3个弟弟,3个妹妹。7岁时杨明斋进入村塾读书,15岁熟稔了"四书五经"后便因家境渐衰,不能继续读书了。光绪二十三年,德军占领青岛,平度城里也进驻了德兵。

国将不国,何以家为!或许,就在此刻,杨明斋行走在胶莱河大堤上仰天长叹:"家国何往,出路何在!"他看得见胶莱河上空那一排排鸣叫的大雁,一会儿"一"字,一会儿"人"字,正呼啦啦往北奋飞。

此刻,从渤海湾过来的海风刮乱了他的头发,不知他在做何感想?

鸿雁北去

1901年3月,杨明斋带着生活的无奈和苦苦的思索,告别父母弟妹和乡亲父老,取道东北,几经辗转到了已经归在了俄国名下的海参崴。

过去的那些年代,关里人闯关东,下"崴子"(胶东人对海参崴的俗称)的甚多,因为从胶东过了渤海就入了关东,相对来说舟车行走比较方便,"死逼梁山下关东"的人就尤其多了起来。

"崴子"原为中国领土。康熙年间清政府与沙俄签订的《尼布楚条约》明确规定海参崴属清朝。待清朝国势日衰,就对中国领土觊觎日久的沙俄政府逐渐就有恃无恐了。他们于1858年强迫清政府签订了不平等的中俄

《瑷珲条约》，规定包括海参崴在内的乌苏里江以东地区由中俄共管。1860年俄国又变本加厉，与清政府签订了《中俄北京条约》，清政府割让了乌苏里江以东约40万平方公里的领土，其中就包括了海参崴。

"崴子"归到俄国去了，还改了个特别拗口的名字"符拉迪沃斯托克"，但当时在中国人的眼里，"崴子"还是"崴子"，"崴子"城内还是有若干华人居住着，说的依然是中国自古而今的汉语言。

杨明斋到了"崴子"的时候，平度早先来的人已经不少。初来乍到，他就住在自己本家的弟兄那里。不久，经族叔介绍，他进工厂当了"账房先生"（记账员），晚上就教工人识字，结交了许多朋友，也学会了俄语。

1908年，杨明斋去了西伯利亚矿区。

西伯利亚西起乌拉尔山脉，东至杰日尼奥夫角，北临北冰洋，西南抵哈萨克斯坦的中北部山地，南至蒙古、外兴安岭地区，是一片广袤无际的区域，面积约1300多万平方公里，分为西伯利亚平原、西伯利亚高原和西伯利亚山地。

这个地方靠近中国。帝俄时期，流落到俄国的二三十万华人劳工大多在西伯利亚谋生，做的都是矿山、道路、装卸、搬运之类的苦力活，遭受残酷的压迫和剥削，人格得不到尊重，安全得不到保障，同样的劳作，报酬仅有俄国人的2/3。

恶劣的环境，非人的待遇，使得年轻耿直的杨明斋苦苦思索着那暗无天日的社会制度和那和着血腥的阶级矛盾与民族矛盾。国外的耳濡目染，使他与故国家园的情景联系起来思考，清楚地看到了"天下乌鸦一般黑，世界穷人一样苦"的残酷现实。

在与布尔什维克党人的接触中，杨明斋逐渐明白了造成这种残酷现实的最根本原因。而改变这种现实的根本途径，就要靠全世界无产者联合起来，推翻旧制度，建立新社会。

第一次世界大战爆发，杨明斋积极参与了布尔什维克党领导的工人运动，被推选为华侨工人代表。十月革命前夕，他加入了列宁领导的布尔什维克党，以帝俄外交机关职员的身份秘密为党工作。

1917年，俄国十月革命取得胜利，建立了人类社会第一个社会主义国家和第一个人民当家做主的社会制度。为保卫新生的苏维埃政权，成千上万的在俄华工参加了红军，与俄国工人阶级并肩战斗。杨明斋也在其列，而且表现非常出色，贡献也特别突出。之后，他便被保送到莫斯科东方领导者共产主义大学深造。

在大学，杨明斋系统地学习了马克思主义理论，心灵得到新的洗礼，思想逐步走向了成熟。毕业后，他受俄共（布）党组织派遣回到了还被日本占领者统治着的海参崴，以海参崴地区华侨负责人的身份，秘密开展工人运动。

振翅南来

当时的中国，马克思主义已经开始传播，列宁和共产国际密切关注着中国革命。1920年，共产国际决定派一个工作组到中国，与中国的共产主义者建立联系，促成中国共产党的诞生。杨明斋作为成员之一随同工作组一起来到中国。他负责翻译、向导和参谋的工作，成为工作组主要负责人维经斯基的重要助手。

杨明斋自然渴望中国共产党的诞生，也渴望在中国——包括他的家乡——建立起像苏维埃一样的人民当家做主的社会制度。能与共产国际的工作组一起到中国来，为中国革命做出自己的贡献自然也是他心中的渴望。

在北京，"共产国际中国工作组"通过在北京大学教书的俄籍教授柏烈伟介绍，同正在酝酿成立中国共产党的李大钊进行了多次交谈，彼此非常融洽，很快便达成了成立中国共产党的共识。

杨明斋作为翻译，与李大钊彼此敬重，掏心掏肺，更是无事不说，无话不谈。李大钊称赞杨明斋为"万里投荒，一身是胆"。[1]

经共产国际同意，杨明斋等带着李大钊的介绍信件，随同维经斯基到上海与中国另一位马克思主义者、主编《新青年》杂志的陈独秀见面。1920年秋，杨明斋借回家省亲途经济南的机会，与济南的进步人士王尽美、邓恩铭、王翔千等会面，宣传十月革命，传播马克思主义，促进了济南共产党早期组织的建立。

在上海，维经斯基、杨明斋等同陈独秀、李汉俊、沈玄庐等人取得共识，决定发起成立中国共产党。5月，他们成立了上海马克思主义研究会，杨明斋参与了组织工作。8月，维经斯基、杨明斋等又与陈独秀、李汉俊、李达、沈

---

[1] 中共平度市委组织部，中共平度市党史研究室：《红色记忆》，中共党史出版社，2015年版，第8页。

玄庐、陈望道、俞秀松、施存统等成立了上海共产党早期组织——共产党上海发起组（即上海共产主义小组），杨明斋遂由俄共（布）党员转为中共党员。

随后，《新青年》杂志改成了上海共产党早期组织的机关刊物，增加了马克思列宁主义知识宣传内容，设置了"俄罗斯研究"专栏。11月，中共上海发起组又创办了《共产党》月刊。

在积极参与创办刊物的同时，杨明斋主动为两个杂志翻译和撰写文章，不失时机地把俄国革命的情况和经验介绍到中国来。其间，杨明斋陪同维经斯基继续在上海、北京等地奔波，夜以继日地开展工作。他与李大钊磋商筹划，成立了北京共产党小组；与王尽美、邓恩铭、王翔千会谈，推进济南共产主义运动的开展。

为工作需要，由杨明斋出面租赁了上海法租界新渔阳里6号1座2楼2底独院的石库门房子，作为上海党组织开展社会活动和青年工作的场所，中俄通讯社、外国语学社、上海社会主义青年团、教育委员会等机构都设在这里。

中俄通讯社是共产国际工作组的公开机构，杨明斋任社长。党的上海发起组成立之后，改由发起组领导，社长是杨明斋。通讯社的主要任务是传播马克思列宁主义，宣传十月革命，沟通中俄两国人民间的了解。在外国通讯社和中国军阀政府极力封锁和歪曲苏俄十月革命的情况下，中俄通讯社独树一帜，在《民国日报》上发表了许多介绍布尔什维克、介绍列宁、介绍十月革命的真实报道。

通讯社还整理了反映上海工人现状的《劳动家的社会主义谈》，分十多期在《民国日报》连载，深刻揭露了旧制度下社会的黑暗和人民的血泪控诉。据不完全统计，1920年7月到1921年7月一年间，通讯社仅在上海报刊就发表文稿140多篇。

中俄通讯社是我党最早的通讯社，是我国第一个无产阶级和社会主义通讯社。中国共产党正式成立后，通讯社仍以"中俄通讯社"的名称继续发表文稿，为党的建设和发展广造舆论。

中国共产党上海发起组成立后，杨明斋参与了多方面的工作：成立了社会主义青年团，由杨明斋负责指导；建立了外国语学社，由杨明斋任校长兼俄语教师；建立了上海机器工会，由陈独秀、杨明斋引导和扶持；选派学员到苏俄学习，由杨明斋负责介绍。

中共先后选派到苏俄学习的有刘少奇、任弼时、张闻天、王稼祥、乌兰夫、伍修权、萧劲光、罗亦农等，他们都先后成了党的卓越领导人。

中国共产党成立之后，杨明斋在党内主要从事理论教育工作，与李达合编讲义，每周给共产党中央局支部讲课，先后讲授了《马克思主义浅说》《阶级斗争》《帝国主义》等。1922年杨明斋参加了中共二大，在会上为制定反帝、反封建纲领发表了积极的意见。

1924年春，他在北京一面治病一面撰写并出版了《评中西文化观》，对当时社会上出现的反对马克思主义在中国传播的复古主义思潮进行了深刻剖析和批判，旗帜鲜明地提出，要改变中国的贫穷和落后，"非采用社会主义不可"[1]的理论观点。

1925年，他发表在《中国军人》杂志的《苏俄十月革命后的反动》一文指出："布尔什维克的胜利，完全是由于他的理想和方法之实行遇到困难时，便不迟疑地尊重多数民众需要的事实……"[2]3月12日，孙中山先生逝世，他写了《我们怎样纪念中山先生》的文章，提出："我们的纪念不仅是对孙中山先生一个人的纪念，最重要的要关怀孙中山先生所热爱的四万万国民"。[3]

10月，苏共中央决定成立莫斯科中山大学，为中国的国共两党培养干部，中国共产党把选派干部赴苏学习的任务交给了杨明斋。

10月下旬，杨明斋送走了第一批学员之后，又与周达文亲率第二批100余人从上海出发去苏联。到达之后，杨明斋被留在了大学做总务工作。为保证在校的500多名中国学生学习好、生活好，他深入实际了解学生情况，听取学生意见，想方设法改善学生生活，认真细致地安排学生度假和休养。他在莫斯科中山大学工作了两年，给学生留下了良好的印象。

1927年夏天，杨明斋按照党的指示取道海参崴回国，被派在平津地区开展活动。在北平，他住在景山西街一间狭窄的房子里从事理论研究，把自己对中国革命的思索和探讨写成了《中国社会改造原理》一书，于1929年2月出版上卷。这期间，党的顺直省委安排他到丰润县车轴山中学以教员身份作掩护，继续进行《中国社会改造原理》下卷的研究撰写。10月，

---

[1] 中共平度市委组织部，中共平度市党史研究室:《红色记忆》，中共党史出版社，2015年版，第18页。
[2] 中共平度市委组织部，中共平度市党史研究室:《红色记忆》，中共党史出版社，2015年版，第19页。
[3] 同上。

他完成了 10 万字的文稿交付出版。

理羽更飞

  1930 年春，杨明斋在对党的理论、党的建设深入研究和反复思索中，决定到莫斯科向共产国际说明中国革命、中国共产党和陈独秀的情况及自己对一些问题的独立见解，不想刚到伯力便被扣在政治管理局。情急之中，他给共产国际写了长篇报告，阐述中国的社会现实和文化历史根源并申述了自己回到苏联的理由。

  报告几经辗转送到共产国际，杨明斋却于 1931 年春被当作"叛逃者"流放到托木斯克当了勤杂工。

  杨明斋多次写信给共产国际和中共驻共产国际代表团成员反映自己的情况，反复申述自己回到苏联的理由，均未被理会。流放期满后又几经逮捕几经释放，于 1938 年 2 月 7 日被莫斯科内务部以捏造的"日本间谍、托派恐怖分子"的罪名再次逮捕，未经诉讼便判处死刑，于 5 月 26 日惨遭杀害。

  杨明斋，这位胶东半岛的优秀儿子，对中国革命做出了突出贡献，在中国共产党的理论建设、思想建设、组织建设中发挥过开创性作用的中共元老和"忠厚长者"（周恩来语），[①] 就这样惨烈地牺牲了。

  革命的道路总是曲折反复和充满着不测与险恶的。

  显而易见，杨明斋牺牲的深层次原因是他能够不顾安危勇敢地反对共产国际和苏俄在中国革命指导方面的错误，直接原因则是苏联肃反扩大化的大背景下的任意诬陷、捏造罪名。这个事实再一次表明，人和组织都是在正确和错误的颠簸中发展的。

  然而，在当事者还在左右时局的时候，其所存在的缺点和错误是很难被承认并得到及时纠正的。硬要指出他们的错误并坚持与之论辩和斗争，轻则会备受冷落，重则便会引来杀身之祸。

  除非，这个当事者是属于那种心底无私、光明磊落，且具有坦荡胸怀，忠实于客观实际的人。

---

① 中共平度市委组织部、中共平度市党史研究室：《红色记忆》，中共党史出版社，2015 年版，第 24 页。

可能，这只能是一个没有结局的设想。

魂兮归来

1989 年 1 月，苏共中央作出决定，为所有被非诉讼机关镇压的人恢复名誉，杨明斋终于得以平反。同年 8 月，山东省人民政府追认杨明斋为烈士，平度县人民政府确定杨明斋故居为重点文物保护单位，上海中共一大纪念馆增设了对杨明斋的陈列，中共党史教科书和《辞海》等都有了关于杨明斋事迹的记载。

去国离乡的杨明斋有生之年只回过两次家。第一次是 1913 年的春节，这位阔别家乡 12 年之久的游子从西伯利亚回到家乡，那年他 31 岁。第一次回来，他看到家乡比以往更加贫苦，父亲已经 49 岁，体弱多病；继母因经年劳累，身体也过早地衰弱了。弟弟妹妹长高了，对社会时局的理解还依然处于懵懂惶惑之中。杨明斋无限惆怅地在家里度过了一个春节，带着父亲的嘱咐和继母、弟妹依依不舍的目光，如一只离群的孤雁，郁郁返回了西伯利亚。

第二次是 1920 年秋天，父亲已经在五年前过世。杨明斋在父母坟前长跪不起，痛心地祭拜。他想什么呢？或许，他在想他辜负了父母的期望，成了"不孝有三，无后为大"的不孝之子？或许，他在为自己对父母的"生不能事，死不能葬"做心灵的自责？这可都是胶东男儿难以回避的心结哦。

自古忠孝不能两全，但他不会因此而为自己开脱。然而，实实在在的事实是，杨明斋忠于了他的祖国，忠于了祖国的人民，忠于了他参与创建的中国共产党的伟大事业，忠于了他虔诚的信仰。

在家期间，他对继母如同亲生母亲一样侍奉着，除了留下路费，把身上仅有的几个钱都交给了年迈的继母养老。继母几次劝他娶妻留后，他总是说"不急，不急"。他嘱咐弟弟妹妹好好孝敬母亲。他把四弟好益带到济南，安置在　所中学读书，希望他能学有所成。

为中国革命，为中国共产党的诞生、发展和壮大，杨明斋往返于中俄（苏）之间，不知道有多少个来回。

历史，铭记着这胶莱河畔回环往复的鸿雁……

第三章
信号山的坚贞

青岛的信号山，海拔 98 米，南向黄海，挺拔巍峨，傲然耸立在红瓦绿树之间。

信号山原有个质朴而威严的名字——大石头山，彰显着一种凛然不可侵犯的霸气。青岛港建成之后，山上筑起了信旗台，为过往船只传递信号，便有了"信号山"这个名字。

川流不息的海船，由信号山的信号导航，源源驶入崛起于近代的青岛，也在中国旧民主主义革命与新民主主义革命的交会点上，见证了伟大的五四运动。

因为青岛主权的归属问题引发了席卷全国的五四运动，成为中国近代思想解放的先导，为马克思主义在中国的传播创造了前所未有的条件，进而催生了伟大的中国共产党。在中国共产党的领导下，中国人民开始了伟大的革命斗争。

中共一大的两位山东代表——王尽美和邓恩铭及另一位山东早期的省委书记刘谦初，都在青岛留下了革命先行者的足迹。

信号山的灯光映照着他们伟大的身影。

（一）

1898 年 6 月 14 日，王尽美生于山东省莒县大北杏村（今属诸城）。7 岁的时候，他为地主家的孩子当过陪读，受尽屈辱。12 岁入私塾、进学校，17 岁高小毕业，于 1918 年考入山东省立第一师范学校。五四运动期间，王尽美等一师同学于 5 月 7 日联合济南 21 所学校的代表 70 余人成立了山东省学生联合会，他成为领导人之一。5 月 10 日，学联组织了有驻济各校学生数千人参加的反日救国会，举行了声势浩大的游行示威。5 月 23 日，21 所学校举行总罢课。随后，学联又联合省商会成员举行罢市，一时间让济南变成了一座"死城"。

1920年年初，王尽美受邀成为北京大学李大钊先生领导的马克思学说研究会的第一批外埠会员，并得到了中译本的《共产党宣言》。1920年11月，他与邓恩铭等发起成立"励新学会"，创办了《励新》半月刊，自任主编。

《励新》杂志大量刊登进步文章，积极宣传新思想、新文化，抨击时弊、启发青年、呼吁革命、倡导革新，造成了广泛影响。1921年春，王尽美与邓恩铭等人发起创建了济南共产党的早期组织。7月，二人作为山东省的代表参加了党的一大。

党的三大之后，王尽美根据党的决议，以个人身份加入国民党，被孙中山任命为国民会议特派宣传员。他正确贯彻执行党的统一战线方针，奔波于济南、青州、潍县、青岛等地开展党的工作。

1925年1月初，王尽美以国民会议宣传员的身份抱病来到青岛，设立了国民会议促成会筹备处，宣传召开国民会议的目的和意义，促进国民会议运动的发展。1月17日，他支撑着病体，在青岛福禄寿电影院召开群众大会，发表了慷慨激昂的长篇演讲，对时局的分析精辟透彻，给听众留下了深刻印象。经王尽美和同志们的艰苦努力，"青岛市国民会议促成会"顺利建成，青岛成为全国开展工作最活跃的城市之一。

在青岛期间，王尽美还同邓恩铭一起领导了青岛及胶济铁路工人的罢工斗争。1925年2月，两人领导的胶济铁路和四方机厂工人大罢工，迫使路局和厂方答应了工人复工的基本条件。4月，两人一起领导青岛纱厂工人第一次联合大罢工，迫使日本资本家答应了9项复工条件。

7月，王尽美病情恶化，党组织安排他住进德国人建的青岛病院。临终前，他请青岛党组织的同志记录了他口授的遗嘱，叮嘱"全体同志要好好工作，为无产阶级和全人类的解放，为共产主义的彻底实现而奋斗到底！"[①]

8月19日，王尽美在青岛逝世，终年27岁。

（二）

1923年春，邓恩铭受党组织派遣，带着中共中央关于在山东重点加强

[①] 中共青岛市委组织部，中共青岛市委党史研究室编：《楷模》，2005年版，第8页。

工人运动的指示精神,带着在淄博矿区建立党组织、领导工人运动的工作经验,风尘仆仆地来到青岛,满腔热情地展开了在青岛的工作。

邓恩铭出生于贵州荔波县的一个水族家庭,父亲是个乡村医生,母亲做豆腐,兄弟姐妹六人,他是老大。

邓家老宅的对面是发源于荔波县境内月亮山南麓的樟江,出贵州境便与珠江汇流。江水平缓,清可鉴人。樟江右岸对着邓宅的地方有一口直径两米多的大井,下到井边汲水要走50级石阶。井沿旁的石壁上楷书了"永济泉"三字,款识为"同治九年仲冬修　滇南钱埙题"。

似乎,这样的环境能够涵养人的醇美性情。

邓恩铭稍大就随母亲磨豆腐。他6岁上私塾,10岁就读于当地的荔泉书院。1917年秋天,他走出荔泉书院,告别了父母和美丽的樟江,在做官的二叔黄泽沛接济下,于1918年进入山东省立第一中学读书。

五四运动影响到了济南,邓恩铭同王尽美一起领导学生进行罢课,探讨和研究马克思主义理论与共产主义思想,成为学生运动的重要领袖。他们组织了励新学会,介绍俄国十月革命,抨击社会现状。1921年春,他们建立并参与了共产党的早期组织。7月,邓恩铭与王尽美共同出席中国共产党第一次全国代表大会,他是其中最年轻也是唯一的少数民族代表。

1922年1月,邓恩铭赴莫斯科参加共产国际远东各国共产党和民族革命团体第一次代表大会。会议参观时,邓恩铭从面包分配标准上加深了对共产党员应该吃苦在人民之前、享受在人民之后的理解。他在给父母的信中说,因为革命工作,经济一直很紧张,没有能力给家里寄钱。但他却每月拿出党组织发给的生活费接济同志,坚持同党内的腐败分子进行斗争。

来到青岛,邓恩铭与四方机厂不久前成立的以"崇敬祖师、互敬互助,提高工人人格、辅助路务进行"为宗旨的"圣诞会"负责人郭恒祥取得了联系,以共产党的主张对"圣诞会"进行因势利导的改造,使这个组织从最初"行会"的状态转化成为现代工会性质的组织,并争取郭恒祥加入了中国共产党。同时,在四方机厂建立了党的组织,以党组织为核心领导工人开展斗争。

邓恩铭经常走访穷苦工人,在工人聚集的地方举行演讲会,在四方机厂附近的四方村创办了工人文化补习学校,一面帮助工人提高文化水平,一面传播马克思主义,发展党的组织,联系党、团员,发动和领导工人阶级为维护自己的利益而斗争。

根据党章规定，邓恩铭与共产党党员王象午等于1923年8月建立了青岛第一个党组织——中共青岛组，邓恩铭任书记。

青岛党组织的建立，进一步推动了马克思主义在青岛民众特别是在工人、学生中的传播。在此基础上，邓恩铭积极组建共青团组织。11月中旬，团中央巡视员王振翼来青，邓恩铭积极配合，多次召集进步青年座谈。11月18日，中国社会主义青年团青岛支部成立，邓恩铭任书记。

在邓恩铭等同志的积极努力下，青岛的党组织不断发展，党员不断增加，党的力量不断强大，党的工作做得有声有色。1924年7月，青岛已有正式党员13人，预备党员11人，党组织改称为中共青岛独立组，邓恩铭任组长。1925年2月，改称为中共青岛支部，邓恩铭任书记。

1925年2月8日，党领导的青岛胶济铁路总工会举行了胶济铁路工人大罢工，震撼了胶济全线，波及外地，迫使铁路当局答应了工人的部分要求。1925年四五月间，邓恩铭又组织领导了青岛历史上第一次大罢工——青岛日商纱厂工人同盟大罢工，罢工人数近2万人，声势浩大，震惊中外。

日本政府因此照会北洋政府，要求镇压罢工，并把军舰开进胶州湾，一方面进行威胁，一方面花30万元大洋贿赂了山东军阀张宗昌。张宗昌随即命令胶澳督办温树德派军警对罢工进行血腥镇压，造成了惨无人道的青岛惨案。

青岛惨案发生时，邓恩铭正在胶济铁路沿线巡视工会工作。他得知惨案发生的消息后，立即化装秘密返回青岛，与李慰农等人共同领导青岛人民反帝、反军阀的斗争。他们以青岛党组织的名义，给全国总工会副委员长刘少奇写信，报告了青岛惨案的经过。

刘少奇指示青岛党组织：广泛发动群众，宣传惨案真相，揭露日本帝国主义和反动军阀屠杀工人的暴行，争取各界人民的同情与支援，对困难同胞的家属进行慰问。同时，刘少奇还寄来了中华全国总工会的捐款200元和北京学生会的捐款2000元，救济罢工工人。

在青岛党组织的组织发动和引领下，青岛人民的反帝爱国热情和斗争精神不断高涨。这让青岛当局和日本人产生了极大恐慌，日本商人和工厂厂主要求日本政府向中国当局施加压力。恰在此时，山东督办张宗昌来到青岛，再次向罢工工人挥起屠刀，逮捕杀害了工人领袖李慰农、胡信之。

在万分险恶的形势下，邓恩铭没有丝毫退缩，一如既往地往来于各工厂和工人中间，了解情况，研究对策，指导工人坚持斗争。在敌人大搜捕的日子里，他凭着自己的机智，在工人及国民党"左"派人士的掩护下，躲过了便衣警察一次又一次的盯梢和追踪。

形势越来越严峻，抓捕邓恩铭等人的通缉令贴满青岛的大街小巷，邓恩铭不得不转移到了外地。

1925年8月，中共中央任命邓恩铭为中共山东地方执行委员会书记。11月，山东省委机关遭到破坏，邓恩铭被捕入狱，遭到了残酷折磨，后经党组织多方营救，始得以保外就医。1926年6月，在严重的白色恐怖之下，青岛党组织亟待整顿恢复。于是，他再次秘密回到青岛主持市委工作，在随时都可能被捕的险恶环境之中，倾尽全力进行党组织的恢复和发展。

1927年4月，邓恩铭赴武汉出席中国共产党第五次全国代表大会，并应邀到毛泽东举办的"农民运动讲习所"介绍山东工运和农运情况。1927年8月，邓恩铭回到山东后，担任了中共山东省执行委员会书记。

1928年7月，邓恩铭在淄博矿区负责党的工作。1929年初，邓恩铭在省委宣传部机关开会时，被因贪污党的经费而被开除出党的叛徒王复元出卖，再次遭到逮捕。在狱中，他与武胡景（前省委书记）、何自声（省委秘书长）等同志建立了党的核心领导组织，团结狱中党内同志，告诫大家做好长期斗争的准备，维护和遵守党的纪律，坚持思想一致、行动一致，绝不动摇、绝不自首。

邓恩铭和狱中党的组织不仅抓住监狱以伙食虐待犯人的事实进行绝食斗争，还组织了两次越狱。第一次是1929年4月19日晚，只有一人成功逃出；第二次在7月21日，18人全部冲出监狱，但除武景胡、何自声、王永庆等成功逃脱外，邓恩铭等12人又先后被重新抓捕关进监狱。

1930年，邓恩铭在敌人的百般折磨、刑讯威逼中度过了整整一年。在最后的日子里，他写了两封家信嘱咐弟弟、安慰父母。

邓恩铭在英勇就义前，写下了壮烈的《诀别》诗章："卅一年华转瞬间，壮志未酬奈何天。不惜唯我身先死，后继频频慰九泉。"[①]

1931年4月5日凌晨6时，邓恩铭与刘谦初等21名同志，在济南纬八路刑场英勇就义。与这21名烈士同时关押的郭隆真在狱中即被残酷地杀害。

---

① 中共青岛市委组织部，中共青岛市委党史研究室编：《楷模》，2005年版，第18页。

（三）

刘谦初是来青岛的途中被捕的。

1929年7月，中共山东省委机关遭到严重破坏，60多人被逮捕。

面对济南全城白色恐怖的严峻局面，省委书记刘谦初决定到青岛与早先撤出济南的青岛党组织负责人党维蓉研究情况，制定对策。8月7日，当他乘火车到达明水车站时，被国民党特务认出逮捕。

刘谦初是平度县刘庄村人，他的村往西不远就是杨明斋的老家马戈庄镇。他生于1897年，8岁入学，16岁考入平度知务中学，1918年考入齐鲁大学预科。五四运动期间，刘谦初积极参与街头演讲、分发传单。1922年，他进入燕京大学学习，与李大钊领导的学生组织建立了秘密联系，接受了中共地下党组织的领导。1925年，五卅惨案发生，他首倡成立燕大沪案后援会，被选为燕大学生运动负责人之一。

燕大毕业后，刘谦初先后在镇江润州中学和岭南大学附中（广东）任教。1926年12月15日，他去到武汉参加了国民革命军第11军，被任命为政治部宣传科社会股股长。大革命失败后，刘谦初根据党的指示，先到江苏省委工作，后经上海去福建。1928年7月24日，中共福建省临委先后召开紧急会议和扩大会议，开除了已经叛变的原省委领导人，选举刘谦初为省临委代理书记。1928年8月26日至27日，在中共福建省第一次党代会上，刘谦初当选为省委书记。

1929年初，党中央根据当时山东省党组织已经遭到严重破坏的实际，安排刘谦初以齐鲁大学助教的身份回到山东，重组了新的中共山东省委，担任省委书记兼宣传部部长。面对险恶的环境，他冒着生命危险活动于济南、青岛等地，夜以继日地开展工作，传达党中央的指示，宣传组织群众，揭露反动派的罪行，组织对敌斗争。

刘谦初按照党中央关于沿胶济铁路发动总同盟罢工的指示，于6月先后到淄博、周村、潍县向地方党组织传达了中央指示，组织领导了周村缫丝厂的工人总罢工，成立了缫丝业总工会，研究了猪鬃厂女职工罢工事宜后到达青岛。

7月，刘谦初按党中央的指示，与青岛市委的同志一起发动和领导持续了40多天的青岛大康、隆兴和富士等七大纱厂的总同盟大罢工，给反动当局和日本帝国主义以沉重打击。

刘谦初被捕之后，被关进了国民党济南警备司令部监狱，敌人用尽各种威逼利诱和残酷刑罚，都没有动摇他坚强的革命意志。在狱中，刘谦初写诗给妻子（张文秋）说："无事不必苦忧愁，应把真理细探求。只要武器握在手，可把细水变洪流。"①

1931年4月5日，刘谦初戴着沉重的镣铐，与邓恩铭等革命同志一起，高唱着《国际歌》，高呼"中国共产党万岁""打倒国民党反动派"的口号，英勇就义，时年34岁。

1929年8月，那个出卖了省委机关，出卖了邓恩铭、刘谦初等同志而当上了捕共队队长，到处辨认逮捕地下党员的叛徒王复元，被中共中央特科人员在青岛中山路上击毙。

信号山见证了中共山东省早期党组织和党的领导同志的忠诚和坚贞。

青岛广大党员，在党组织遭到严重破坏的情况下，遵照党的指示，有的在地下继续坚持工作，坚守阵地；有的迁往外地开展活动；有的如同一颗颗红色的种子，撒播于胶东各地。

信号山的灯光，闪耀着党的光辉，导航着燎原的星星之火。

---

① 中共平度市委组织部，中共平度市党史研究室：《红色记忆》，中共党史出版社，2015年版，第153页。

第四章
从上海回来的年轻人

1927年，中共中央八七会议之后，中央临时政治局派出大批干部到各地传达会议精神。11月，一位在上海国立暨南大学（现广州暨南大学的前身）读书的年轻人接受党组织派遣，带着党的任务，回山东老家开展党的工作，迎接新的革命高潮的到来。

他叫李伯颜，原名李树信，23岁，老家是山东莱阳县（现莱西市）的双山村。

莱阳县在杨明斋和刘谦初老家平度县的东面，中间只隔一条小沽河。

（一）

双山在莱阳县西南边陲，三四百户的村子里都是淳朴敦厚的人家。明嘉靖年间，这个村出了个进士叫张梦鲤，先后担任过户部主事、职方员外郎、开封府知府、陕西按察司副使、江西按察使、山西右布政使、河北巡抚、甘肃副都御使、大理寺卿等职。他生性耿直，敢作敢为，清正廉洁，史上称为大明第一清官。双山张家因此就在当地名声显赫起来。

所谓山，双山不过是姜山大洼中间凸起的一块高地，最高处海拔仅有54米，周围全是一片洼地。山势也不险峻，山上没有什么树深林茂，有的只是几株稀疏的洋槐和一蔸蔸丛生的蜡条，其余就是疏密不一的茅草和零零星星的野菜了。

姜山大洼对于以低山丘陵为主要特点的胶东半岛来说，具有独特的地貌特征。每年7月、8月、9月大约三个月的汛期，许多土地和处在低洼处的村庄就会被淹没在水中，唯独这双山和双山村年年都是平安无事，被当地人称之为风水宝地。双山村南面有一条河叫五沽河，自东而西，滚滚滔滔，行不多远就与大沽河相接，转而南向进入黄海。

这里依山傍水，物产丰饶，典雅而秀美。村中间几间与别家并没有多少两样的土屋，就是李伯颜的家。他的祖上当年也算是当地的大户人家，从他爷爷的那辈起，便举家从东面16里外的姜山镇迁来双山居住，或许也是看上了这里的好风水。他父亲李仁同是个心地善良、襟怀坦荡之人，老实厚道，躬耕农桑，兼营商贾，日子过得也是风生水起，只是去世较早，撇得不上不下。

李伯颜生于1905年，小时候也实在是个苦命的孩子。他3岁丧母，6岁丧父，弟兄三人数他最小，便由前保驾山村他的姥爷领回家去抚养。从此，李伯颜就生活在了姥爷、姥姥的身边。

虽然，伯颜进入了一个陌生的村子，却也是少年童心，并不忌生。他跟随姥爷、姥姥、舅舅、舅妈，还有跟他或大或小的表哥表弟，表姐表妹带领着、陪伴着，东家西家，来来往往，不长时间就混得熟稔了。村里的街坊邻居，居家远远近近，四邻五舍的孩子也都就玩在了一起，跑跑跳跳，打打闹闹，嘻嘻哈哈，疯疯癫癫，有事没事就爱做那些个跳方、打杂、摸瞎乎、捉迷藏、老鹞子叼小鸡之类的游戏。夏秋季节，孩子们常常赤着脚、光着腚，成队结伙上山下水，捉蚂蚱、捕蜻蜓、钓蛤蟆、捞鱼虾，家里地里、沟里河里、高高矮矮、胖胖瘦瘦，也分不了谁谁是这家那家，这村那村了。

（二）

李伯颜长到7岁，姥爷便把他送进村塾念书，也便与那些玩够了的几个孩子一起，每天蹦蹦跳跳地背着书包上学堂了。

伯颜天分好，又好学上进，各门功课都很不错。每当新课程下来，老师还没有开讲，他就赶早钻研琢磨，趁开讲之前把一些问题梳理出来，课堂听讲和对课文的理解也就快了深了。学习好的学生老师都偏爱。因为老师喜欢了，同学们也就乐得跟他交朋友，跟他一起做作业、解难题、说这说那，钻研疑问，谈论领会。

伯颜15岁时与同学孙耀臣一起考入国立姜山高等小学。耀臣比伯颜大两岁，两个人一直以来都十分要好，上学下学形影不离。共同的爱好、共同的志趣把他们从身到心都连在了一起。

在学校，他们相互照顾，相互帮助。课余时间，不仅经常去找一些英雄传奇的经典诸如《三国演义》《水浒传》之类的书籍来相互借阅,也喜欢一起到校外去了解社会的一些人情世态,丰富自己的生活意趣。

姜山是莱阳县的西南重镇。因为莱阳当时在山东是最大的县,为便于管理,清政府于乾隆三十二年在姜山镇设了个二衙公署,当地人习称为"姜山二衙"。"姜山二衙"由莱阳县丞主政,统理莱阳西南地面的民政事务。

这个"二衙"到民国二年裁撤,前前后后经历了140余年,积淀了许许多多人文风景,这里的吏治史事、诉理讼论、民誉家声、风土气象,成为两位少年求学和阅读课外之书的俗史富源。姜山镇虽然离他们的居家不是很远,倒也不如置身其中更加清楚明白。

曾经,李伯颜听到过"二衙"主事、县丞胡光弼那颇为独特的"拿着父母当儿待"的遗训,便回家讲给姥爷听。胡光弼自光绪二十六年起连续两任主事姜山"二衙",为官清廉,爱民如子,深得百姓爱戴。

胡光弼离任的时候,莱阳西南乡的百姓送了一程又一程,在百姓们依依不舍之下,领头的就开口说道:"大老爷啊,您与俺们草民百姓朝夕相处这么多年,知道留也留不下您,您就留下几句话给俺们,也让俺们记着您的好啊!"那胡光弼想了想说:"那好吧,就给你们留一句。你们好好记着:'从今以后啊,你们要尽孝道,就拿着父母当儿待吧。'"然后挥鞭策马,扬长而去。

人们愕然,心想这胡大老爷怎么这么说话,父母怎么可以当"儿"待呢。仔细一品其中滋味,才恍然大悟,朝着胡大老爷远去的方向跪下,齐声喊道:"大老爷,俺百姓们记住了。"

其实,伯颜的姥爷对姜山"二衙"主事的这个故事已经听过不知多少遍了,但还是耐心地听着外孙滔滔不绝地讲述。讲完了故事,伯颜问道:"姥爷,为什么以前地方的官都叫'父母官'呢?"姥爷说:"兴许也是为了希望那些当官的能拿老百姓像对待自己的儿女一样对待吧。可是从古到今,也没见有哪个'官老爷'能够做得到的。"

就这个官与民的话题,祖孙二人讨论来讨论去,也没有说出个子午寅卯,便就只好留待"下回分解"了。

(三)

1925年初春,李伯颜考入上海国立暨南大学读政治经济学,耀臣则考入了军阀张宗昌在济南开办的国民党军官学校炮兵系。

国立暨南大学的前身是 1906 年在南京创立的暨南学堂，1918 年曾更名为国立暨南学校。学校规定："凡国内高等小学毕业，其父兄或保护人现在南洋经营商业者，又师范科华侨学生有缺额，而国内学生有赴南洋为教师之志愿，且具有相当资格者，均得适用入学手续，准予入学试验。"1923 年学校从南京迁到上海，并创建了大学部，逐步扩充为当时唯一的一所华侨大学——国立暨南大学。因伯颜二哥的经营业务与南洋富商多有往来，且伯颜成绩优异便得到了入学读书的机会。

从偏僻的乡村来到繁华的上海，伯颜没顾得上看一眼外滩，没有逛一趟南京路，也没有去看一眼号称"奇秀甲于东南"的豫园，只一门心思窝在学校里，专心致志地钻研学问。他如饥似渴地学习专业，恨不得把书本上和老师讲过的知识一下子吞到肚子里去。

在上海，伯颜真正感受了大都市的清新气息，沐浴了扑面而来的新文化的清风，滋润了真切而又实在的新思想的雨露。课余时间，他阅读了《共产党宣言》《向导》等许多进步书刊，也接触并听取了邓中夏、瞿秋白、蔡和森等中共党的领导人对时局的见解和中国共产党对中国前途和命运的看法和主张。

5 月 30 日，上海学生 2000 余人在外国租界散发传单，发表演说，抗议日本纱厂资本家镇压工人大罢工、打死工人顾正红，声援工人，被英国巡捕逮捕 100 余人。下午，万余群众聚集在英租界南京路巡捕房要求释放被捕学生，英国巡捕竟开枪射击，当场打死 13 人，重伤数十人，逮捕 150 余人，造成震惊中外的五卅惨案。

五卅运动由此展开，声势轰动全国。

这是中国共产党领导的一次伟大的群众性反帝爱国运动，揭开了中国大革命的序幕。李伯颜亲身经历了这次伟大的斗争。

在声势浩大的总罢工、总罢课、总罢市中，李伯颜不惧怕帝国主义的武力镇压，不惧怕流血牺牲，毅然决然地加入了工人、学生和市民的游行示威队伍之中，参与了张贴标语、散发传单的活动，用血的事实揭露和控诉帝国主义屠杀中国人民的滔天罪行和军阀卖国贼的反动嘴脸。

在斗争中，伯颜年轻的心灵经过了炼狱般的洗礼，炽热的青春得到了革命斗争现实的锤炼和考验。

伯颜眼界开阔了，思想也随着革命形势的发展进一步成熟。每当暑假和寒假回到家乡，他就把在学校和上海的所见所闻，把自己对国家革命和共产党主张的理解给小时候的玩伴、同学和父老乡亲进行讲解，在多种场合，用不同的形式传播平等、民主、民生、人民当家、穷人翻身的道理。当然，他也给自己的表兄表弟们讲剪掉辫子，给表姐表妹讲放开包着小脚的时代风尚。

1926年春天，上海党组织根据李伯颜的思想品格和在革命斗争中的表现，经过认真考察了解，吸收他加入了中国共产党。从此，他作为共产党的一分子，积极参加党的活动，按照党组织的要求深入市民和劳工之中，宣传马克思主义理论及党的救国救民的正确路线，表现了极高的革命热情和思想觉悟。

（四）

又是一个春天，又是大上海无尽的早晨和傍晚。

正当李伯颜一边孜孜不倦地学习专业知识、认真钻研革命理论，一边积极参加党组织的活动，为党的事业努力奋斗的时候，四一二反革命政变突然发生，代表帝国主义和官僚军阀利益的蒋介石背叛革命，大批国民党反动军队和帮会流氓横行在上海的大街小巷、市面码头，成千上万的共产党员、国民党"左"派和革命群众惨遭逮捕和杀戮，中国的大革命运动受到严重摧残。

李伯颜亲身经历了四一二大屠杀的整个过程，亲眼见到自己的战友、自己的同学在自己的身边活生生地倒在血泊之中，失去了宝贵的生命……他受到了巨大震动。

面对敌人的屠刀，坚强的中国共产党人并没被吓倒，在严峻的考验面前，中国共产党中央认真总结了反正两方面的经验教训，于8月7日在汉口召开紧急会议，确定了土地革命和武装斗争的总方针，通过了《中国共产党中央执行委员会告全党党员书》，毛泽东在这次会上提出了"枪杆子里面出政权"的著名论断。

在中国革命的紧急关头，八七会议向全党发出指示，及时指明了斗争的方向。

会后，中共中央临时政治局派出干部到各地传达会议精神，恢复和整顿党的组织，指示在上海、武汉的山东籍党员返回山东工作。

带着八七会议精神和党交给的任务，李伯颜按照党组织的决定，即时踏上了返回家乡的征途。

（五）

李伯颜中等个子，典雅文静，清癯俊逸，不显山不露水，里里外外都透着沉稳坚劲的气质。他身着长衫，头戴礼帽，一副青年商人的打扮。

为了避开敌人的耳目，李伯颜一路风餐露宿，迂回行走，经过十多天的颠沛流离，于12月13日到达济南。

在济南，他会合了自己在军官学校的同学加朋友孙耀臣，同他一起找到中共山东区的组织，接上了组织关系，汇报了自己接受党中央派遣的情况，等待接受省委给自己分配的任务。

这时，中共山东区的党组织已在5月遭到严重破坏，区委书记李清漪等党的领导同志已经被反动军阀杀害。搜捕、杀戮共产党员和进步人士的魑魅魍魉无孔不入，山东大地到处笼罩在腥风血雨的白色恐怖之中。

八七会议之后，中共中央临时政治局派出的干部，到山东传达贯彻党的会议精神，指导恢复和整顿被反革命政变破坏了的党组织。10月10日，中共山东区委召开了有全省各地党组织负责人参加的扩大会议，传达了中央八七会议精神；成立了中共山东省执行委员会，卢福坦、邓恩铭、王元昌、丁君羊、傅书堂为常委，卢福坦任书记；决定积极整顿组织，发动农民暴动，实行土地革命。

11月9日到10日，邓恩铭代表山东省执委出席了在上海召开的中共中央临时政治局扩大会议，会议否认中国革命已处于低潮，提出了一系列"左"的理论和政策。

山东省执委根据中央会议精神，通过了关于《今后工作方针的决议》，随后又收到中共中央的《山东工作大纲》，要求山东省立即进行政治鼓动，组织农民进行暴动。11月28日，省执委召开常委会议，确定"根本消灭封建制度，解决土地问题，以彻底完成民权革命的阶段，无间断地走向社会主义"的指导方针。

省执委负责同志向李伯颜、孙耀臣传达了中央和省委的决议，要求他们立即回到家乡，抓紧做好莱阳县党的工作，开展农民运动，成立党的组织，实行统一战线，组织和领导武装暴动，建立起莱阳的苏维埃政权。

接受了中共山东省执委交给的工作任务，两个年轻的共产党员怀着对党的无限忠诚，对信念的坚定执着和为人民谋前途、为乡亲谋出路的满腔热忱，躲避着特务的跟踪盯梢，登上了胶济铁路东去的列车，急如星火地向家乡飞驰……

第五章
保驾山村里说保驾

保驾山是可以俯瞰姜山大洼最低处"堤湾"的一个个连绵的山包，同样并没有多高。

山的名字叫"保驾山"，山周围一个个大小不等的村庄也都因山而得名，依次就叫成了"前保驾山""中保驾山""后保驾山"，当地人也常常就简化成了"前山""中山""后山"。

不得不佩服胶东人的机灵与创造。这里的"前山"村还因为村大户多便分了好几个管理单位，就分别叫成了"前山一""前山二"。更奇特的是后来还出了"前山一村一""前山一村二""前山一村三"，就这么叠床架屋，延绵不绝起来。

保驾山的山和人

与村名的这种叠床架屋、无限可分的性质不同，却比这样分得更细的是清朝灭亡之后的军阀割据。

当时，全国四面八方烽烟迭起，战火纷飞，军阀之间杀得昏天黑地，血光冲天。在那兵荒马乱的年代，来胶东"分肉劈骨"的军阀细分得多如牛毛，谁也不知道能有多少！

大大小小的军阀一个个地来了，食足了的，落败了的又一个个地去了。这些军阀一个个都在广大的城市乡村横征暴敛，无恶不作，闹得民不聊生，鸡犬不宁。北伐战争取得了初步胜利，蒋介石又背叛革命，向共产党举起了屠刀。

中国老百姓向来推崇的理念就是平安是福，莫论国事。何况，在那通讯落后、信息闭锁的年代，农村的大多数人并不知道外部世界是个什么样子。

所以，相对来说，什么五卅惨案也好，四一二反革命政变也好，对远离政治中心的胶东农村来说，不仅没有什么影响，甚至根本就不知道发生过什么。

冬日，正是胶东的农闲季节，坡了场光，庄稼地里已无事可做。这个时候，就是庄户人一年到头难得的闲散日子。在这样的日子里，人们除了日常的担水做饭、挑土垫圈、扫扫院子、除除牛栏，也就是找个背风向阳的地方，叙叙闲情，聊聊家常。拉呱拉到哪个节骨眼儿上，兴头来了，也就便画地为棋局，走走"五子"、下下"五福"、占占"毛屎坑"之类。看看天晌了或是日落了，就地一噗噜，各自回家吃饭，得空儿从头再来。

除了这番风景，前保驾山村人冬日另外的风景还有采石、编席、练武术等，做一些农活之外的营生。

保驾山，山上有石头。石头的样子都是大小不等的不规则的卵形褐色块石。大的，能跨半个山头；小的呢，则比拳头还小，有的露在地表，有的埋在地下。把那些石头挖出劈开，便是齐刷刷的铁青色，碴子很硬，很结实，敲一敲铮铮作响。周围村的人都叫作"青石"，也有的叫作"铁石"。大约，叫"青石"的是看"表"的颜色；叫"铁石"的是说"质"的坚硬，也是各有各的道理。

采石的人把这些石头找块头大的用钻子、凿子、晃锤劈成一块块的方子，码起垛来，期待第二年春天远远近近的人家买去盖房子、套院墙。出力是肯定的，吃亏的事也常有。庄户人皮实，磕磕碰碰的小伤小疼也不甚计较。

相对来说，保驾山也算一个"半岛"。山的东、西、南三面都是洼地，属于姜山大洼的各个组成部分；土地是黑油油的黏土，适宜长编席的"料子胡秋"。村里有一些会编席的人，就趁冬天闲散的时候起早拉夜，点灯把火编几领席子拿到集上卖几个可怜的小钱，填补填补那艰难的日子。

这个村里还有个习武的传统，明清时期出过远远近近都有点名气的武人。影响和传承之中，年轻人也多喜欢在农闲的时候练练拳脚，显显身手。村中安了拳房，请来的拳师傅因材施教，徒弟们勤学苦练，一招一式交流切磋，认认真真地学点健身防身的武艺，天长日久就都有了不少长进，村风民风也积淀了些雄强侠义之气。

李伯颜、孙耀臣一路上分析着形势、酝酿着计划、思考着方法，在12月18日（农历冬月二十五）回到了前保驾山村。

有党才能真保驾

礼数总是要到的。

长期出门在外，刚刚回到老家，两个人各自拜见了自己的祖辈父辈和哥嫂姐弟，叙过了离别之情。又或一起，或分头找那些故交旧友听听家里的情况，说说外面的事变，讲讲南方的湖南、湖北、江西、安徽等省农民运动的风潮和农民协会在保护农民利益方面发挥的作用，通报了外面的世界，或委婉或直接地启发大家行动起来，利用时下政府还允许农民协会开展活动的时机，组织起来成立协会，保护自己的利益，在一县之内开个风气之先。

在群众中，他们以组织起来成立农民自己的组织，保护自己的利益就事论理，启发引导，宣传群众、发动群众、组织群众，经过酝酿协商，产生了合适的人选，成立了村里的农民协会。大家请李伯颜给讲讲外面的情况，讲讲农民运动，讲讲农民协会的前途和命运。

伯颜从小与大家在一起，是眼前的父老乡亲看着，同眼前的伙伴们一起玩着长大的。他了解他们、熟悉他们，与他们息息相通，知道自己应该讲什么，知道怎样讲，也知道向农民群众如何进行革命的启蒙教育。

李伯颜借保驾山名字由来的话题，讲出了中国从历史到现实的人情事理。

民间传说，秦王李世民当年率军征战，在山东地方，被敌兵追得筋疲力尽，逃得人困马乏，慌不择路之际，便借着暮色朦胧，放出岗哨，与一行零落的残兵在姜山大洼边缘这块平坦的高地驻扎下来。谁知道就在一夜之间，便从平地隆起了一个个的山包，在晨雾的笼罩下如同一座座的军寨大帐。追赶的敌军远远望去，以为是李世民趁夜增加了兵力，不敢贸然行动，便急忙鸣金收兵，让秦王逃过一劫，这才有了后来的贞观之治。

李伯颜由这个传说展开话题说，自古至今，一个个帝王、衙门、官吏都是天保佑、地保佑、人保佑，传说也好，现实也好，围绕着的都是那些高高在上、作威作福的统治者，都是这么个说辞，都照着这么个理路往下传。天也好，地也好，官也好，就是没有个怎么保佑老百姓的事，没有个保佑老百姓的理。一个地方，年景好了呢，就说是这当官的有福；年景不好呢，那就是穷山恶水出刁民，天也不佑，地也不保。不仅仅没有个说老百姓好的故事，就连说的话都是偏向富人，糟蹋百姓，没有一句说老百姓的好。

尽管，历史上曾有哲人把帝王比作"舟"，把人民比作"水"，反复多次警告"水能载舟，亦能覆舟"，可是历朝历代，统治者总是只想着"水"的应该"载"，而一点也不忌惮"水"的能够"覆"。待惹得"水"无可奈何，走投无路进而把"舟""覆"了，统治者才心生恐惧，可为时已晚，就只剩下改朝换代的份儿了。如此，"水"还是那些"水"，不过是重新换了一个"舟"，就又成了周而复始，依然是对"水"无所顾及。因而也就一个轮回接着一个轮回地"载"了"覆"，"覆"了又"载"，总是没有个消停的时候。

伯颜接着说，数千年的帝王统治，吃百姓、穿百姓，到头来还糟蹋百姓、欺压百姓，没有哪个去同情百姓、保护百姓。偶尔出来个有德行有良知的，也被那个制度、那个利益集团最终蛊化净尽。大明王朝有个宰相叫张居正，说了句"为政之要在于安民，安民之要在于察其疾苦而已"，也不过是说了一句空话，并没有人去实行。"察其疾苦"而不解除其苦，等于零。所以，到李自成造反，明王朝照样也便一朝覆亡了。

既然这样，那老百姓就只好自己起来保护自己。现在，南方各省已经找到了法子，这个法子就是搞农民运动，成立农民协会，组织起来，自己救自己，自己护佑自己。

他要大家跟着南方的法子学，把村里的农会活动搞起来。

在组织成立农民协会的过程中，李伯颜、孙耀臣从"钢胆、热心、沉作、慧敏"等几个方面，发现了其中的积极分子和中坚力量，经过考察确认，发展小学教师孙文合、村民孙凯山、林世卿、孙功思、林世茂、孙洪成等六人成了中国共产党党员，按规定履行了入党手续。12月28日，在孙耀臣家西屋里，由李伯颜、孙耀臣主持，秘密成立了中共前保驾山村党支部，孙文合任党支部书记，孙凯山任组织委员，林世卿任宣传委员。

从此，老百姓自己保佑自己有了主心骨。

一次成功的"保驾"

前保驾山党支部成立以后，虽然是秘密活动，却时时刻刻都认真履行着党的宗旨，执行着党的任务，带领党员积极宣传群众、组织群众、发动群众机智勇敢地同侵害自己利益的贪官恶吏和欺压穷人的恶霸地主、流氓地痞进行斗争。

党支部和党员不是保长、乡绅，但在保护群众利益上却比保长、乡绅都更加尽心、上紧，更加不遗余力。

那年傍过年根儿，国民党便衣队头子李道河带着爪牙来到村里摊派户捐，开口就限村里在三天时间里拿出300块现大洋，300双军鞋，30袋白面送到凤凰山便衣队据点，村里要求宽限几天都不允许。

主事的人没有办法，只好挨家挨户摊派，挨家挨户催缴。村里的党员则按照党支部研究的意见，暗地里挨家挨户告诉人们，只管说没有，也不倒不借，就拖着不拿，一点不用给他们。党支部书记孙文合悄悄去找到已经在国民党东海警备司令施中诚部谋了参谋长差事的孙耀臣，说了便衣队进村派款派粮勒索财物的行径。

孙耀臣听了很生气，借故找时间了赶回村子，让人去找李道河，就说让他来商量交摊派。李道河来了，孙耀臣当面对他说："你们开口就要那么多钱，那么多鞋，那么多白面，就这么大的一个村子，这么多户人家，上哪里去凑付给你？不要说是荒年暴月，兵荒马乱的时候，就是好年景，也拿不出这么多来呢。再说了，你们强逼强要，横行霸道的，也不看看这是哪个村，也不问问我是哪里人！"道理中带着严厉，一下子就煞下了那帮子便衣队的威风。李道河灰溜溜地走了，再也没敢回来。

孙耀臣一米九的个子，浓眉大眼，英俊魁梧，器宇轩昂，一表人才，言谈举止总带着几分英武之气，雄侠之威，又有张宗昌济南陆军军官学校毕业生的牌子，所以到东海警备司令部谋职，一眼就被张宗昌的嫡系——东海警备司令施中诚——看中，留下当了参谋长。他仗义疏财，从不计个人得失。孙文合当教师的小学，用的就是他家的五间房子。

党支部成立之后，小学就成了党的秘密活动地点。孙耀臣曾对在这里教书的同学说："我伏天已经加入共产党了。我看这个党道道多，能救国，有前途，跟着走没有错。你要愿意的话，我就给你介绍加入，跟着共产党打天下。"就是这样，他每时每刻都在积极地为党工作。

前保驾山村党支部成立的时候就已经进入腊月，家家户户到了忙年的时候。过了腊八，小学也就开始放假了。党支部组织党员利用这农闲时和春节间亲戚朋友来往比较多，人们相互交流比较频繁的时机，按照李伯颜、孙耀臣传达的中共山东省执委的指示，以本村为基点，联络周围村庄，在进行秘密串联中拉队伍，搞武器，建立农民武装，为举行莱阳农民暴动做准备。

第五章

保驾，不只是"一座山"

中国共产党在前保驾山村成立了党支部，开始了党的活动。李伯颜、孙耀臣把为党工作、为百姓做事的眼光放得更远，心里想得更多。

春节是我国的传统节日，尽管兵荒马乱，但胶东老百姓只要日子还能够挣扎着过，也还是要打理着过年的。有着深厚传统习俗的前保驾山村，进了腊月门就家家户户开始忙年了。大街上，农家门外的向阳处常常就有铺开晒席，摊晾着准备磨面发过年饽饽的刚捞洗了的麦子；碾屋里，响起了扞年糕的"吱吱嘎嘎"的轧碾声；走街串巷的豆腐梆子敲得脆响，代替了那"豆腐——豆腐哦——"的叫卖声；杀年猪的安下了杀床子，把号叫着的大猪从圈里拖到杀床子上，尺刀子一挥捅进了猪脖子，血浆喷射而出，"哗哗"地流进了早已经放在杀床子下面的盆里……围观的，是那些闲着没事的大人和没钱上学或上学放了年假满街乱窜的孩子。

"腊月集，加小心，猫咬蛋子别懊悔"，这是许多年流行在胶东农村的民谚。所谓"猫咬蛋子"是说腊月集人多、拥挤，那些专门偷集的扒手特别容易上手。

市集上的货物还是应有尽有的。粮食市、油料市、猪羊市大都是为卖了东西换点钱，或置备点过年的东西，或扯几尺布为孩子做件衣服买双鞋袜，或还上年来拉下的饥荒（欠债）。卖草席的、卖布匹的、卖鞋袜的、卖头绳的、卖鞭炮的、卖年画的、卖对子、卖灶马、卖吊、卖过门钱的，完全是一拉溜的年货。

农历每月的逢四和逢九是姜山的集日。姜山是个大集，一到腊月，远远近近的人都往这里拥，买的、卖的人来人往；征税的、收捐的、泼皮无赖搅局的五花八门；还有那些一个个摊来，一个个摊去的讨要的，破衣烂衫，哭哭啼啼，每每都揪着伯颜、耀臣的心。

在这临近年关的日子里，李伯颜和孙耀臣各自就手顺便，按任务，照计划，对村庄农户进行调查，展开组织和发动民众的工作。他们或下村，或进城，或在集市借着人多举行演讲，不断传播着进步思想，宣传着党的主张，揭露着军阀和官僚地主祸国殃民、欺压百姓的罪恶，唤起人民斗争的勇气。

人们一传十，十传百，新的见解，新的思想，新的主张，就像伴随春节而来的一缕缕春风吹入了人们心头，吹向了四面八方……

第六章
胶东第一个中共县委

双山往南便是即墨,再往南就是青岛了。

青岛原是即墨县的一个渔村,背依崂山,面临黄海,山高野旷,海碧天蓝,逐渐就发展为商埠,发展为令人爱慕也令帝国主义列强垂涎的港口城市了。

此刻,青岛的主权虽然已经回到中国,但日本和别的外国人却依然在那里享有特殊的权利,成为完全对外国人开放的商埠,工厂、店铺、港口等企业运营的多是外国资本。青岛的海面游弋着的依然是外国人的商船和战舰。

落了叶的树木,割了条子的蜡苑,飘摇瑟缩的茅草和一群群时起时落的麻雀,以各自独有的形态在寒风中战栗。落满积雪的双山之巅,透过满目苍茫逶迤南去,中国共产党人在青岛领导的工人运动正如火如荼地开展着……

双山南麓的一栋民房里,难得一起的李伯颜哥仨正家中团聚,安享着一时的人间欢乐。插过年去,伯颜便要投入到大胶东轰轰烈烈的农民运动中去了,这便使这次团聚格外地凝重起来。

(一)

有民国以来,旧历年就叫成了"春节"。

但胶东的"年"却依然还是叫"年"而不是叫春节。只是,为有所区别,才在"公事地方"临时说出或写出个春节来,还往往不知不觉地说溜了嘴,走惯了笔,又把"过春节"还原为"过年"。

胶东的过年是非常隆重的。

1928年的春节,李伯颜是在老家双山同哥哥李树祥、二哥李树德一起过的。大哥在老家有土地,还经营着自己的买卖;二哥在大连做生意,算是有名的富商。到伯颜安顿好了前保驾山党支部的工作，从姥爷家回来的时候，哥哥嫂子已经把过年的鸡鸭鱼肉米面酒菜都准备好了。因为自己在外面念书的弟弟回来过年，李家的年货还特意准备得比往年多了许多。

腊月二十五，伯颜哥仨照例去夏格庄赶"年集"，到集上看看当地一年的光景，也买点过年尚不齐备或不足够的碗筷香纸鞭炮之类，再顺便到几家看看亲友。

赶集的人密密层层，挤得几乎没有个下脚的地方。讲买讲卖、讨价还价的人声鼎沸，吵嚷得几乎听不到一句囫囵话。

哥仨就在这样的拥挤中行走着，突然间前面的人头涌动起来，在连连喊打声中，望见了人们的拳脚相加。伯颜拉着大哥急忙挤进人堆，看见一个衣衫褴褛的人正被打得满地打滚。问过之后，说是捉了个小偷。

二哥随后跟进，伯颜随口说道："我们是姜山局子的。来，让我们带回去处理！"说着牵起那人就挤出了人群。

哥仨不顾小偷"长官饶恕，长官饶恕"地哀告，只管牵着他来到集头的僻静处。伯颜向二哥要了三块大洋，交给小偷说："你走吧，回家过年去吧。"那人千恩万谢，跪地磕了三个响头，转身走了。伯颜对两个哥哥说："都是受苦人，傍年靠节的，能救个就救个吧。"

会了亲友，三弟兄匆匆置了点东西便回了家。伯颜还是学生，家中料理过年的事务插不上手，他便趁年前的这几天出东家进西家串串门，看看亲友本家老庄旧邻。少不了就是谈谈外面的世界，说说农家的日子，借眼下世道混乱，苛捐杂税，租重税高，日子过得艰难的话题，随带叙说自己在外面的见闻和对时局的看法和想法。其中免不了也多了些外地农民组织起来形成力量，当家做主的情景。

话语间总离不开共产党改造社会的主张，给听了的人心头吹起一层清新的涟漪，开启了一扇组织起来、争取民主自由、自己救自己的窗户。

年三十的早上，哥仨贴了门上的对联，伯颜又给嫂子搭着帮手做除夕的饭菜。吃过午饭，便开始摆供、放祖子，然后就到"老北荒"的祖坟去送吊请神，一切都与庄邻爷们儿一样，按照老旧的传统规矩一项一项祭拜到了。发了纸，祭过天地，一家人吃了饺子，在填有祖先名字的"祖子"下面给祖宗磕了头，相互问了"过年好！"便出门去给邻家大爷大妈叔叔婶婶们拜年。

初心千里

正月初二送了年（有的地方叫送神），弟兄三人初三便踏着姜山大洼白茫茫的盐碱地，穿过长满芦苇、结了坚冰的堤湾，到前保驾山给姥爷、姥姥、舅舅、舅妈磕头拜年。姥爷家族中亲近的长辈，也一家一家地依次拜过，行了后辈之礼。

李伯颜约上孙耀臣，到了村党支部书记孙文合家里，名义上是拜年，实际上是商量工作。陆陆续续，孙凯山等其他五位党员也都来了。李伯颜先是传达了中共山东省执委关于发动农民起来斗争的通告，"通告"中提到了两个月来的胶东工作。根据省执委的指示，他把与孙耀臣商量的意见向大家做了传达说：

"按照省执委的指示，下一步我们要组织胶东的农民暴动，从现在起就要抓紧准备。主要是组织人员，筹备物资和武器。多少年来，穷苦百姓受了多少憋屈，积了多少怨气。大家组织起来一起与官府斗争，打地主、斗恶霸，吃粮分地，自然会一呼百应，一起跟着共产党打天下。

"我们这个地方是莱阳西南乡，习武之风自古以来就兴盛。姜山洼西面邻着'桃花乡'，还有'河里套'，那地方元代有'军寨'，演兵习武。薪承火传，如今周围许多村镇都有拳房，武林高手、功夫名家很多，各种拳术，各种招式，各种流派，刀枪剑戟、棍棒叉铲，习武健身、防身、御寇的人数众多。把这些人组织起来，就是强劲的骨干力量，就能带头冲锋陷阵，夺取胜利。

"这里靠近即墨，是古即墨的旧地。即墨的'火牛阵'亘古流传，也说明咱这里的人不仅勇武，也智慧，有计谋。"

他说："咱们应该借着过年走亲戚，多做些宣传发动工作。亲连亲、友传友，发挥好宗族、行会的作用，滚雪球式把队伍拉大，把力量做强，为后面的统一行动做好准备。"

孙耀臣谈了一些补充意见。大家进行了充分讨论，意见统一了，做了具体的打算，就各人的便利进行了地域分工，便开始分头行动。

（二）

拜完年，安排好了工作，李伯颜与两位哥哥依依惜别之后，又拜辞了姥爷、姥姥、舅舅、舅妈和一众亲友，会了孙耀臣，按照省委指示，踏上了开辟新区域的路程。

李伯颜和孙耀臣接受任务的时候，省委负责同志给他们介绍了莱阳县党员的发展和党的活动情况。但就当时的实际来说，那些情况也都是大略的，有的不知道什么时候情况就发生了变化，而新的信息却没有掌握。甚至，有的原本就属以讹传讹子虚乌有。尽管如此，总还是让他们的行动有了个大致的目标和向导。

正月，正是走亲戚的时候，两个人按照省委提供的线索，打扮成走远亲的模样，一路打听着向东北方向走去。

清早离家，沿莱阳城南一路时而往东时而向北，走了五十多里，便小心翼翼地踏着冰凌过了宽阔的五龙河，又走了三十几里，天煞黑了才走到万第。

万第是个大集镇，到了万第，再打听他们要去的目的地——离镇子不远的水口村——就容易了。

万第镇处在莱阳城东南约30里的地方，东边接界的是海阳县。这里虽然山岭起伏，河道纵横，却是一个区域的交通枢纽。莱阳城往东南到海阳小纪镇的公路就从镇中穿过，往南不远便是沟通胶东西南东北的青（岛）荣（成）公路，再往南就是浩瀚的大海。

水口村在万第偏西北，相距也就两三里路。李伯颜、孙耀臣在万第找了个背风的地方啃了几口带着的冷干粮，然后就赶到了水口村。

水口村，是共产党员宋海艇的老家。

宋海艇生于1892年，1918年到山东青州甲种农业学校读书，1919年在学校受五四爱国思想影响，当年就利用暑假回家的时候同万第小学的师生一起开展了五四爱国思想和抵制日货的宣传活动。秋季，他作为山东进步学生代表之一，去上海参加了"全国各界联合会"。

1922年，宋海艇考入山东农业专科学校。1924年第一次国共合作期间，他在学校加入了国民党，积极参与学校进步组织"社会科学研究社"的活动。在挚友吴晓初的启发引导下，他逐步接受了马克思主义和共产主义思想。1925年寒假期间，他在家乡广泛传播进步思想和中国共产党的革命理论，揭露军阀、地主和买办资本家祸国殃民的罪恶，并在莱阳的庙会上进行了慷慨激昂的即席演讲。

由于各方面表现积极，宋海艇于同年3月由吴晓初介绍加入了中国共产党。从此，他便在党的领导下，利用课余时间积极参与和组织济南的工人运动。

五卅惨案在上海发生后，主政山东的军阀张宗昌在济南对中国共产党人举起了屠刀，山东的党组织遭到严重破坏。根据当时的形势，为保存革命力量，发展党的组织，宋海艇按照党的指示，以国民党"左"派的面目掩饰着自己共产党员的身份，回到了老家水口村。

　　在家乡，宋海艇当了万第小学教师，以教学作掩护秘密开展活动，不失时机地宣传共产主义信仰，发现和物色党员发展对象。从1925年冬至翌年，他先后在万第、水口、石龙沟、南石楚、小院、陡山等村庄发展了宋海秋、宋云程、梁逵卿、孙亭午、赵百原等20余名党员。他以这些党员为骨干进行组织发动工作，在本村和周围村庄办起了农民夜校，辅导农民学习文化，也把揭露旧制度的腐朽和军阀、地主欺压剥削人民的罪行与开展农民运动的思想渗透到教学内容之中，使参加夜校学习的农民特别是青年农民开阔了眼界，拓展了思想，从原来的信命靠天信鬼神逐步转向了相信共产党的主张，相信组织起来自己救自己，自己解放自己的道理。

　　到1927年夏天，凡有共产党员的村庄都有了夜校和农民协会，农协会会员达到200多人，在莱阳东南乡和海阳西南乡形成了一个红色小气候，打下了党的工作进一步开展的基础。

　　四一二反革命政变之后，军阀张宗昌紧步蒋介石后尘，在山东全省实行清党反共，一时间鹰犬奔突，黑云压城，莱阳县官府开始了对宋海艇的通缉。秋季，为躲避追捕，他把党的工作交代给同村的宋海秋负责，自己紧急离家去了外地。

　　在白色恐怖之下，宋海秋辗转寻找，终于在西面的坊子与中共山东省执委负责组织工作的丁君羊取得联系。遵照省党组织的指示，宋海秋回到家乡，继续开展党的活动。

（三）

　　李伯颜、孙耀臣按照省委领导同志提供的线索和接头暗号，在水口村走街串巷，终于与宋海秋接上了关系。寒暄过后，各自做了自我介绍，才相互认了同志。

　　在那个孤立无援的危难险境里，宋海秋见到上级党组织派来的人，比见了久别的亲人还要激动，竟然扑簌簌流下了辛酸的泪水。夜晚，他遮了窗户，把李伯颜、孙耀臣二人让到热炕头上坐了，自己以胶东传统的待客方式，让老婆上了盘子油炸花生米，切了盘子年前打的肉冻，用白菜心加海蜇皮拌了盘"活菜"，把白天待客没舍得吃的咸鱼熥了熥，四个现成小菜，四平八稳，也是图个平安吉利。他从大泥坛子倒出自家烧的"小甑酒"，给每个人满上了一杯。宋海秋说："大过年的，好赖咱就这么将就着吧。来，喝一杯暖暖身子。"说着，他举起杯来说，"咱们边吃边谈。"

在自家的屋子，自家的热炕，与自家的同志坐在一起，即便大冬天也热上加热了。伯颜不喝酒，只举起杯来表示了礼貌，伸筷子拈了个花生米放在嘴里嚼着，喝了口白开水送下。吃块肉冻还不住嘴地称赞打冻的手艺好。耀臣和宋海秋喝点，也不多，只是礼节性抿一抿就进入话题。

宋海秋对着"自家人"，把党组织的情况和盘托出，把每个村庄党员的数量，每个党员的家庭情况和职业、年龄、性格等一五一十进行了详细报告。因为李伯颜要在这里开展工作，宋海秋又把这里的风土人情、家常礼俗，倡行禁忌等也一五一十地做了介绍。

这里是莱阳县东乡，而李伯颜和孙耀臣所在的姜山大洼地方是莱阳的西南乡，虽然一个县，但"隔里不同风"，何况相距百里。

宋海秋介绍的情况让李伯颜心里大致有了底，便根据实际情况综合盘算起了下一步的工作。

孙耀臣因为身负东海警备司令部参谋长的公开身份，需要照规矩按时应卯履职，便在假期过后上班去了，李伯颜就在这个区域紧锣密鼓地展开了工作。

还是一副走亲戚的打扮，一副远客到来的神态。李伯颜独自一人，走在此时此地崎岖的山路上，耐着寒天冻雪，穿行于田野、乡村和集镇之间。有人处，他悠闲着、徜徉着，如同浏览、欣赏这异乡的山水风光；无人处，他便迈着大步匆匆赶路，从一个村庄走到另一个村庄。

他认真观察，详细探访，行止所及处，便与党员一人或几人交流、攀谈，沟通情况、征求意见。

在那些日子里，李伯颜不舍昼夜地工作，在党员间秘密开展着活动，了解实情，融汇组织，发展党员，教育和培养干部、不失时机地推进工作。

2月，他安排宋海秋到那个村党员工作主动，革命热情高涨，群众基础稳固，各方面条件较为成熟的石龙沟村主持召开了党员会议，按照组织程序建立了村党支部，宋式纯当选为党支部书记。不久，又先后在淳于、王宋、田家灌等村庄建立了党小组。到3月，全县党员已经达到100多人。

经中共山东省委批准，为适应形势发展和革命斗争需要，于1928年3月中旬，在水口村宋桂玉家的土屋里，成立了中共莱阳县委员会。

李伯颜任县委书记兼组织委员，孙耀臣任宣传委员。

（四）

中共莱阳县委的建立，成为山东省委在胶东工作的一个总抓手。莱阳县的党员、干部和倾向于革命的群众有了主心骨，革命热情更高，工作能量更大了。

在进一步巩固和扩大原有组织的基础上，莱阳县委选择了几个人员得力，基础可靠，地理位置适应，开展工作方便的村庄建立了党的秘密联络点，逐步把党的组织系统和活动范围延伸到了大夼、姜疃和以海阳县的小纪镇为中心的区域。到5月，党员队伍扩大到300多人，农民夜校和农民协会组织的活动空前活跃，广大群众受到极大鼓舞。当然，也不可避免地在一些方面引起地方统治者的恐惧和戒备。

为壮大进步势力，适应斗争形势，县委安排孙耀臣利用职务的便利在东海警备司令部开展工作，进行秘密的兵运活动；通过党员宋云程的亲属关系，发展了在国民党莱阳县公署保安团任分队长的宋仁甲为共产党员。同时，发动党员和入党积极分子利用各自的关系展开秘密联络，团结一切可以团结的力量，利用一切可以利用的因素，结成广泛的统一战线。

革命的火焰在海莱之间燃烧得越来越旺，越来越猛烈，渐渐形成了燎原之势。

第七章

海莱地区抗粮军

胶东人淳朴、善良、含蓄、敦厚，仁义礼智信，温良恭俭让的那一整套道德修养在这个地面上也成了知与行的统一，其表与里达到了高度一致。

熟悉胶东人脾性的说，那里的人面善，外柔内刚，你尊重他，体贴他，他能为你两肋插刀；若是欺负他，强逼他，逼急了，给你个白刀子进去，红刀子出来也不会眨一眨眼的。胶东人对人格，对正义，对家国民族的捍卫绝对都是不含糊的。

这话，从城镇到乡村，从历史到现实，是是非非，曲曲直直都得到过反复验证。

历史的硝烟还没有散去

清军入关，彻底惹怒了于七。他很快在家乡拉起了队伍，对到来的清兵奋勇抵抗。

于七是栖霞县唐家泊人，从小读书习武，修身齐家，明崇祯二年中了武秀才，次年又中了武举人。他为人正直善良，处事豪爽侠气，善于交游，乐于助人，有盛名，有威望，有自己广泛的交际范围。文朋武友，远近互动，经常相聚演武议兵，谈论时势。

就在清政府立足未稳的顺治五年（1648年），于七在董樵等人的协助下，以淘金工人为骨干，广泛发动农民，联络渔民，举行了大规模的反清起义。起义军据守栖霞东部的牙山——其主峰巨石耸立，形如锯齿，故亦称作锯齿牙山——与昆嵛山区的农民起义军相互配合，坚持反清抗暴，先后攻克了宁海州，围困文登、栖霞县城，让清政府和地方政权非常惶恐。

不久，官府软硬兼施，通过剿抚并用的手段，让起义军暂时停止了活动，地方官因此得到了一时的平静。

顺治十八年（1661年），清政府的统治相对稳定之后，对农民的盘剥不断加重。在这种情况下，于七第二次发动了农民起义，登州、莱州府人民纷纷响应，反清烈火燃遍胶东。清廷紧急派出万余"八旗兵"和九省二万余"绿旗兵"围攻牙山，起义军终因寡不敌众而归于失败。

于七突出重围，辗转去了崂山，在华严庵避难当了和尚，获法号善河。70岁时，于七被推举为方丈，得享高寿，老死在华严庵（后易名华严寺）。

经过有清以来的漫长岁月，到宣统二年（1910年），在临近栖霞的莱阳县，又爆发了一次震惊全国的农民武装起义。

1910年春天，莱阳遭灾，麦收无望，当地贪官污吏却借推行"新政"之机，增加苛捐杂税，百般勒索百姓。4月21日，莱阳县城西北柏林庄村农民曲诗文联络各村代表20余人成立"联庄会"，被推为会长。5月21日，曲诗文率数千乡民到县署请愿，要求清理官绅侵吞的"积谷"，减免苛捐杂税，以度过这青黄不接的时候。

"积谷"是全县村庄农户每年交到县里储存的备荒粮，数年累积已达1万余石，却被官绅勾结变卖侵吞，无法归还。在愤怒的乡民面前，县令朱槐之吓得战战兢兢，答应10日内结清谷账，缺者追赔。谁知乡民队伍刚离开，朱槐之便急忙请来清军巡防队和水师营官兵80余名到县城防守，又下令让城里的铁匠铺赶制数百副镣铐，以待捉拿到曲诗文等人之后用作铐锁。

第一次请愿未果，曲诗文又于6月10日集合四五千人再次拥入县城。朱槐之见众怒难犯，便把实行苛敛捐税和侵吞"积谷"的罪恶都推到了王景岳身上。

王景岳与曲诗文一个村，是柏林庄的劣绅，一个长期勾结官府，欺压百姓，鱼肉乡里的地头蛇。乡民蜂拥到了柏林庄，捣毁了王家大院，烧毁了渔池头村高酉峰、叶家庄村陈裕德两大劣绅的住宅，将储粮分给饥民，并声言进城讨伐贪官污吏。朱槐之闻讯，慌忙派人与曲诗文谈判，答应即刻惩办恶劣，清算"积谷"，免除苛捐杂税。

面对愤怒的乡民，山东巡抚孙宝琦不是安抚赈济，而是派出官兵疯狂镇压。曲诗文忍无可忍，遂于7月4日率领三四万人宣布起义。7月10日，起义军包围了莱阳城。曲诗文亲自指挥进攻，只因城防森严而久攻不下。官军势力强大，起义军腹背受敌，粮尽弹缺，伤亡惨重，遂以失败告终。

攻城失败，曲诗文虽被迫出走，起义行动却波及广泛，影响甚大，招远、荣成、济宁、肥城等地民众群起仿效，相继爆发了大规模抗粮抗捐抗税斗争。

1914年秋，曲诗文潜回家乡，准备继续组织武装暴动，却因劣绅告密不幸与其长子曲洪彦、三子曲洪昌同时被捕，随即被押送到了烟台镇守使公署。

父子在狱中备受酷刑，三个月后，被害于烟台西南河。

曲诗文等领导的以莱阳为中心的胶东抗粮抗捐抗税斗争，是义和团运动之后到辛亥革命之前10年间全国爆发的300多次农民反抗官府斗争的最后一次大规模的武装暴动，沉重地打击了清政府在胶东的统治，成为辛亥革命的前奏。①

这次暴动发生时中国的同盟会已经成立，暴动得到了资产阶级民主主义者的同情、声援和支持，迫使清政府罢免了14名官吏。山东巡抚孙宝琦和莱阳籍侍郎王垿受到弹劾，自请罢黜。

于七造反和莱阳暴动，一个"清头"，一个"清尾"，贯穿了有清一代，展示了胶东人不畏强暴的血气，真实表现了胶东人民苦苦寻求独立与解放道路前仆后继的顽强和坚韧。

把人民群众动员起来

没有组织，人各独善其身，就孤零零地如同一盘散沙；有了组织，就能够凝聚成无限的力量。小组织小力量，大组织大力量。历史和现实都在不断地证实着这个事实。

按照中共山东省委的指示，党的莱阳县委一个重要任务就是发动和组织农民运动，举行武装暴动，建立莱阳苏维埃政权。

在书记李伯颜的领导下，莱阳县委正紧锣密鼓地落实这一任务。

李伯颜更清楚的另一面是，与于七、曲诗文那个时代比较，相同的是社会状况和民众生存的境遇不仅没有好转，反而更加凄苦更加悲惨了；官府的统治依旧严酷，而且越来越变本加厉了。不同的是，于七、曲诗文领导的农民起义是一种处于孤立状态的、自发的甚至仅仅是应对突然事变的抗

---

① 刘同均主编：《辛亥革命前莱海抗捐运动》，社会科学文献出版社，1989年版，第1页。

争,而眼下组织农民武装暴动,建立苏维埃政权,实现人民当家做主则是在中国共产党的领导下,有组织的革命行动。

1928年,又是一个荒年暴月青黄不接的时候,一个农民苦不堪言的年头。当时的情况是,山东军阀张宗昌强行摊派"军用票",以票抵物,强买强卖,引起物价飞涨,致使已经十室九空的贫苦农民更加无以为生。灾难深重,饥寒交迫,农民举旗造反,抗击官府的愤怒一日高于一日地增长着。

把人民组织起来,以人民的力量抗粮抗捐抗军票,这是为人民谋生存、谋权益的重大行动,是党的根本宗旨和终极目的所决定的。一定要千方百计把起义的准备工作做充分、做牢靠、做扎实。

紧紧依靠党员和广大受苦受难的百姓,把他们当作主体,当作依傍。李伯颜进行了党内分工,从就近方便、安全有效方面考虑,按实际情况给每个党员都分配了任务。以农民协会为依托,加强宣传鼓动,搞好组织动员,用滚雪球的方法逐渐扩大,做好基本队伍的发展和稳固。他自己则改变身份,以游学和做生意为掩护,避开敌人的刺探和追捕,夜以继日地开展工作。

沉稳机智的李伯颜,在群众掩护下深入村庄集镇,利用安全有利有效的场所,向广大民众讲述帝国主义的侵华罪行,激发大众勿忘国耻,奋起抗争的爱国热情;充分揭露军阀政府和洋奴买办、地主豪绅对外卖国求荣,对内横征暴敛,欺压人民的卑劣行径和丑恶嘴脸,唤醒大家的民族感情和阶级仇恨;用自己的所见所闻,介绍彭湃领导的广东农民起义,建立了广东海陆丰苏维埃政权;介绍湖南毛泽东领导的湖南农民运动和举行秋收起义建立了井冈山革命根据地的情况和经验,激发民众的斗争勇气和决胜信心。他观点鲜明,论证严密,言辞犀利,表达生动,事事都牵扯着国家和人民的命运,句句都能打动人心,说到了人们的心里头。

李伯颜工作扎实,作风朴实,总愿意同群众打成一片。在他经常居住的小学,同师生员工关系融洽,交往密切;他了解人民大众的疾苦,知道受穷的滋味,在百姓家吃饭,不论吃什么,糠菜汤水也照样用以充饥,群众亲切地称他为"小李"。水口村有一赵姓家庭,孤儿寡母,"小李"与来村活动的地下党员帮他们做了许许多多春耕播种的农活,用自己的行动一点一滴地证实着共产党就是人民的政党,就是为人民办实事的政党。

莱阳东乡和海阳西乡,山地多,坎坷崎岖,荆棘丛生,道路难走,有的地方甚至根本就没有路。伯颜翻山越岭,历尽艰辛,才能进到一个村里,才能与村里的党员、农协会员、农民夜校学员见面沟通，落实工作任务。情况紧急了，他白天就躲藏在山林，到晚上再出来做工作。饿了，啃几口冷干粮，馊了也要咽下去；渴了，掬几捧山泉水，不干净也就那么喝。有时干粮吃完了没处补充，便薅几把野菜充饥；没有泉水，随便在哪个水沟那条小河探下身子喝点，以消解难耐的干渴。实在困得不行，顺路偎在山中的崖下、林中、坎边眯一会儿，睡一觉，醒来又看他的文件，想他的问题，谋划他的策略。

一个多月，李伯颜带领莱阳县委的同志们围绕总体目标做了大量工作，收到了明显成效。农会会员从开始的100多人发展到2000多人，愿意跟共产党闹革命的基本群众达到了2万人以上。

莱阳县委审时度势，迅速组成以共产党员为骨干、以农民协会为主体的一支共产党领导的红色武装——"胶东抗粮军"，制作了"胶东抗粮军"的大旗。

党组织进一步加强了宣传发动，印发了传单，集中鼓动力量，利用各种有利时机和有效方式，揭露张宗昌横征暴敛鱼肉人民的罪恶行径，号召民众揭竿而起，攻城劫狱，推翻反动官府，建立共产党领导的人民政权。

组织起党领导的武装力量

发动群众，组织群众，带领群众进行武装斗争，要有足够的武器和武装起来的军队。李伯颜深深懂得这一点。

拉队伍和搞武器这两个方面的工作，莱阳县委一直都是在同步进行的。

武装暴动逐渐进入实施阶段，县委与各基层组织合计了一下，眼前所掌握的武器只有前保驾山村党支部的长枪5支，短枪2把；石龙沟村党支部长枪6支。全部合计起来也只有长短枪30多支，其余700余人的抗粮军队伍准备的都是大刀长矛和锄镰锨镢。寥寥的武器，与莱阳县署的保安团相比，他们3个保安队，1个警卫队，仅德国造的毛瑟枪就有400余支，另外还有其他轻重武器若干。

此外，遍布全县的地主恶霸联庄会也由他们统辖。两相对比，武力相差悬殊。

有什么力量可以借以利用？

李伯颜了解到，此地有一支武装力量，为首的名叫田益三，是地处县东北部的西朱兰村人。此人9岁入私塾读书，20岁进城开了一家名为"泰和栈"的饭店，生意还算红火。营业之余，他经常为人代写诉状，申冤诉苦，不知怎么不小心得罪了哪路神仙，被官府寻借口强逼关了饭店。之后，他经人介绍到军阀张宗昌部当了团长。受红枪会的影响，他离开张宗昌的队伍回乡拉起了500余人的武装，驻扎在大夼镇东北面的羊儿山。

田益三有狭义之风，队伍纪律严明，只与官府作对，劫富济贫，不扰平民。莱阳县委认为这支队伍可以争取过来，共兴义举。

一天夜里，李伯颜在曾与田益三有过接触的秘密交通员刘凤全陪同下，越沟攀崖向羊儿山走去。进山的路上，遇上一个守山人的盘问。那守山人听到李伯颜的西南乡口音，仔细辨认，"扑通"跪下直喊恩人。李伯颜急忙扶起，那人说起腊月二十五夏格庄集上的事，李伯颜也明白了情由却直说"不知，不知，实在没有这么回事，你可能记错了"。

那人似乎也明白了李伯颜的良苦用心，便不再言语，只问客官瞎黑行路要到哪里去。李伯颜把要到羊儿庙见田益三的事跟他说了，那人便前面引路，径直到达了田益三的住处。

按照预先设计，刘凤全把"江湖之人"李伯颜向田益三做了介绍，双方随即以"同路人"的面目进行交谈。李伯颜说古论今，侃侃而谈，从历史说到现实，从政治说到军事，从国外说到国内，从外省说到本省当地，从官僚说到平民，让田益三听着听着，觉得句句在理，字字钻心，不禁连连点头。

田益三是个聪明人，他慢慢听出了李伯颜的"话味"，完全是共产党的口气，加上他曾风闻万第周围有共产党活动，就断定李伯颜不是一般的"江湖侠客"，越发对他尊重起来。李伯颜见时机成熟，便对他晓以人间大义、家国情怀，说人民大众生活在水深火热之中，热血男儿不能坐视不管的道理。田益三听了，脸上浮出了感同身受的微笑。

守着真人不说假话。

李伯颜到此干脆亮明了自己"胶东抗粮军"首领的身份，进一步与田益三磋商联合事宜。经过几次来往，双方议定了共同举事的协议和行动方案。其后，在田益三的建议和融汇下，为尽量争取更多的同盟力量，李伯颜又与另一支山林武装的头领徐子山进行了艰苦的谈判，与他结成了协力攻城，共谋大事的合作。

经过两三个月夜以继日的组织筹划，县委认为行动的条件基本成熟。5月26日，便选择了地处偏僻的小院村，在西夹河套里召开有莱阳东、北、南和海阳西部地区的党员干部及农民协会负责同志等百余人参加的联席会议。

会上，县委书记李伯颜代表县委认真总结了前段工作取得的成绩，鼓舞了士气，激励了斗志。接着，他全面部署了"胶东抗粮军"的任务和攻城劫狱、建立莱阳苏维埃政权的行动方案，从各方面做了周密安排。同时宣布，李伯颜任"胶东抗粮军"总指挥，田益三任副总指挥；决定以鸡毛传牌为信号，用胡秸（高粱秆）蘸油作火把，兵分四路，统一行动。攻城战斗打响后，四方同时燃放鞭炮，随军前行，呐喊助威。

会议随后做了具体分工：李伯颜率抗粮军主攻南门，直取县署；前保驾山村党支部率队主攻西门，策应李伯颜。田益三主攻东门，打开监狱，占领钟鼓楼；徐子山主攻北门，策应田益三。已在城里的党员宋仁甲联络各方，充分利用关系，从多方面做好内应。

对作为攻城主力的抗粮军，李伯颜也做了具体安排：李伯颜率海阳西部和万第一部，负责中路，孙长道任突击队长；宋云程率大夼一部，负责东路；宋化鹏率南务一部，负责西路。

充分的部署，周密的安排，表现了李伯颜深邃的政治远见、卓越的领导才能和过人的军事胆略。

出师未捷身先死

天道可料，人心难测。

联席会议热烈而有秩序地进行着。

正当与会人员各自认真思考着行动计划和自己的任务分工，按次序发表意见，完善已有方案的时候，蓄谋已久的小院村党内异己分子赵百原带头发难，以攻城时机不当为由制造事端。几个同伙也乘机起哄，个别对攻城畏首畏尾不明就里的人也随声附和，直闹到凌晨3点多钟仍无休止。

李伯颜见会议无法继续进行下去，便宣布暂时休会。

丧心病狂的赵百原并不肯善罢甘休。

赵家一伙早有预谋。赵百原几天前已经与本家同伙赵会原设下了密谋杀害李伯颜的圈套。

散会之后，赵百原谎称本村人员留下继续开会，请李伯颜一起参加听听。这本来也属常理，襟怀坦荡、刚正无私的李伯颜万万没有想到，几只黑手正向他伸来。

平时表现极尽甜言蜜语，善于阿谀奉迎的赵百原这时露出了青面獠牙，与同伙赵永恩、赵洪明、赵永思寻机向李伯颜脖子套上了布带，将其活活勒死……

孔子说："巧言令色，鲜矣仁。"

胶东人语：害人之心不可有，防人之心不可无。

只是，无害人之心的人无法知道欲害人之人会怎么加害于人，也便防不胜防了。

人民的忠诚儿子，党的优秀干部，一个年轻的革命知识分子，年仅24岁的青年革命家就这样惨死在了一伙叛徒的魔爪之中。

姜山洼为之垂泪，丁字湾为之哀悼，旌旗山为之肃立，小院村西河套有幸，掩埋了英雄的忠骨……

第八章

鲜血染红的征程

苍天垂泪，英雄不死。

忠烈之士，宁在血泊中拼杀。

大不了就让忠贞的热血再成一个渤海，再成一个黄海而已。

中国共产党人前仆后继，在血泊中倒下，再从血泊中站立起来。

胶东人民跟定了中国共产党，认准了一条道路，坚定了一个信念，就说了算，定了干，天塌下来也不变……

这样的血性，这样的气概，任何时候，任何情况下都是这样。

抗粮军还在战斗

中共莱阳县委书记李伯颜同志壮烈地牺牲了。

这不幸的消息，除了那几个叛徒恶棍，一时还没有人知道。

1928年6月11日，莱阳县署保卫团的兵力都下乡征收户捐去了，城里只剩下当班的四十几个兵丁。在保卫团当队长的地下党员宋仁甲连送两封密信给"胶东抗粮军"攻城副总指挥田益三，报告了城里的情况。

田益三不知情况发生了变化，依然按照中共莱阳县委部署的攻城方案，于当日黄昏时分率部与徐子山的部分队伍集结在临近县城的蚬河东岸密林之中。

待命期间，忽有城里侦探从此经过，捕捉未获。田益三怕因暴露目标而失去良机，遂下令向东门进攻。守城官兵仓促应战，县保卫团警备队队长工秀山被打死，保卫团随即乱了阵脚。"抗粮军"打破东门攻入城里，连续拿下了南门和西门，然后乘胜猛攻，直逼县署。宋仁甲又暗中送来四箱子子弹支援。"抗粮军"夺取了钟鼓楼，打开了监狱门，将270余名被关押的革命群众和进步人士尽皆放出。

战斗进行到午夜，遭到紧急返城的保卫团兵力和赶来增援的齐玉部夹击，田益三率队拼命冲出南门，落荒逃走。

在莱阳东部，北面有军阀的残余势力，南面有豪绅地主于汝舟纠集的鲍村联庄会反革命武装，田益三残部的生存环境十分恶劣。

9月3日，于汝舟致信田益三，相约见面。田益三与于汝舟有过交际，对他相约的用意虽然产生过疑虑，却仅仅想到与他的故交情谊，同样是忘记了那句"防人之心不可无"的至理名言，只认为他不至于把自己怎么样，想都没想那"农夫和蛇"故事反复上演的后果，便应约前往。他率队刚一到达，就发现上了贼当，却为时已晚。一行人除四人趁乱逃脱，其余全都被绑缚关押。翌日，田益三与其余27名战士全被杀戮，鲜血染红了曙光初露的莱海大地。

阶级的仇恨，一味信奉所谓"相逢一笑泯恩仇"的理数是靠不住的。田益三一介平民，穷苦出身，自拉起队伍起就倾向于贫苦百姓，与地主豪绅作对。跟于汝舟专事保护地主豪绅利益，镇压革命群众，专门与穷人作对的联庄会本来就水火不相容。田益三轻信谎言，中了于汝舟阴险歹毒的圈套让其一时得手，他还可能再有蛟龙入海，猛虎归山可能吗？不会的哦。

可怜这一世豪杰，竟然如此英雄末路！

中国共产党领导的胶东地区第一次武装攻取县城的革命行动虽然最终归于失败，却动摇了军阀官僚鱼肉人民的反动统治，震撼了地主阶级作威作福的稳固靠山，惊醒了他们欺压百姓的天堂酣梦……

黑云压城城愈坚

莱海地区黑云压城，革命处于低潮。

由于中共莱阳县委书记李伯颜同志的牺牲、"胶东抗粮军"攻城的失利，莱阳苏维埃政权建立也就推向了遥遥无期。

一时间，胶东各县国民党党部勾结官府到处搜捕共产党员和进步人士，中共莱阳县委遭到严重破坏，党员宋海秋、梁逵卿、于元丰、孙亭午、宋仁甲等逃去大连、海参崴等地，莱阳党组织和农民协会转入地下活动，共产党领导的胶东革命活动进入更加隐蔽的状态。

上级党组织根据形势变化和工作需要，调动了莱阳县委宣传委员孙耀臣的工作。孙耀臣遵照党的指示，辞去施中威部参谋长的职务，去了胶县、高密区间开展党的工作。1928年11月，孙耀臣前往济南与省委联系，在途经高密县城时，因叛徒出卖，与同行的七名党员被地方官兵逮捕。在高密县署的大堂上，县长张化成许以高官厚禄，百般利诱未成，便使出毒招，施以酷刑。孙耀臣义正词严，坚贞不屈，痛斥那些附庸军阀、为虎作伥之徒，理直气壮地伸张拯国救民的民族大义。

面对冷酷傲慢的县长和如狼似虎的县府兵丁，孙耀臣愤怒地踏碎了堂上办案的桌子，淋漓尽致地揭露他们对上阿谀军阀，对下戕害苍生，祸国殃民，欺压百姓，致使天怒人怨，民不聊生的恶劣行径。最终，他被县府押入大狱，百般折磨，于12月26日被残忍地杀害了。

整个土地革命时期的胶东，各派系军阀争地盘、争利益，打得你死我活、难解难分。地方统治者走马灯似的你方唱罢我登场，争到了地皮就如同争得了骨头的狗，赶紧让与自己结伙的狐朋狗党大小喽啰前来一起"啃噬"，哪怕是了无点肉也不放过。

尽管那些如蛇蝎似虎狼的军阀狗般地争斗厮杀，但勾结土豪劣绅和帝国主义在华势力对共产党人的追捕杀戮却是惊人的一致。除非他们狗咬狗疯狂起来而无暇他顾，才会使共产党得到一点点生存发展的时间和空间。

1929年1月到1933年7月，设在济南和青岛的中共山东省委机关先后十多次遭到严重破坏。山东省委主要领导同志邓恩铭、刘谦初、吴丽实等党的重要干部刚刚被国民党山东省政府主席韩复榘下令杀害，刚成立的临时省委和团特委于又当年7月再遭破坏，300多名共产党员和革命积极分子被逮捕。

全省各地、各领域，反动派对革命者的搜捕杀戮一刻都没有停止。

胶东地方党的组织与中共中央和中共山东省委都完全失去了联系。

在沉沉的黑夜里唯一还有的，就是共产党员的顽强意志和坚定信念。为了人民的解放和民族的复兴，不管前进的路多么坎坷，总是要走下去的……

胶东特委在血泊中建立

中国共产党人是杀不绝的。

1932年5月，在青岛党组织遭到破坏的情况下，为躲避日本人和青岛警察当局的追捕，青岛宋哥庄小学校长、党支部书记张静源遵照党的指示，来到莱阳水口一带开展党的活动。经过一段时间的工作，他先后在万第、水口、褚家疃、灵湖小学、莱阳中学和省立莱阳第二乡师及莱海边区建立、恢复了党的组织，发展党员100余人。

7月底，根据省委的指示，中共莱阳县委在海阳县新庄头村重新建立，张静源任书记，于寿康、宋化鹏、宋云甲、宋玉桂、李仲林、谢明钦任委员，领导和发展的区域扩大到莱阳全境和海阳西部及栖霞、招远、掖县（现莱州市）南部地区。11月，中共海莱特支在海阳县大黄家村成立，张静源兼任书记，于寿康、宋化鹏、孙奭平任委员。

1933年春天，省委安排张静源以教学为掩护到牟平县开展工作。3月，在牟平县刘伶庄村建立中共胶东特委，张静源任书记，领导莱阳、牟平、海阳、招远、文登、荣成、栖霞、蓬莱、黄县（今龙口市）、福山等县党的组织，成为胶东地区实施党的统一领导的机构。不久，山东省委遭到严重破坏，特委遂与上级党组织失去了联系。

6月，张静源历尽艰辛到了天津，终于与党的北方局接上关系。根据北方局的指示，在水口村成立了中共莱阳中心县委，张静源任书记，于寿康任组织委员，宋化鹏任宣传委员，宋云甲任武装委员，李仲林任委员兼共青团书记，谢明钦任委员兼秘书，宋玉桂任委员。

根据上级党的安排，莱阳中心县委负责莱阳、海阳、牟平、文登、荣成、福山、蓬莱、招远等县党的工作，确立了发展巩固党组织，扩大党员队伍，壮大农民协会，发动雇工、短工与雇主展开增加报酬的斗争，组织农民抗捐抗税，建立自己的武装力量等方面的工作重点。全党按照这个重点积极开展工作，在较短的时间里，莱海地区党员发展到900多人，建立党支部100多个。

在莱阳西北部、西南部和东部，莱阳中心县委建立了三个区委，西北部区委由刘兰芳、刘坦、田绰永组成，以马连庄、军寨为中心开展工作；西南部区委由梁辑卿、王军光组成，以孙受、花园头为中心开展工作；东部区委由宋桂生、宋云甲、宫兼三组成，以万第、水口为中心开展工作。莱阳中心县委还举办了三期党员培训班，培训党员干部60多名，党组织的思想水平和工作能力有了新的提升。

6月中旬，莱阳中心县委派王之风到招远县道头小学开展工作，发展了一批党员，成立了在招莱边区进行革命斗争的党的组织——中共道头第五小学党支部，李厚生任书记，臧商彝为组织委员，王德安任宣传委员。随即，中心县委对道头党支部提出了"以进步教师和贫苦农民为重点，大力宣传共产主义，积极发展党员"的工作要求。根据要求，道头党支部就近在莱阳县北部的顾家、马连庄、田家、军寨、河崖、下洼子等村发展了30余名党员，在招远县的道头、高山洼、留仙庄等村建立了党支部。

8月，莱阳中心县委决定成立招莱特支，李厚生任书记，臧商彝等六人为委员。特支设立了莱阳边区和招远边区两个区委，党员发展到130余名，党的工作开展得非常活跃，形成了一个颇具区域特色的领域，一时被称之为招莱边"小苏区"。

鉴于党在各方面工作的经验教训，莱阳中心县委十分重视建立革命武装，注重开展军事斗争，要求各级党组织和广大党员通过购买、募集、收缴获取散落在民间的枪支弹药，集中用于建设党领导下的革命队伍。1932年5月，张静源率刘松山、宋化鹏、左武堂等50余人下了海阳县保安大队泊子联庄会的枪；派人打入了鲍村十汝舟联庄会，在里面秘密建立了党的组织，掌握了队伍，获取了武装指挥权。与此同时，分管武装斗争的负责同志还秘密赴外地学习游击战争理论和实战经验，提高对革命武装的组织指挥能力。

1933年7月，莱阳中心县委成立了武装游击队。当月，游击队便由宫兼三、左武堂率领40余名队员，攻取了羊郡盐务局，击毙5名盐警，缴获了60多支枪。

翌年1月20日，在招远马家乡智取了乡公所，获"手提式"枪2支；5月，到苟格庄村缴了地主家的13支枪；在淳于局子和海阳朱吴、高家等地下枪40余支；杀掉了国民党县党部书记、CC派爪牙、恶霸劣绅张建庵。

莱阳中心县委和武装游击队壮大了实力，打出了威风，扩大了影响，鼓舞了人民的革命精神，震慑了敌人的反动统治。

血沃胶东肥劲草

人心叵测，世事难料。

胶东党的活动在莱阳中心县委的领导下如火如荼地全面展开。

一个包藏个人野心的人，一个对党组织的批评怀恨在心，阴谋篡夺县委领导权的恶徒徐元义，开始了他的罪恶活动。

1932年入党的徐元义无视党的纪律，道德败坏，腐化堕落，在褚家疃村教学时，以介绍入党为名，与女学生乱搞两性关系，在群众中造成极坏影响，受到张静源的严厉批评。对此，徐元义一直怀恨在心。

1933年1月，徐元义擅自去了栖霞，背着组织，巧立名目，别出心裁，在栖霞、莱阳边界用一种极其卑劣的方法——不讲品行，不论善恶，只要交100元钱或一支枪就可以入党——发展了一批党员，致使一些地主、劣绅、流氓、无赖等社会渣滓也进入了党内。更恶劣的是，徐元义在莱、栖边界另行组建了一个"莱阳县委"，自封为书记，与莱阳中心县委分庭抗礼。

在青岛的中共山东省工委派李林同志来到莱阳，召集了30多位相关人员参加的会议，协调两个县委的合并事宜。会议作出了决定：两个县委合并之后，莱阳县委由张静源任书记，徐元义、宋华鹏任副书记。当晚，李林接到了青岛临时市委书记李大章的信，便匆匆将县委合并的工作交代给张静源，随即返回了青岛。

之后，徐元义恶习不改，拒不执行李林同志主持的县委会议作出的决定，继续进行分裂党的活动。

为了维护党的团结统一，已经按照党的指示迁到烟台工作的张静源继续到莱阳做徐元义的工作。10月11日晚上，就在张静源与他们认真研究两个县委合并交接事宜的时候，被徐元义及其同伙枪杀于小徐格庄村东南的看牛岗上。

苍天愤怒，大地痛悼。

又一个人民的好儿子，党的好干部牺牲于党内的叛徒之手。

……

张静源同志1901年10月生于山东博兴县高渡村一个富裕农民家庭。他16岁考入山东省立第一师范专科学校读书，毕业后到青岛宋哥庄小学教书，1928年在小学校长任上加入了中国共产党，不久便担任了党支部书记。根据中共青岛市党组织的安排，张静源在大枣园、拙家寨、南渠、宋哥庄、李村等地开展党的活动。1930年，张静源利用回老家探亲的机会发展了一批党员，建起了博兴县党的支部，成为1932年博兴农民暴动的中坚力量。

为了贫苦大众的需要，张静源多方筹措资金，扩大小学校舍，创办起了平民夜校，积极向民众传授文化知识，宣传革命道理，传播马克思主义思想，揭露地主、资本家剥削人民的罪恶行径。在平民夜校里，他挺身而出维护妇女学习文化知识的合法权益。他曾冒着极大风险营救被捕的同志，组织发动夜校学员响应中共青岛市委的号召，积极参加罢工斗争。

在青岛，张静源每时每刻都在为大众教育和人民的解放事业殚精竭虑，勤奋工作。来到莱阳之后，他一如既往，孜孜不倦，依然为党的工作奋斗不止。

就是这样一位背井离乡、辛勤工作的革命者，在领导胶东党的建设，领导胶东人民的革命斗争中，把生命的热血洒在了莱阳的大地上。

血债要用血来还。

莱阳党组织在查清了张静源书记被害的真相之后，随即做出决定，处决叛徒徐元义。

当年11月初，姜宗泰、李元勋在前发坊村南的悬崖上，将徐元义这个罪恶的叛徒枪决，结束了他极其肮脏卑劣的一生。

张静源牺牲之后，他的战友和同事刘仲益、王之风、刘松山、李桂岩、孙铭瑞等20名共产党员，于夜间集合于他秘密开会的香山沟致以哀悼之礼。王之风做了一首饱含深情的诗，悼念尊敬的静源同志：

张公音容宛如生，
杜宇泣血吊英灵。
犹见小窗灯火明，
似闻先生读书声。
壮志未酬身先死，
留得浩气贯长虹。
莫道香山弹丸地，
却燃星火耀胶东。

第九章
撒遍胶东的红色种子

中国共产党所代表的是先进的思想，先进的阶级，先进的政治组织体系，建党初衷就是为了人民，依靠人民，全心全意为人民服务，以实现中华民族的解放和中国人民的安定幸福为根本出发点。

以蒋介石为首的国民党所代表、所建立、所维护的是大地主、大资产阶级的利益，是腐朽的、垂死的、陈陈相因的统一体。而对人民大众，他们则欺负、盘剥、压榨、杀戮，无所不用其极。

先进与腐朽的较量，最终的灭亡自然是腐朽与垂死。虽然，腐朽在一段时间里还会死而不僵，甚至还在张牙舞爪地"吃人"，力图把先进的、新生的萌芽扼杀在摇篮之中，却不会改变其垂死的结果。

代表人民大众的利益，自然就会得到人民大众的衷心拥护。中国共产党的根就扎在人民群众之中，而人民是生生不息的。

中国共产党的"胶东户头"永远留在人民中间。

（一）

1930年9月，军阀韩复榘被国民党政府任命为国民党山东省政府主席之后，极力奉行蒋介石的反共政策，残酷镇压共产党领导的人民革命运动。在济南，他杀害了中共山东省委的一批主要领导干部之后，又在多地多次、多批疯狂屠杀中国共产党人。

1933年7月2日，中共山东省临时委员会组织部部长宋鸣时投敌，临时省委书记张北华和组织干事唐玉清、团省特委书记宋澄及蔡泽民、刘泽如等被捕，青岛、潍县、寿光、益都等地的党组织也同时遭到破坏，约300名党员和革命群众被捕。

11月底，韩复榘的爪牙张襄武当上了胶东"剿匪司令"，在莱阳召开胶东各县、区长会议，其制定的"剿匪草案"在会上没有被通过。恼羞成怒之下，张襄武便报告韩复榘说"莱阳赤化"，推不动了。韩复榘随后就撤了莱阳县县长杨酉桂的职，派梁秉琨到莱阳当了县长，并下令将莱阳各区的区长与黄县、栖霞的对调任职。

梁秉琨到任后，便变本加厉地搜捕共产党员。莱阳党的活动陷入了越发黑暗的白色恐怖之中。

12月，叛徒徐元义的弟弟、在青岛的省工委交通员徐元沛给梁秉琨提供了莱阳县中共党员的名单，许多党员因此遭到逮捕杀害。29日，梁秉琨派人到梁家夼小学捕捉莱阳中心县委武装游击队负责人姜宗泰，姜宗泰以单枪对群魔左冲右突，英勇脱险。时隔五天，敌人又去褚家疃逮捕五区区委委员周方（战士恕）。周方在妻子的掩护下击毙了领头的薛金升和一名士兵得以突出重围逃走，而其叔父战云伦、弟弟战士行却被敌人残酷地杀害了；妻子张茗柯则被逮捕关押。

1934年2月17日，新改组的中共莱阳县委军事委员贾丕钦被捕叛变，带领"捕共队"到处搜捕共产党员、进步人士和革命群众，先后有孙启山、李元勋、宋云程的等100多人被逮捕，80余人被杀害，全县十之八九的党组织遭到破坏。

这期间，莱阳中心县委武装游击队负责人左武堂和公开身份为洼子镇镇长的共产党员刘兰芳被捕，受尽折磨，英勇牺牲，表现了共产党员大义凛然的英雄气概。

这就是莱阳，这就是胶东。

莱阳之名，得之于莱山，取"莱山之阳"意。莱阳县原名"昌阳"，后唐庄宗时为避其爷爷李国昌之讳而下诏易名。莱山亦称旌旗山，在莱阳城西北约15公里处，海拔315米，一山二峰，立于前峰可见后峰顶端，传为神仙二弟兄比高争锋而成，故有"争气山"之俗称。

或许，这也彰显了莱阳和全胶东人民真正的禀赋。

胶东的共产党人杀不完，也是吓不倒的。

从共产党人体内溅出的一滴滴血液，都化作一颗颗红色的种子，化成了可以燎原的星星之火。

（二）

在严重的白色恐怖之中，党的组织随时随地就遭到了破坏。在浸染着烈士鲜血的土地上，红色的种子时刻都在萌芽着、生长着，党的组织随时都会得到新生……

1933年9月，中共莱阳中心县委在水口村宋玉桂家开会，决定按照上级指示撤销莱阳中心县委，建立中共莱阳县委和海阳特支，分属胶东特委。莱阳县委书记由黄日宾担任，组织委员、宣传委员、军事委员分别由王之风、刘仲益、贾丕钦担任，委员有李仲林、宋玉桂和左武堂。

1934年1月，中共莱阳县委决定改组，但由于叛徒出卖，县委遭到破坏，工作陷于停顿。这年8月，李仲林以共青团山东省工委特派员的身份回到莱阳恢复党团组织，在莱阳西南乡的曲格庄村主持成立了中共莱阳特支，苏继光任书记，张进任组织委员，李研吾任宣传委员。

在东部，由原莱阳中心县委组织委员刘仲益任书记的海阳特支，党的工作依然很活跃。1934年，海阳全县党员已发展到240余名。6月，经中共胶东特委批准，撤销中共海阳特支，成立中共海阳县委，孙学之任书记，刘仲益、孙杰三、单志京等任委员。县委辖四个区委，设前圈、管村、北城阳、大辛家、孙家兴善、玉皇山后等六个地下联络站。

中共山东省党的工作完全转于地下，已无法正常履行职责。1934年1月，中共中央北方局派常子健来胶东建立了以他任书记的第二届胶东特委。9月，特委遭到破坏，特委委员刘经三、张连珠、李厚生被捕，党的工作陷于停顿。1935年1月，张连珠、李厚生获释从济南回到胶东，继续组织和领导胶东地区党的工作，在文登成立了第三届胶东特委，张连珠任书记。

在白色恐怖的笼罩之下，为了保存革命火种，胶东特委一面让莱阳县部分未暴露的同志潜伏下来，继续坚持在当地开展对敌斗争；一面让一部分已经暴露的同志辗转到栖霞、招远、蓬莱等地。在招莱边区工作的顾万言到了黄县大陈家，与当地的李秉忠等同志配合开展党的活动。李厚生、刘坦到了蓬莱，以打短工为掩护开展党的工作。水沟头区委原书记宋竹庭则去了文登。

不久，刘坦受省委指派，回到招莱边区，担任了边区党的特支书记，一面抓紧与经过斗争考验的原有党员接触，一面积极发展新的党员，随之恢复了党的组织。

刘坦在招远的夏甸镇开了一家西药房，由共产党员王忠奎当医生，一起在行医期间开展工作，借机在小学教师和忠厚农民中发展党员。

1935年，由于叛徒出卖，刘坦被反动当局逮捕关押。

（三）

多战线，多渠道，随机部署，乘势作为，全力发挥，分步推进。中共中央和山东省委一次又一次派人，一遍又一遍把红色的种子在胶东大地上播撒。

1932年4月，中共烟台特支安排张凤鸣随胶东军阀刘珍年部的修械所去了掖县，配合中共掖县县委开展工作。

掖县张村的王鼎臣1928年春入党，1930年10月受中共山东省委的指派从济南爱美中学艺术师范科返回家乡，先后发展了郑耀南、鲍仙洲等人入党。1930年10月，根据山东省委指示成立了中共掖县县委，郑耀南任书记，王鼎臣任民运社保委员，黎光任组织委员，陈子尚任宣传委员，鲍仙洲任交通委员。

为工作便利，经郑耀南提议，烟台特支批准，中共掖县特别支部于1932年4月成立，张凤鸣任书记，陈子尚、鲍健分别任组织委员和宣传委员。此后，掖县县委与掖县特支分别接受山东省委和烟台特支领导，工作默契，协调一致。同月，根据中共烟台特支指示，成立了掖县特务队，郑耀南兼任队长，张凤鸣兼任副队长。特务队的成员由骨干党员组成，主要任务是保卫党组织的安全，营救被捕的同志，镇压党内叛徒，打击罪大恶极的官僚豪绅。

受烟台党组织的派遣，郑洁曙、王笑竹等三人于1930年到龙口开展党的地下工作。6月，建立了中共龙口特别支部，郑洁曙任特支书记，并负责龙口特支、蓬莱特支与烟台党组织的联系。

郑洁曙的公开身份是龙口汽车站稽查员，他利用工作机会每月去烟台汇报一次工作并接受党组织指派的工作任务。10月，郑洁曙身份暴露，被迫转移。

王笑竹的公开身份是国民党龙口公安局庶务。12月，也因身份暴露转往外地。

暂时的撤退，是为了更好地进攻。

（四）

孙己太是以共青团员身份接受党组织派遣，从烟台回到老家荣成开展工作的。

荣成在胶东半岛的最东边，风光秀美，人文厚重。当年，秦始皇曾三次来此寻仙，在这里建有行宫，尔后被辟为始皇庙。始皇庙有一副对联，写着"雄扫六合何虎视；弩射海鲸天尽头"，真正的气势磅礴。

1930年夏，中共烟台党组织派孙己太到这里开辟党的工作，

孙己太是在烟台芝罘陆军军官学校读书的学生，因为有"军官学校"的学历，他回到荣成后就被介绍到石岛公安局当了巡长。

1931年夏，为聚集力量方便工作，他与警察李德生和民团里原烟台市委交通员张鲁生在联系不到上级党组织的情况下成立了党的组织——荣成县临时革命委员会，张鲁生任书记，李德生、孙己太分别为组织委员和宣传委员。不久，他们得以与烟台党组织联系上，按照烟台党组织的决定成立了中共荣成特支，孙己太被任命为书记，只他一个人独立工作，与党组织单线联系。他不失时机地发展了一批共青团员和共产党员。其中有曹漫之、李耀文、张丛周、谷牧等。

九一八事变后的1931年冬天，荣成国民党当局在石岛开办甲长训练班，孙己太既有文化又懂军事，便被聘为训练班的教官。利用这样的身份，他与同为教官的共青团员滕如斋借此机会更多地接触了那些青年知识分子和老成持重的农民学员，向他们宣传马克思列宁主义常识，教唱革命歌曲，从中发现培养和发展了丛烈光、沙国政、毕春华、毕家喜等一批党员。

队伍的壮大，组织的加强，大大增强了党活力，扩大了党在石岛一带的影响。

荣成党的活动开展得轰轰烈烈。孙己太等逐渐引起了石岛国民党当局的注意，准备对他进行查究。在这种情况下，上级党组织于1932年8月安排他转移到北平开展工作。孙己太临走前安排宫书堂接任了特支书记，继续在石岛一带开展活动；把荣成城厢的工作交代给了曹漫之；让丛烈光等同志成立了一个书店，以经营图书为掩护开展党的活动。

胶东最东边的红色种子就这样播下了。

孙已太按照党组织的指派，从北京到河北，再到辽沈边区、奉天特委等地担任党内职务，几经辗转，在中共本溪煤矿特支书记的任上被反动当局逮捕，坐了六年监狱，到1938年刑满出狱回到了胶东，回到了他的家乡。

有趣的是，孙已太临走之前订的婚，因党的工作几次推迟婚期，在他再次回到老家的时候未婚妻还在等着。在无比激动和感念之中，他便依照父母的意愿与未婚妻举行了婚礼。

婚后半个月，在党组织的安排下，孙已太遵照党的指示，到曹漫之任县长的黄县革命根据地，投入了轰轰烈烈的抗日战争。

（五）

中共中央和山东省委始终关心牵挂着胶东党的建设，关心牵挂着胶东党组织和每一个中共党员。

1933年11月13日，中共中央上海执行局派张德一（张晔）来到山东，以青岛市委成员作为基础力量，组建了中共山东省工作委员会，张德一任书记，李仲翔任秘书长，成员有刘宜昭及山东大学的李香亭。当时，所能联系到的只有青岛和东部几个县的党组织。

12月8日，省工委向党中央写了报告，分析了山东的政治、经济形势，指出了山东党在领导方式上存在的极端"左"倾机会主义的错误：只注重直接的政治和武装斗争，忽略了经济斗争的问题；农民暴动充满着封建观念的保守性，而不是走上灵活的游击方式等。

正当省工委积极设法恢复与加强同各地党组织的联系，进一步加强领导力量时，交通员徐元沛叛变，导致省工委机关遭到破坏，张德一、李仲翔等多人被捕，各地党的相关组织也遭到严重破坏。之后，共青团青岛市委负责人、省工委成员刘宜昭继续与胶东各县保持着联系。

7月，中共上海执行局派史孝舜来青岛恢复整顿党的组织，在四方镇小学召开会议，研究成立中共青岛市工作委员会的事宜。由于混入党内的卧底刘志成告密，敌人包围了会场，史孝舜、赵洪祥等五人被捕。

之后，团青岛市工委扩大为团山东省工委，刘宜昭任书记，代管党的工作，领导青岛及整个胶东党组织的活动。

初心千里

  遍撒胶东的红色种子，始终维系着党的根脉，在寒冬里孕育着强健的生命，勃发着生生不息的生机和张力。

  是种子就能发芽，有星火便可以燎原。即使在狂风暴雨之中，也时刻奔腾着电闪雷鸣的光……

第十章
唤起民众千百万

在半封建半殖民地的岁月里，中国共产党最根本的任务就是拯救苦难的民族、苦难的人民，当务之急是救人民出水火。

辛亥革命之后的胶东，人民依然生活在水深火热之中，苛捐杂税多如牛毛。1934年，人民负担的捐有地亩捐、民团捐、教育捐、银行捐、航空捐、门牌捐、火车捐、汽车捐、自行车捐、建设特捐、富户捐、赈灾捐、戏捐等和名目繁多的临时捐；税有印花税、咸盐税、烟酒税、屠宰税、牙行税、纸烟税、营业牌照税、出入口货物税，等等，不一而足。

苛刻的地租则有两种收法：一种是租户一年所收粮食自己一半，交给地主一半；一种是讲明每亩一年拿多少钱。按官亩计算，一般要交2~3元。一年下来，租户交完地租便所剩无几，租户全家人只能以地瓜干、地瓜叶和糠秕、野菜充饥。农家卖儿鬻女，冻死饿死的现象屡见不鲜。

农民活不下去，反抗情绪日益激烈，抗捐抗税抗租抗粮抗债斗争彼伏此起。当然，这些斗争不过是为求得眼前的生存，稍一达到目的或陷于失败即告结束，不能持久也没有长远目标，没有从根本上撼动反动统治的根基。包括1928年曾经攻取县城，以失败告终的招远县"无极道"农民起义，同样也是这样的悲惨结局。

不论是胜是败，反抗之后的参与者不是被捕杀就是流落他乡，无一能得善终。许多人因此便把希望寄托于共产党，盼着共产党早早到来。听到消息的一些人常私下里说："共产党来了就好了，咱们穷苦人的日子就好过了。"

人民的苦难和愤怒，是一座随时都会爆发的火山，国民党反动派的统治就在这样的火山口上。

蒋介石只知道屠杀共产党，岂不知那许许多多与共产党站在一起的穷苦百姓和社会各界、各层级的有识之士转眼之间就成了共产党。就如同雨后春笋，眨眨眼睛就长高了、壮大了。

这是中国共产党最深厚的根基。千千万万的共产党人从这深厚的根基中生发开来，永远不脱离群众，永远与人民群众在一起。

农运

胶东的农民运动与各省最初的形式一样，也是从建立农民协会开始的。

莱阳的农民协会是共产党员宋海艇于1925年冬季在莱阳东部以"同乐处"的名义组建起来的，发展范围覆盖了莱阳东部和海阳西部的若干村庄。之后，随着党组织的宣传发动，逐步扩展到了西部、北部，直至发展成为一支声势浩大的"胶东抗粮军"。

比莱阳稍晚一点行动的掖县，农民协会紧紧围绕农民热切盼望的解决生存的问题展开，工作注重贴近实际，进行得顺风顺水、波澜壮阔。

掖县濒临渤海，西南隔胶莱河就是昌邑县，南面与平度共为大泽山区，东部和东南部与招远、莱阳接壤。在这个县的历史上，穷人闯关东的多，一些人到了伯力、海参崴，在那里参加了俄国十月革命，有的回来探家或返乡重置的都会说十月革命的好处，说那边穷人的日子好过。蓬（莱）黄（县）掖（县）经商的多，外面的信息比较灵通，中国共产党在南方组织的农民运动也不断波及而来，人民渐渐看见了出路和生活的希望。所以，共产党一组织，农民协会就很快发展起来了。

1928年，共产党员郑耀南在六区建立了区农民协会，并被推选为会长。1930年，中共掖县委员会成立，郑耀南当选为书记。县委加强了领导，农民协会不断发展壮大，不到半年，全县各区普遍建立了农协组织，会员达到5000多人。

1930年之后，国民党政府颁布《农会法》和《农会组织法》，给农会的建立划了许多条条框框，目的就是把贫苦农民排挤出农会的领导层，让地主豪绅把持农会。

对此，掖县党组织依照他们的那个"法"，同国民党县党部进行了针锋相对的斗争，取得了节节胜利。1931年，县农会成立，党员鲍裕民当选为干事长，鲍仙洲、郑祥斋等当选为副干事长。县委在农会设立了特别支部，张凤鸣任书记，陈志尚、鲍裕民分别任组织委员和宣传委员。

农民协会在党的领导下登上了政治舞台，带领农民同千百年来欺压他们的反动官僚政权和束缚他们的封建礼教进行了不懈的斗争。

损害农民利益最直接、农民最痛恨的是苛捐杂税。农会就带领农民与官府展开了斗智斗勇。鲍仙洲一家八口人，无房无地却因交不起租税被逮捕。农民协会一面接济鲍家人的生活，一面通过说理为鲍家讨要说法，终于迫使官府释放了鲍仙洲。

1932年，山东军阀韩复榘与胶东军阀刘珍年为争地盘在掖县一带打起仗来，各方为筹军饷都不遗余力地向各村、户派差派夫派捐税。县委及时领导农民协会通过搞宣传，造声势，进行游行示威，展开了针锋相对的斗争。官府慑于人民的力量，只好答应免除了五亩地以下农家的差、夫。

为垄断基层政权，维护官僚地主阶级的利益，国民党政府使出了他们认为最有效的花招，规定乡长的候选人必须有初中以上文化程度，家中有30亩地、一辆马车。北障乡农民准备推选郑祥斋当乡长，郑耀南便帮他造了中学文凭和地亩单，找来旧马车，让他"符合"条件，当上了乡长。之后，郑祥斋立即主持乡里做出规定：全乡所有差、夫一律由家有35亩地以上的大户负担。这让地主豪绅一肚子不满，却也无可奈何。

党组织领导的农民协会利用各种灵活多样的斗争方式和手段，相继夺取了几个区、乡的政权和地方武装的领导权，村长有1/3是由农民协会会员担任的。

在全县，农民协会还展开了拉神像、办学堂、反包脚、保健康等活动，打破了各种长期以来束缚农民的封建迷信和宗法礼教；办起了农民夜校，帮助农民学习文化；重视乡村办学，提倡不论男女，到了学龄都要上学读书。前后吕沟东村办了一所掖县模范小学，让地主把持有的宗族田产卖掉购置教具和课桌板凳，免收贫苦农民家庭的学生学费，使上不起学的孩子也有学上了。

在建立农民协会开展农民运动的同时，中共掖县委员会还十分重视建立自己的武装，利用武装斗争，保护人民，打击敌人，惩治罪大恶极的地主豪绅、流氓恶霸。1933年成立的"特务队"，趁地方土豪劣绅躲避渤海湾海盗之机，处决了几个坏中之坏的地头蛇，收到了杀一儆百的效果。

"特务队"还多次截击乡保、盐警，袭击盐务局。三、四区委一次组织十几个村庄的2万多村民抢光了崔家、仓上两个大盐滩，让人民群众扬了眉吐了气。

兵运

在 1927 年党的八七会议上，毛泽东审时度势，高瞻远瞩地提出了"政权是由枪杆子中取得的"[①]的重要思想。胶东党组织在领导人民进行革命斗争的过程中，除了特别重视建立自己的武装外，还十分注意在国民党政府的军队、民团、乡村联庄会中发展党员、安插势力，并在国民党军阀部队和他们办的军校中开展兵运活动，发展党的组织。

1921 年下半年，中共中央派邓中夏、王荷波等到烟台来，发展了烟台海军学校学生郭寿生为社会主义青年团团员，并让其负责在海校秘密开展活动。1923 年，郭寿生在南京鱼雷枪炮学校学习期间，由王荷波、恽代英等介绍加入了中国共产党，并担任南京市团的书记。同年，郭寿生回烟台海校实习，继续开展党团工作，当年冬季发展了十余名同学入团，建立了中国社会主义青年团烟台支部。他还在海校内部秘密组织"新海军社"，作为中共外围组织开展活动、发展社员。他还在上海、南京、福建马尾岛等地的舰艇和海校建立了支社和分社，把组织扩大到了整个海军。

同年，郭寿生根据中央关于国共合作的相关指示，以社会主义青年团团员的个人名义加入国民党，担任烟台国民党党部执行委员会委员，以国民党员的身份，在烟台的各中学师生中开展革命宣传教育活动和共产党、团组织发展工作，先后介绍曾万里、叶守桢等加入了中国共产党，建立起烟台第一个中国共产党小组。1925 年初，郭寿生在烟台修完课程，与曾万里、韩廷杰等去上海舰队服役，继续从事兵运工作，曾策动海军参加了上海第三次工人武装起义。

四一二反革命政变之后，郭寿生按照周恩来"广布人脉，伺机而动"的指示回到福州，在长乐营前模范村任禁烟处处长，后到上海国民党海军总司令部新闻处任上校专员。1948 年，他接到党组织传来"周恩来同志请你归队，为革命继续工作"的指令，即着手策动福建同乡、烟台海校校友、国民党海军最大的舰队——海防第二舰队司令林遵率部起义。参与起义的 9 艘军舰、16 艘炮艇和 1271 名官兵，在渡江战役和整个解放战争中发挥了重要作用。

[①] 中共中央党史研究室：《中国共产党的九十年》，中共党史出版社、党建读物出版社，2016 年版，第 104 页。

胶东地区另一个大的兵运行动是在军阀刘珍年的部队里。

刘珍年的胞弟刘锡九是1924年在北京读书时入党的,之后进入黄埔军校学习,参加过北伐战争。1928年经周恩来同志批准,利用同胞兄弟的关系,刘锡九进入刘珍年部队当了政训处处长,及时把刘珍年急于招揽人才、扩大势力的意图报告给了中央。中共中央根据实际情况,从沪、汉、平、津等地先后选派了李素若、李楚离、刘满溪、彭雪峰等20多位中共党员到刘珍年部队和军官学校开展兵运工作,建立了政训处党支部和军官学校党支部,扩大了党在刘珍年部队的影响。

蒋介石得知刘珍年部队中有共产党的活动后,立即派了国民党右派分子曹日轮等到刘部任芝罘军校政治教官,发现了他认识的共产党员李通良,即向蒋介石紧急报告,蒋密令刘逮捕李通良。刘珍年随后采用先放走后通缉的方法,使所有共产党员得以安全离开。

此后的多少年,党的兵运工作越来越轰轰烈烈,卓有成效了。

学运

中国革命的先行者,是那些最早接受先进思想的革命知识分子。而这些革命知识分子又大都是从学校教育和学生运动的历练中产生成长起来的。

中国共产党成立之后,特别重视在各级各类学校中开展工作,在学校师生中传播共产主义思想,争取更多的有见识、有抱负、有进取心的知识分子加入到革命队伍中来。

以中小学和各类职业学校为基地,以学校师生为基础开展工作,是胶东党的活动的一个重要特点。党员宋海艇回到家乡水口村就是先当了小学教师,又在教师中发展党员,进而扩大到农民的;莱阳西南乡前保驾山村党支部书记孙凯山也是村里的小学教师。在城镇,各级、各类学校依然是党组织活动的重要领域。

党员李仲林考入莱阳一中附设的师范班,即以论时局、交朋友的方法在学生中传播革命思想,抨击国民党的反动统治,从中发现、培养和发展党员。1932年冬天,经上级党组织批准,他吸收李研吾、苏继光、胡岩加入了党组织,逐步连朋结友,寻求知音,壮大队伍,扩大影响。翌年,他又陆续发展吴青光、李成仕、耿仁谦、徐仲林等十余人加入了中国共产主义青年团。

党、团活动的主要方面是在学校和社会上宣传党的主张和革命思想，通过贴标语、撒传单的方式制造革命舆论。国民党县长杨酉桂见了"打倒国民党，拥护共产党"等内容的标语后，私下对他的秘书说："共产党惹不起啊。"

莱阳一中党的活动还与同在莱阳的山东省立第二乡村师范学校的党组织联合，发动学生揭露蒋介石推行"攘外必先安内"的反动政策和镇压抗日、疯狂反共、推行奴化教育的卑劣行径，积极发挥学生自治会的作用，做好伙食改善，丰富图书阅览，开展文体活动等，通过多种形式，利用多种方法争取了大多数师生的拥护与支持。

有着光荣革命传统的烟台，学生运动更是如火如荼，反帝反封建反军阀的怒潮汹涌澎湃。1933年，烟台八中在招生时录取了陈汝翼、柳运光、吕其恩、吕其惠、温建平等一批学生，这些学生中，有一些是从沦陷的东北流亡来的，有的曾参加过抗日救亡活动，有的已经加入了中国共产党或共青团，参加过反帝大同盟，到校后便继续进行抗日宣传活动。学生的"新文学研究会"还在《东海日报》办了《鸣铎》周刊，通过发表师生的文学作品、报道文艺动态，控诉日本帝国主义在东北的罪行，揭露国民党反动统治下人民的悲惨生活和地主、资本家压榨人民的残暴行为。

志孚中学的进步师生成立了"读书会""文学会"等，组织学习和研究鲁迅、郭沫若、茅盾等进步作家和苏联十月革命前后出版的作品及进步报刊，组织报告会、座谈会，开展时局讨论、抗日救国和进步作家作品研讨等方面的专题讲座，并在烟台出版的几种报纸上开辟了《曙光》《我们》《此论》副刊栏目，定期在上面发表进步师生的作品。

烟台的学校间，经常联合起来开展活动。1935年4月18日，益文中学和真光女中联合起来开展远足，国民党政府公安局便派警察以维持秩序为名监督学生的活动。有一个警察叫孔繁树，是国民党烟台特区专员张奎文的小舅子，活动期间用手枪威胁几个女生企图侮辱调戏，16岁的徐明娥大声呼救，竟被开枪打死。

徐明娥事件激起了全市学生和社会各界的极大愤慨，各学校的学生组织经过串联，很快组成了"烟台学生自治联合会"，决定举行徐明娥追悼大会，揭露国民党政府对外投降、对内欺压人民的滔天罪行。在反动当局的层层阻挠和百般威胁之下，师生们举行了声势浩大的示威游行，迫使张文奎关押了孔繁树，并答应给付徐明娥丧葬费和抚恤金。

这次追悼大会，鼓舞了人心，团结了进步力量，震慑了国民党烟台市政当局的反动统治。

胶东的学运，最有特点的是山东乡村第七师范学校，即文登乡师。

文登乡师成立于1932年，校长是共产党员于云亭。学校第一届招收的80名学生中，就有已经入党的谷牧、丛烈光等人。在秘密成立的学校党支部担任书记的就是17岁的谷牧。后来，第七师范学校又招收了80名学生，使学校规模进一步扩大。

第七师范学校的课程同样是国民党政府规定的，而学校却依照自己的教育理念自行做了调整。上"三民主义"课的时候，教师讲政治经济学、社会发展史等，并让学生自学列宁的《帝国主义是资本主义的最高阶段》和《资本论（通俗本）》等；每星期一第一节的"纪念周"课，学校便改作时事政治，讲日本帝国主义的侵华罪恶，揭露国民党政府卖国虐民的行径。

学校成立了"反帝大同盟"和文艺、史地、社科研究会等学生组织，讨论最多的问题是"中国向何处去，我们该怎样革命？"学校还办了《火线下》《教师之友》，宣传反压迫、反剥削、反侵略、反法西斯主义思想，把广大师生团结在了党组织的周围。到1933年秋天，全校党员已发展到30余名，占学校师生总数近1/4。

为了让学生不脱离劳动、不脱离群众，学校每周都组织学生参加农作和手工劳动。师生吃的蔬菜是自己种的，用的课桌凳是自己做的。党组织还让学生党员广交农民做朋友，把星期六下午作为"党员活动日"，到附近农村进行调查研究，按照农村实际和农民需要，让学生当教师办起了几十所农民夜校。学生自己编排的节目，传播到乡间，帮助许多村庄的"乡村俱乐部"排练，利用农闲时间进行演出。

通过这些形式，学生与农民的交往越来越多，共同的思想，共同的斗争方向把学校和社会紧紧地连在了一起。

轰轰烈烈的农运、兵运、学运，波及工商建运服各个领域、各个方面。党的工作、党的思想不断深入人心，革命的火种在胶东大地蔓延着、升华着，时不时就燃起了熊熊的火焰。

第十一章
"一一·四"暴动和昆嵛山红军游击队

被称为胶东屋脊的昆嵛山，海拔922.8米，却不是胶东最高的山。

胶东最高的是崂山，海拔1132.7米，被称为中国海岸线第一高峰。虽然，崂山比昆嵛山高出209.9米，却因为其偏安一隅，就只能称之为"屋山尖"了。

昆嵛山纵横百里，四围与文登、牟平、荣成、威海连在一起，重峦叠嶂，山势险峻，巉石嶙嶙，古木悠悠。身临其境也会感觉到那种"飞湍瀑流争喧豗，砯崖转石万壑雷"的壮美与浩阔。

神游仙居，让昆嵛山终为道教名山。据说，麻姑曾在这里成仙得道，却也不过是"烟涛微茫信难求"的虚无缥缈。而全真道"北七子"在此"烟霞洞"里修炼，倒是确有史籍所载。至于道家那功力法术对社会、对人生的救苦救难究竟起过多少实实在在的作用，世间肉眼凡胎之人却也无从考证。

当胶东人民在中国共产党领导下，革命的浪潮风起云涌，炽烈的火焰熊熊燃烧的时候，在昆嵛山区发生了震惊全国的"一一·四"革命暴动，由此便诞生了一支英勇的红军游击队，却是实实在在地为百姓，为国家舍生忘死，前仆后继，英勇顽强，艰苦作战的人民军队——

（一）

1935年1月，张连珠、李厚生从济南监狱获释返回的途中，在青岛接受了代行中共山东省委职责的团省工委的指示，于当月回到文登县，重新组建了以张连珠为书记的第三届中共胶东特委，便与特委委员刘振民、邹青言、曹云章等筹划着一件大事——以胶东农民协会的底子，组织起农民举行武装暴动。

当时，胶东的农村十分萧条，农民的生活苦不堪言。连年灾荒，兵祸频仍，苛捐杂税有增无减，负担沉重。1934~1935年间，国民党山东省政府在又在文登、荣成、牟平、海阳、莱阳等地征用土地、民工，修筑烟荣、烟石、荣海公路，一年抽调了当地修路劳工60余万人。1935年春，政府又强征土地和民工修建青威公路，农民多次发起反修路斗争都遭到残酷镇压，虽然不得不忍气吞声却始终咽不下那口恶气。

就在这样的形势之下，中共胶东特委按照中共山东工委的指示，适时发动一次大规模的武装暴动，就是要为人民解除困苦。

武装起义的准备工作在昆嵛山区紧锣密鼓地进行着。

特委先是安排在石岛的地下联络站开办军事训练班，为各县培养暴动骨干。其后的9月到10月，特委成员先后在牟平岳姑殿、文登南水道和烟台上夼南山果园中召开扩大会议，研究暴动的各项事宜。

11月18日（农历十月二十三），特委在文登县沟于家村天寿宫召开了起义前的联席会议。会上，张连珠书记从政治和社会各方面分析了形势和武装暴动的客观环境及条件，指出了暴动对于拯救百姓，打击敌人，震慑军阀地主，扩大党的影响的重要意义。经过与会人员反复研究磋商，制定出了完整的暴动计划：确定暴动的时间为11月26日（农历十一月初一）；暴动指挥部设在昆嵛山上的无染寺，张连珠任总指挥，程伦任副总指挥。

暴动在总体上的部署为东、西两路。东路在文登、荣成方面，由张连珠和刘振民指挥，主攻石岛；西路在海阳、牟平、莱阳方面，由程伦等负责，主攻夏村。两路取胜夺取武器之后便合为一路，集中攻打文登县城。

天寿宫会议之后，特委领导分头落实各项分工的任务，后因故推迟到11月29日，即农历十一月初四行动。

（二）

作为进攻石岛的内应，特委派张修竹先期带几个骨干秘密进驻到了那里，东路副总指挥刘振民也随后到达。

第三大队大队长于得水提前一天率特务队从孔格庄出发，准备攻下石岛夺取武器，将暴动队伍装备起来，然后进行下一步的行动。

黄昏的时候，特务队到了距石岛五公里的蚧巴子窝与刘振民接上了头。

从捉到的两名俘虏口中得知，暴动队伍的进攻计划已经泄露，在石岛隐蔽的内线遭到了破坏，敌人有了充分的准备。面对突如其来的情况，对于暴动队伍来说，只有特务队拿的三支没有子弹的空枪要打进石岛里头，显然是不可能的。

刘振民和于得水随即改变原定计划转向西进，去袭击人和镇公所和鹊岛盐务局，同时收缴黄山、高村区公所和宋村盐务局的枪，然后返回宋村与第一、第二大队会合。

11月29日拂晓，武装暴动全面展开。一、二大队不知石岛方面情况有变，举着绘有镰刀锤子的旗帜集合在宋村周围，只等特务队夺取武器归来便大举行动，却直等到下午也不见特务队的踪影。

总指挥张连珠认真分析了情况，料定特务队方面凶多吉少，便随机应变决定了第一、二大队的战斗行动。随后，一大队立即奔袭郭格庄，活捉了国民党镇长，进入南汪疃；二大队直接北上，袭击了郝家屯、截山等村的地主武装，缴获了50余支枪。

石岛这边，刘振民和于得水按照商定的计划分头行动。

石岛港距离人和镇20里路，三面环海，一面是山，为荣成县的西南重镇。于得水带着特务队打扮成打官司的群众，随同赶集的人群混入人和镇公所，把正在吃早饭的官员兵丁堵在屋里，缴了他们的全部枪支，把人锁进了门内。

队伍带着缴获的武器与刘振民率领的大队会合后，树起了红军的旗帜，在大街上对这次革命的武装行动和党的主张进行了宣传。

于得水等乘胜前进，又攻下了鹊岛盐务局和黄山、高村区公所，缴获长枪56支、子弹2600余发以及大刀、刺刀、土枪等武器数十件。待匆匆赶到宋村，一、二大队已经撤走。经过多方打听联系，才在孔格庄见到张连珠，汇报了情况，接受了新的作战任务。

参与暴动的牟平、海阳、莱阳的西路队伍进展也不顺利。程伦率领海阳那边的起义队伍原计划于11月28日夜里先由地下共产党员、国民党海阳县三区区中队长唐维兴策动兵变，会合各村暴动队伍攻下夏村。不料举事前有叛徒告密，唐维兴被捕牺牲。敌人增加了防守夏村的兵力。指挥部当机立断，于当夜将已集合于小管村的暴动队伍约200人转移至南西屋村，缴了该村"义来""永来""恒来"三家地主兼资本家的枪，烧毁了他们与农民的土地、债务契约，将他们囤积的粮食全部分给了贫苦农民。

之后，暴动队伍继续北上，经曲水、午极到达松椒村，准备与牟平县的起义队伍会合。

曹云章、邹恒禄和中共牟平县委书记张贤和率领的牟平起义队伍150余人于11月29日在午极、育黎、冯家一带行动，当日挺进通海，攻下区公所，翌日回师白石村，把午极等三个村子地主的粮食浮财分给了贫苦农民。第三天，这支起义队伍继续北上，经中庄越过黄庵山到达松椒村，与海阳县暴动队伍会师后，整编为两个大队计300余人，有长短枪数十支及一些大刀长矛。

12月2日下午2时，牟平起义队伍遭到国民党军81师赵廷壁部1000余人的包围，下午4时许队伍被打散，张贤和、柳芳斋、蔡英卓等十余人在战斗中牺牲，程伦、曹云章等20多人被俘。

"一一·四"暴动震惊了全国，各大报纸都在显著位置做了报道，蒋介石八次电令国民党山东省政府主席韩复榘派兵镇压。

12月5日早晨，张连珠、张修己等率二大队在底湾头村召开群众大会，把地主家的粮食给贫苦农民做了分配。11时许，国民党军第81师展书堂部和文登县地主武装共2000余人包围了底湾头，第一、二大队的200余人与敌人展开激战，到下午1时许，第一大队大队长丁树杰等多人牺牲。于得水率三大队奔向底湾头救援时，遭到国民党文登县保安队及盐警300余人的半路截击，因伤亡惨重无法赶到。

底湾头敌人的包围圈越来越小，张连珠下令突围。第一大队的领导人王亮有战斗经验又熟悉地形，与部分队员突出重围。张连珠却因为哮喘病发作在指挥和掩护队伍突围中受伤被俘。

（三）

"一一·四"暴动失败后，胶东大地一片白色恐怖。国民党军队和地方民团对暴动群众进行疯狂的清剿、逮捕和屠杀。

1935年12月13日，中共胶东特委成员程伦、曹云章等20余人在夏村惨遭杀害；18日，中共胶东特委书记张连珠在文登城英勇就义，头颅被悬挂在城门示众三天。

1935年11月底到1936年1月，文登县被捕的共产党员及革命群众达到3000多人，一次被屠杀的党员和革命群众达32人。海阳县200多名共产党员和革命群众被捕，20多人被杀害。

然而，在茫茫的暗夜里，在无边的白色恐怖之中，红军游击队的旗帜依然在昆嵛山上飘扬。

武装暴动的东路三大队突围出来的20余名队员在大队长于得水率领下转入昆嵛山中；王亮也率领一大队十余名队员赶到了这里。

在胶东特委委员刘振民、邹恒禄的主持下，两支30余人的队伍会师在一起，于得水任大队长。他们踏着烈士的血迹，高举着"胶东红军游击队"的旗帜，在党的领导下继续打击敌人、拯救人民。

国民党当局对这支英雄的队伍不断地进行围剿、追杀。他们使用了围困、胁迫、威逼、利诱等多种手段，也没有让这支队伍屈服。面对敌人疯狂地围追剿灭，红军战士克服饥饿、疲劳、寒冷、炎热、虫叮兽袭等种种磨难，以决战决胜的勇气，坚持不断地与敌人斗智斗勇、斗巧斗力。

就在那些艰难困苦的日子里，红军游击队领导人于得水、王亮等同志根据严峻的斗争现实做出对策，决定把队伍化整为零，让负伤和有病的战士下山，让没有暴露的战士回家，安排他们秘密分散在村村户户里面，在群众的掩护下各自为战，开展隐蔽斗争，按规定的暗号与队伍取得联系，随时听从召唤。

红军游击队集中了一支精干的队伍，以昆嵛山为中心展开灵活机动的游击战争，反清剿、反欺骗、反告发、反自首，分散袭扰，集中歼灭敌人。他们不分昼夜，不论寒暑，随时随地打埋伏，拔钉子，声东击西，机智果敢，接连不断地同敌人周旋，对敌人实施有效打击。

一个时期，敌人的清剿重点对准了那些出了名的"红"村和昆嵛山区较大的集镇，红军游击队便与他们针锋相对，寻机反制。为转移敌人的追击目标，牵制敌人的兵力，助力党组织和地方革命群众的斗争力量，游击队员分成三个小组，或穿便衣，或穿缴获的敌人服装，或化装打扮成各色人物，分头搅扰和寻机打击敌人。每到晚上，整个昆嵛山区，有的地方掀翻石头，石炮滚动轰响隆隆；有的地方点燃野火，熊熊燃烧，烈焰冲天。这种"敌进我退，敌驻我扰，敌疲我打，敌退我追"的战法，神出鬼没，以少胜多，搅闹、袭扰、打击，让敌人晕头转向，寝食不安。

人民群众把红军游击队传为神兵，把游击大队长于得水作为英雄。敌人对他们则恨得咬牙切齿，提起游击队，提起于得水就害怕，想起来就头疼。

国民党文登县汪疃区队里有个十恶不赦的家伙叫江全德，长期称霸乡里，鱼肉百姓，谋害地下党员。"一一·四"暴动后，他更加肆无忌惮，经常带人到各地侦察我党地下组织和游击队的活动，有机会就下狠手，成为地方党组织和红军游击队的极大祸害。一天晚上，王亮带领八名游击队员潜入江全德住处将其逮住，拉到大街上处死。然后，游击队大造声势，沿街遍撒传单，贴满标语和安民布告，善良的人民无不欢欣鼓舞，敌人被吓得好长时间不敢出来扰民作恶。

1936年6月，红军游击队成功组织了界石村战斗，将盘踞在昆嵛山东麓的界石村专门侦探我党地下组织和红军游击队活动的联庄会一举消灭，缴获长短枪50多支，子弹2000多发。

1937年春天，于得水率领20多名游击队员成功智取了国民党垒子盐务局，缴获长短枪20多支，了弹1100多发和不少刺刀、大刀及一宗钱物。

（四）

昆嵛山红军游击队是直接在胶东临时特委领导下进行战斗的。1936年12月底，由于叛徒出卖，胶东临时特委机关遭到破坏，特委书记理琪同志等被捕入狱。

红军游击队打下了垒子盐务局之后，于得水按照约定，化装去烟台将缴获的钱款送一部分给胶东临时特委补充活动经费。在烟台的接头人那里，于得水得知特委机关遭到破坏，理琪书记和邹青言等同志已经被捕，特委千辛万苦买到的用于印刷文件的油印机也被敌人搜去。

于得水怀着极其悲愤的心情回到红军驻地，随即与同志们商量决定，把原本送给特委的60元活动经费和游击队作为特别支出的24元加起来，让王亮设法去再买一台油印机，用来继续印刷文件和传单，扩大党和红军游击队的宣传；剩余的钱就再做几套军装，用作战士们开展游击活动时化装。

战斗在昆嵛山区的胶东红军游击队，在党的领导下英勇顽强，出生入死，保护人民，打击敌人，惩治顽劣，不断发展壮大，成为我党留在胶东腹地的一支坚强的武装力量。

初心千里

　　1937年12月24日，中共胶东特委在天福山举行抗日武装起义，这支队伍就成了起义的主力。

　　后来，我党以这支队伍作为主体，组建了山东人民抗日救国军第三军。

　　山东人民抗日救国军第三军后来整编为八路军山东人民抗日游击第五支队，光荣地进入了八路军的编制序列。

第十二章
民先，青春的烈火

中国共产党的领导之于胶东，就如同春风之于胶莱河之水，刚刚起于青萍，水面就泛起微微的涟漪，连岸边的柳枝，也随着就萌成了绿色，抽芽了、吐絮了，很快就郁郁葱葱起来。

1935年，中国共产党领导了北平学生反对华北自治，保卫领土完整，号召全国抗战的一二·九运动，公开揭露日本帝国主义侵略中国，吞并华北的阴谋，打击了国民党政府妥协投降的卖国政策，促进了中国人民的觉醒和反抗，也配合了红军主力北上抗日，推进了国内的团结抗战，标志着中国人民抗日民主运动新高潮的到来。

毛泽东指出：一二·九运动"是抗战动员的运动，是准备思想和干部的运动，是动员全民族的运动"。[1]伴随着一二·九运动而来的是"中华民族解放先锋队"的诞生。

1936年2月，由钱伟长、凌则之、蒋南翔等发起，以清华、北大和天津学生组成的南下宣传团三支力量为主体，在北师大校园里成立了"中华民族解放先锋队"，总部设在北平。随后，天津、武汉、广州、成都、济南、上海等地相继成立分部。

到1936年底，国内30多个城市及国外的巴黎、里昂、东京等地都建立了"民先"组织。

（一）

曾在烟台八中读书的共产党员吕其恩在北京宏达中学读书时参加过一二·九运动，就把北京成立"民先队"的消息迅速传达到了烟台。

---

[1] 中共中央党史研究室：《中国共产党历史》，人民出版社，1991年版，第404页。

1936年3、4月间，在中国共产党的领导下，烟台志孚中学的李丙令、穆林和烟台八中的林江等就着手进行宣传发动、组织策划，开始了成立"民先队"的筹备工作。按照烟台学校的分布情况，为方便开展工作，分工由穆林和王锡泽、刘天海等负责东半部的几所学校；林江等负责西半部的烟台八中、真光女中和益文中学等。

成立"中华民族解放先锋队"烟台队部的筹备工作开始不久，穆林等负责的东部学校第一批就有在校学生、社会青年、青年记者、青年教师等十多人踊跃报名要求参加，经确认后，各自取化名进行了登记。4月的一个星期六，大家在志孚中学前面的丛林里秘密成立了"中华民族解放先锋队"胶东地方队部。

与此同时，林江等人拉起的"民先"队伍也建立了组织，并且利用假期把工作做到了文登、威海等地城乡。

一群十七八九岁的年轻人，热血沸腾，群情激昂，一个个摩拳擦掌，誓死为国家、为民族与日寇拼死战斗。大家选出了领头人，烟台东半部由穆林、刘天海、王锡泽、孙德运、孙宝楠负责，西半部由林江等负责。共同的决议是在中国共产党的领导下，反对国民党的投降卖国行为，积极投身于抗日救亡之中，遵守纪律，保守秘密，为民族解放事业奋斗到底。

虽然分头活动，但在党的领导下，东、西部的"民先"连成了一个统一的整体。两支队伍经常在一起交流情况，研究策略，共同秘密地开展各项活动。在两支队伍的共同努力下，"民先队"在学校中逐渐产生了影响，不仅"民先队"自身不断扩大，各学校那些充满抗日氛围的读书会、歌咏会、体育会也在抗日思想感召下兴盛了起来。一些原来没有这样组织的学校也相继建立，有的学校师生参加这类组织的人数达到了一半以上。

"民先队"的活动逐渐影响到社会各界，一些工人、店员、职员也成立了"救国会""同乡会"之类的抗日组织，还经常同"民先队"开展一些公开、半公开的活动。

以青年学生为主体的烟台"民先队"自成立以来，团结社会各界做了大量积极的工作。针对国民党的反革命宣传，"民先队"及其外围组织成员踊跃撰写抗日文章，有的公开张贴，有的则在烟台发行的《东海日报》《复兴日报》的副刊上发表，从各方面宣传抗日爱国思想，揭露汉奸卖国贼的罪恶行径。

在不断提高队员马克思列宁主义水平的同时,"民先队"也把同样的理论知识传播到青年学生之中,把《共产党宣言》《论共产主义运动中的"左派"幼稚病》《政治经济学》《大众哲学》等理论书籍和《八月的乡村》《生死场》《丰收》以及苏联小说《母亲》《毁灭》《钢铁是怎样炼成的》等文学作品通过各条渠道和各种方式散布于青年学生之中。

在烟台,"民先队"从成立到1937年抗日战争全面爆发,队伍由最初的30多人发展到100多人,大家活跃在各个阶层、各个领域,组织了鲁迅先生逝世纪念会,表示要以鲁迅先生的革命硬骨头精神反对国民党的妥协政策,抗击日本帝国主义的侵略暴行。他们举行了全市庆祝"双十二"扣押蒋介石的庆祝活动,集会、游行、写信、致电、贴标语、放鞭炮,大张旗鼓地支持张学良、杨虎城的爱国行动。

烟台的"民先"也经历过失去党的领导的痛苦。1936年底,中共胶东特委遭到破坏,特委书记理琪同志被捕关押。烟台市政当局下令开除进步学生,学生中的中共党员和一些进步学生被迫转移到比较偏远的城镇、乡村,继续秘密地宣传抗日,积极地发展抗日力量。那些没有引起反动当局注意的队员则转入了地下活动。

七七事变之后,烟台"民先队"一面继续进行抗日救国宣传,一边按照北方局的指示组织和发展地下抗日武装,随时准备开赴前线。

之后,根据党的工作需要,林江、穆林等"民先队"负责同志陆续奔赴延安,其余大部分队员则与烟台的共产党员一起走向天福山,参加了胶东特委领导的天福山抗日武装队伍。

(二)

山东大学是我国一所具有悠久历史的大学,是继京师大学堂之后近代中国创办的第二所国立大学。20世纪30年代,胶东地区唯一一所高等学府就是设在青岛的山东大学。

当时,青岛是国民党统治最严密的城市之一,也是日本帝国主义长期盘踞的地方。设在青岛的中共山东省委和青岛地方党组织屡遭破坏,党的领导几度陷于空白,但中国共产党却从来没有忘记青岛,更没有忘记胶东。

1936年8月下旬,中国共产主义青年团团员李欣来到了青岛。

年仅 19 岁的李欣因为参加一二·九运动被在上海的同济大学开除，上海的团组织便安排他报考国立山东大学，主要任务是恢复青岛的党团组织，团结进步学生开展抗日救亡活动。

1937 年春天，已经考入山东大学的李欣在山大原有救亡同学会的基础上，与陈振麓、王艺等进步学生在青岛海滨公园成立了山东大学"民先队"，推举那位 14 岁就参加"九一八"抗日救亡运动，因参加一二·九运动曾被逮捕入狱的学生吴绩为队长。

山大"民先队"成立之后，通过开展阅读进步书籍，演唱救亡剧目、歌曲，吸引学生参加活动，逐步扩大在学校和社会的影响。

经东北军工委（时为青岛党的上级组织）批准，李欣转为中共党员并按程序恢复了 1933 年在察北抗日同盟军中加入共青团的同学陈振麓的团关系并一起转为党员；发展表现积极的王艺入了党。

9 月下旬，中共青岛特支建立，李欣任书记，陈振麓分管组织，王艺分管宣传。之后，特支陆续为原来与组织失掉联系的老党员恢复了关系，又在学生和城乡间一些倾向革命、热心抗日的"民先队"队员中发展了一批党员，如崂山蓝家村的王景瑞、王焕章，毕家村的李西山，沧口十梅庵的李明海，大枣园的姜明吾和市区的高嵩等。

东北军工委根据中共青岛党的力量迅速壮大的实际和形势发展的需要，决定撤销青岛特支成立中共青岛市委，陈振麓任书记，王景瑞任组织部部长。1937 年 11 月，李欣奉调率部分"民先队"队员和进步学生随东北军第五十一军工委书记伍志刚等到高密开展工作，陈振麓、王艺率部分"民先队"队员和进步学生成立游击队，去郊区毕家村一带发动群众，开展抗日救亡活动。

毕家村地处崂山深处，群峰林立，地势险要，民风刚毅朴厚，群众抗日情绪高涨，基础比较牢固，开展游击战争有得天独厚的环境和条件。崂山抗日游击队以山大"民先队"队员 50 多人为主体，王景瑞任队长。这支游击队党员多，政治素质和文化水平都很高，是青岛革命力量的精华。进入山区之后，游击队最初的任务就是千方百计收集武器和军需物品。他们通过各种渠道，获取了部分手枪、土枪、地雷、手榴弹、指挥刀和药品、医疗器械等，但在数量、品种和质量上都远远达不到装备的要求。

因为寻求武器心切，抗日游击队差点吃了国民党反动武装的大亏。

崂山西北方向的惜福镇驻扎着国民党青岛市党部孙殿斌的一支武装。这支队伍因为军纪败坏，作风恶劣，名声不好，丧失了群众基础而招募不到兵员，就阴谋以枪人互补作诱饵与崂山抗日游击队合作。等到游击队开到了惜福镇，他们不但不发给枪支，还把游击队困在那里不让回去。游击队识破了他们的花招，经过反复斗争，几经斗勇斗智才最终得以艰难撤离。

1938年1月10日，日本侵略军占领了青岛，中共东北军工委决定崂山抗日游击队立即转移到诸城接受新的任务，并派邹鲁风从高密赶来，代表东北军工委在青岛市委召开的干部会上做了全面动员。市委成员和游击队员都表示坚决执行上级的命令，服从组织决定，毅然决然地离开家乡，走上了更广阔的抗日战场。

在伟大的抗日战争中，山大学子和崂山抗日游击队的同志们为革命事业不怕牺牲，英勇作战，有的献出了宝贵生命，有的成长为党的优秀干部，载入共和国英雄的史册。

（三）

"民先队"勃发着青春的朝气，携带着革命火种点燃了胶东抗日的烽火。哪里有"民先队"，哪里抗日的烈火就熊熊燃烧。

在胶东中部，莱阳的"民先队"遍及城乡。1936年之后，就读于北京、济南等地的莱阳籍青年学生，共产党员宫维桢、梁辑卿、刘坦、张咨明等响应党的北方局提出的"脱掉长衫到游击队去"的号召，陆续回到家乡，与在家乡坚持斗争的共产党员吴青光等联合起来，建立和参与"民先队"组织，展开了不屈不挠的抗日战斗。

1937年12月，吴青光在泰安接受了中共山东省委的指示，返回莱阳后在孙受镇召开会议，重新组建了中共莱阳县委，吴青光担任书记。同时决定，组建"民先队"莱阳县队部，梁辑卿任大队长。

莱阳的"民先队"，有统一的组织，也有分散的行动。

在莱阳县西南部，以孙受、院上为中心，"民先队"主要领导是吴青光、张咨明、张益民、王军光、王子阳、昌德兰（常溪萍）、李佐民、崔子范等；在西北部，以日庄、南墅为中心，"民先队"主要领导是庄国瑞、张尧民、王子芳、刘恒山、史玉斋等。他们搞宣传，造声势，随形势，办实事，风起云涌，波澜壮阔。

在日庄镇担任小学校长的庄国瑞是莱阳县委的军事部部长，他也参与领导了"民先队"的工作。根据斗争需要，这里的"民先队"组成了抗日武装宣传队，在得知孙受镇汽车站有个站役经常给日本军队传递情报后，便派王子芳、刘恒山趁夜间将其除掉了。

武装宣传队走上集镇、村庄散发传单，宣传中国共产党《抗日救国十大纲领》，要求释放政治犯，反对内战，抗击侵略。他们在卢西乡校与校长王鲁风谈判，协商共同抗日；在南马庄，他们砸了国民党税警的桌子，迫使税警把收缴了的税款退还给了群众。

1938年2月19日，武装宣传队得知日本侵略军驻青岛的特务从烟青公路去莱阳城对县政府劝降，将要经过夏格庄。庄国瑞、张咨明和崔涛便到夏格庄镇与乡校校长葛子明谈判，促使其调动了乡校的士兵，协同"民先队"队员截击了日本人的汽车，将金堂文雄等五个日本特务和一个翻译官填进了枯井。

3月16日，由青岛进犯莱阳的400余日军官兵乘汽车经即墨直向五沽河北岸的渭田村开来。当汽车接近五沽河桥头时，严阵以待的"民先队"队员和夏格庄、孙受、店埠三个乡校的士兵及渭田村多名土炮手，操纵着制式武器和土枪、土炮、"二人抬"等一齐开火，打得日军晕头转向，几次反扑都被击退。第二天凌晨，日寇趁大雾天气包围了我军民的阵地，"民先队"队员激战一天，杀死30余日本兵，击毁汽车2辆，最终因武器落后，力量薄弱而撤出战斗。

渭田阻击战狠狠打击了日寇，大煞了其嚣张气焰，大涨了胶东人民战胜日寇的勇气。

也是在3月16日，中共莱阳县委获悉，驻平度的日军两个中队将沿莱（阳）平（度）公路东犯莱阳。当时，九区区委书记、"民先队"区队长王子阳（花园头村人）正在村里召开全区"民先队"工作会议，县"民先队"队部负责人、花园头村的王军光随即赶回来传达了县委关于阻击日寇的指示，并与本村小学校长、国民党莱阳县党部执行委员王葆忱一起，组织在小沽河东岸的花园头、永丰庄、兴隆屯、上泊等十余个村庄的"民先队"队员和村民共500余人沿河修筑战壕，拆毁桥梁，联系国民党莱阳保安团团长刘东阳和周围三个乡校士兵前来助战。

17日拂晓，日军乘汽车沿莱平公路开来，见小沽河桥已经拆毁，车上的日军只得下车蹚水过河。此刻，东岸兵民一齐开火，打退了敌人的几次进攻，迫使他们暂时退回西岸。之后，狡猾的敌人一面用猛烈的炮火反击，一面迂回过河，直向花园头扑来。

花园头村修有围子，抗日民众撤回村子据险扼守，严密监视敌人，防备报复。王军光、王子阳、王葆忱等首先安排村里老弱妇孺向村北转移，然后率青壮年坚守村子，抵抗日军。

日寇几次进攻，几次被击退。敌人凭着武器精良，火力凶猛，最终攻进了村子。为保卫村庄，保护群众，共产党员、"民先队"队员、民团乡兵和精壮村民拿起兵器和铡刀、铁锹、镢头、棍棒开始了街战巷战，与日军展开血肉的搏斗。

豁出命去的民众，瞪着血红的眼睛与敌人拼命厮杀，有的抱着土炸药炸向敌群，有的夺下敌人的武器还击敌人，有的搬起碌碡砸碎了敌人的脑袋，有的用铁锹、铡刀削去了敌人的脸，砍下了日本兵的头，有的赤手空拳抱住敌人，咬去了他们的鼻子和耳朵……

凶残的日本兵闯入王葆忱的家，王葆忱的母亲和妻子操起菜刀同他们拼命，被敌人杀死。日本兵冲进王海峰家，王海峰手起锨落砍死一个日本兵，大批日本兵蜂拥而入，将王家老小11口人活活烧死。

战斗中，王葆忱不幸中弹，以身殉国。

花园头一战，共杀死日本兵60多人，杀伤无数，我抗日兵民66人英勇牺牲。

中华民族解放先锋队，燃烧着青春的烈火，在中国人民伟大的抗日战争中越烧越旺，直到把日本侵略者赶出中国。

第十三章

山东抗日第三军的创建和胶东对日第一战

红色的种子撒遍胶东,革命的火种闪耀着光华。中国共产党一声号召,抗日的腾天大火就熊熊地燃烧起来了。

七七事变之后,中国人民抗日战争全面爆发。1937年11月,被关押在济南国民党监狱里的中共胶东特委书记理琪由党组织营救出狱。随即,他带着中共中央洛川会议精神和中共《抗日救国十大纲领》,以及山东省委关于抓住韩复榘军队溃散,日军立足未稳之际发动武装起义,组建抗日救国军,带领人民进行伟大的抗日战争的指示回到了胶东。

胶东人民在党的领导下全面动员,迅速组织,立即行动了起来。

天福山"三军"战旗红

胶东的抗日烽火,在七七事变之后渐成燎原之势。

中国共产党为国家为民族团结抗日的严正立场和正义主张广为传播,影响强劲,不断为社会各界所接受;中华民族解放先锋队的广泛活动,秘密的,公开的,宣传动员的,武装斗争的,多种形式相继、相机进行,让人民大众看到了民族的希望和抗争的力量,抗战的热情日益高涨,投身抗日的人越来越多,"抗战必亡"的反动论调逐渐失去了市场。

1937年10月,日军南侵,韩复榘稍做抵抗便迅速南撤,济南随即失守。之后,中共中央和山东省委立即指示各地党组织:迅速动员和组织群众,及时领导人民举行武装起义,创建抗日武装,建立敌后根据地,开展游击战争。中国共产党把抗战的领导责任独立自主地担负起来,团结一切抗日爱国力量,结成了广泛的统一战线。

为加强胶东的工作,上级党组织选派林一山、张加洛、理琪、宋澄等一批得力干部相继赶赴胶东，为举行武装起义做好组织准备。

在胶东坚持斗争的胶东特委在吕志恒的主持下以"民先队"为骨干，采取多种形式宣传群众，组织群众，武装群众；柳运光、王炝、王亮、李耀文、曹漫之、李蔚川等通过各条渠道与国民党军政人员进行接触，加强"发展进步势力，争取中间势力，孤立顽固势力"的统战工作；张修己爬山越岭进入昆嵛山区，与于得水议定率"红军游击队"出山，准备举行武装起义。

12月15日那个寒风凛冽的夜晚，理琪同志来到他初到胶东住过的地方——文登沟于家张修己的家中。此刻，张修己与吕志恒、柳运光、张修竹、林一山、宋澄、王台、于得水等正在开会汇集情况，研究问题，大家喜出望外，激动万分，赶紧把他往炕上让，说炕上暖和。

理琪没有客气，也没有上炕，他立即与吕志恒商定，马上召集特委扩大会议。会上，他传达了省委关于团结一切抗日力量，使用一切能够使用的武器，把千百万群众武装起来，在胶东地区组成山东人民抗日救国军第三军的决定。

围绕落实省委对胶东的指示，大家认真分析了形势、条件和环境，一致决定将起义地点选定在天福山。这里地处文（登）荣（成）威（海）之间，敌人统治相对比较薄弱，群众基础较好，成功的把握较大；时间定在12月24日，接近年底，敌人嗅觉麻痹，行动迟钝，有利于扩大战果。

地点和时间就这样定了下来，大家分头进行各方面的准备工作，积蓄最大的力量，以充分的把握迎接那个庄严时刻的到来。

12月24日，天还没亮，胶东特委的领导同志便迎着启明星登上了天福山。在山上的玉皇庙里，大家再一次周密地研究了起义建军的具体行动。拂晓，于得水、柳运光等披着一身霞光，率领昆嵛山红军游击队雄赳赳地赶来。金牙三子（邢京昌）、柏希斌等其他参加起义的领导人也顶着寒风准时来到。

从四面八方会聚拢来参加起义建军仪式的人员，有知识分子、青年学生和农民群众共80余人。

天亮了，东方的朝阳冉冉升起，庄严肃穆的天福山第一次响起了悲壮的《国际歌》声，举行起义的仪式正式开始。理琪同志代表胶东特委首先讲话，他说："当前，日本帝国主义正在大举进攻中国，中华民族处于亡国灭种万分危急的关头。现在，抗日的烽火正在胶东大地燃烧，就要靠我们率领起来，带动起来，动员一切不愿做亡国奴的人们都投入到抗日的行列，让抗日烽火越烧越旺。"

他庄严宣布："'山东人民抗日救国军第三军'现在正式成立！"

迎着东方一轮朝日，张修己将自己亲手买来的红布，一家人共同绣制的"山东人民抗日救国军第三军"的旗帜高高升了起来。当理琪同志将"山东人民抗日救国军第三军第一大队"的旗帜授予大队长于得水和政委宋澄时，于得水掏出手枪，对着天空连发三枪，以示庄重和威严。随后，林一山、于烺就抗日武装和统战工作发表了演说。

第三军总部作出决定：张修己、张修竹留在沟于家做联络工作；理琪、吕志恒、林一山等领导同志继续深入群众，做好宣传、组织发动和扩大武装的工作；新成立的"三军一大队"由于得水、宋澄等率领向西挺进。

第二天，浩浩荡荡的"三军一大队"就从天福山出发了。队伍每到一地，都高唱抗战歌曲，张贴抗日标语，散发抗日传单，向广大群众广泛宣传共产党的抗日主张。威武雄壮的队伍，气壮山河的宣传，让人民大众欢欣鼓舞。

一路上，那些在家里受尽欺压，感觉毫无出头之日的青年农民毅然参加"三军"，加入了武装抗日的队伍。

威海起义和专员出走

威海在胶东半岛最东端，如同一只探海神龟伸向黄海，北、东、南三面环响着汹涌澎湃的浪涛，拱卫着京津冀的海上门户，当年清朝政府的北洋海军提督署就设在这里的刘公岛上。1898年，威海被英帝国主义强行租借，殖民了32年之久。1930年10月，中国政府收回威海卫，设为行政区，建制了行政公署，直接隶属于国民政府行政院。

1930年前后，中共早期的党员孙己太、丛烈光、曹漫之等都在这里开展过党的活动，留下了红色的基因。1936年年底，胶东特委书记理琪同志被捕后，为便于活动，特委机关就在副书记吕志恒同志的主持下由烟台迁到了威海。

天福山起义和"山东人民抗日救国军第三军"的建立，对威海国民党政权造成巨大震撼。

第十三章

"山东人民抗日救国军第三军"一大队西进并未一帆风顺。西进的第五天，即12月30日，当队伍行至文登西部岭上村时，遭到国民党文登县县长李毓英指使的县大队、警察和税丁、联庄会等反动武装五六百人的包围。

本来，全面抗战之后，国共达成了第二次合作，中央红军改编为国民革命军第八路军，南方13个地区的红军游击队改编为国民革命军新编第四军，简称"新四军"。蒋介石表面上也下达命令，要求全国团结抗日，一致对外。在这种形势下，文登县县长李毓英也与中共文登县党组织签下了"合作抗日"的协议。但在此刻，他们竟然不顾协议的约定，丧心病狂地对宣传抗日的"三军"一大队发起了进攻。

面对凶恶的敌人，"三军"一大队领导一直对敌方晓以民族大义，战士们高呼抗日救国的口号，但敌人仍然疯狂地对"三军"队伍进行围捕追杀。结果，大队长于得水率部分队员突围出去，政委宋澄等29人被捕去关进了监狱。在宋澄、刘中华等人的严厉斥责下，李毓英们迫于其破坏抗战的舆论压力，不得不把大部分人予以释放，而中队长王洪、邢京昌，小队长隋清源等三名同志却被他们以参加过"一一·四"暴动的罪名残酷地杀害了。

"岭上事件"的同一天，特委派往牟平、海阳进行抗日宣传的八名同志也被国民党海阳县县长赵长江率300多人围堵，大老王、丁希昆因掩护同志们撤退而壮烈牺牲。

在"岭上事件"中，特委总结了三条血的教训：一是没认清敌人的反动本质，过分相信签订的那一纸协议，因而麻痹大意，放松了必要警惕；二是力量薄弱，尤其是武器缺乏，装备不足；三是队伍初创，军事素质不高，战斗经验不足。

敌人的穷凶极恶激起了干部战士的极大愤怒。特委根据实际情况，果断决定，及时掌握情况，抓住有利时机，采取适当方法，团结进步力量，夺取敌人的武器以装备部队，增强部队战胜敌人的力量和勇气。

1938年1月，林一山同志到威海，通过政训处的孙端夫和威海行署专员孙玺凤的弟弟孙玺祺（两人都是"民先队"队员），了解到威海专署统治阶层内部的尖锐矛盾。孙玺凤主张抗日，但力量不足；公安局局长郑维屏和商会会长臧仁亭暗中致力准备迎接日寇，还计划扣留孙玺凤，不让他离开威海。孙玺凤急于想办法解脱，便想得到天福山起义队伍的帮助。

孙玺凤通过与理琪、林一山、柳运光、于烺、孙端夫等人的谈判，同意把专署储备的武器和军用物资一起交给"三军",由"三军"帮助他离开威海。同时,林一山等人也做好了威海海军教导队的工作,他们表示保持中立;以孙端夫为首的政训处大部分人员则愿意参加"三军",投身抗日。

威海起义的前期工作已经做好,中共胶东特委决定由书记理琪、副书记吕志恒亲自领导这次起义。1938年1月初,理琪、吕志恒、柳运光等特委领导人及荣成县特支书记曹漫之相继到了威海卫,与孙玺凤秘密商定起义的行动计划。

在参加起义的各路人员中,威海卫和文登县的中共党员、"民先队"队员、进步学生和青年农民等,在张修己等领导同志带领下于15日到达威海,进入事先指定的地点;国民党威海卫政训处、威海卫管理公署卫队、威海卫海军教导队中的爱国官兵也按原定计划进行集结,100余人的起义队伍从公署军火库取出近百枪支和一批弹药,一个个进行了全副武装。其余军用物资则装了满满两大车,统归了起义部队。

16日早晨,各路队伍武装整齐,在专员公署楼前集结举行起义仪式。队伍首先高唱《救亡进行曲》,雄壮的歌声响彻云霄。身穿灰布军装,武装整齐的理琪同志精神抖擞地走上楼前台阶,做了铿锵有力、鼓舞人心的动员讲话,博得了阵阵热烈的掌声。

按照事先的约定,全副武装的起义队伍下午护送威海专员公署专员孙玺凤走向轮船码头,带着他的行李登上海轮,安全离开了威海。他从海上绕道回到了自己的家乡——山东高苑县(今高青县),投入了抗日战争的洪流之中。

安全送走了孙玺凤已是傍晚时分,威武雄壮的起义队伍迈着整齐的步伐向西进发,"山东人民抗日救国军第三军"的大旗迎风招展,队伍走过热闹的街道,经过海军教导队营前,路过行署公安局机关,在广大民众、海军士兵、下层军警的欢呼、赞许和崇敬之中,浩浩荡荡地离开威海卫,奔赴新的战场。

牟平城活捉伪县长

威海起义,壮大了"三军"队伍,增加了"三军"装备,提高了"三军"的战斗能力。

之后,"三军"又接连出击,惩治了国民党基层政权中一些欺压百姓、反共媚日的恶劣分子，打出了威风，打出了威望，也缴获了一批枪支弹药。很快，"三军"队伍发展到300多人，有了200多支枪。

随着队伍不断壮大，实力逐渐增强，特委根据形势发展需要，于1938年2月初在文登大水泊村成立了"胶东军政委员会"，理琪同志任主席，吕志恒同志任副主席；设立了"山东人民抗日救国军第三军司令部"，理琪任司令员，林 山任政治部主任。

部队进行了整编，整体组建为两个大队和一个特务队。第一大队由孙端夫任大队长，宋澄任政治部主任；第二大队由于烺（后于得水）任大队长，林乎加任政治部主任；特务队由杜梓林任队长，孙镜秋任政治部主任。

特委同时分派王亮、柏希斌等分赴海阳、荣成等地开展工作，继续发动群众，发展武装斗争。

1938年2月3日，日本海军陆战队登陆烟台，实施了实际占领。5日，又进占了距烟台30公里的牟平县城。随后又往西进犯福山、蓬莱、黄县、掖县，往东占领了威海。国民党县长纷纷逃跑，剩下的那些更卑劣的败类置民族大义于不顾，卑躬屈膝，认贼作父，按照新主子的要求纷纷成立"维持会"，不遗余力争任伪职。

牟平成立了胶东第一个县级伪政权——牟平县政府，汉奸宋健武成为第一任伪县长。

国难当头，生民涂炭，中国共产党和共产党建立的人民武装勇敢地担当起救国拯民的历史重任。

1938年2月12日，这支诞生不久的"三军"队伍在胶东军政委员会的率领下，为占领有利于抗日的胶东中心地带，从大水泊冒雪西进，准备对日军在胶东建立的这个伪政权以迎头痛击，给日寇和汉奸宋健武一个下马威。

队伍到达昆嵛山区的崔家口，收到牟平城地下党员贺致平派人送来的情报，说城中国民党军警下层对县长和公安局局长的投敌行为十分不满，县保安大队长张建勋的队伍已经拉出，愿意配合"三军"，共同攻打牟平城。

军政委员会接到情报，迅速召开会议，决定立即攻打牟平城，趁此机会打他个措手不及，来一个当头棒喝，打破这个伪政权的统治美梦，打击日寇长驱直入、肆无忌惮的嚣张气焰。

崔家口距牟平城约100华里。当日黄昏，除吕志恒率二大队在当地留守外，理琪等率领"三军"第一大队和特务队踏着月光，全速向牟平县城奔袭。队伍经过一夜急行军，于13日黎明时分到达牟平城外。

在一个小山岗上，理琪等详细观察了地形，认真研究了进军路线，作出了完整的战斗部署，指战员也做了临战分工。林一山为参谋长，同理琪等率一、二中队及特务队主攻南门，各部抽出部分兵力从东门策应并攻城；三中队在西门外担任烟台方向的警戒和阻击任务，防备日军来援。

早春的寒气依然砭人肌骨。天未大明，万籁俱寂，城里的人还都在酣梦之中。"三军"将士迅速靠近南门，仍在打着瞌睡的守城哨兵懵懵懂懂地就被缴了枪做了俘虏。队伍迅速攻进城里，与迎面而来的伪商团兵丁相遇，"三军"指战员猛冲猛打，直接攻入敌人的营地，一众团丁楼上楼下，举手投降，乖乖地交了枪。

部队随即沿大街直奔伪县政府，把正在做着为迎接新主子过一个热闹"元宵节"美梦的两个县长和两个公安局局长俘虏了。

这成双成对的"两个"，一对是新任的日伪县长和日伪公安局局长；另一对是已经离了任在等待日寇重新为他们安排"位置"的国民党政府的原县长和原公安局局长。同时被俘的还有伪商会副会长等军政人员170余人。这些俘虏，除伪县长宋健吾等几个主要伪职和个别首恶分子之外，全部教育释放了。

奔袭牟平县城，英勇果敢，旗开得胜，缴获了100多支枪和一批弹药。辉煌的战果极大地鼓舞了士气，振奋了人心，让敌军为之胆寒。

雷神庙对日第一战

攻打牟平城之役速战速决，"三军"收缴战利品之后便撤离了战场。

理琪、林一山等领导同志布置了部队的战后任务，即来到距城三公里外的雷神庙研究下一步行动。

时间已近中午，会议刚刚作出立即开拔甩掉敌人的决定，却忽然发现雷神庙已被日军包围。

原来，驻守烟台的日军接到牟平城被攻破的消息之后，立即派出近百名日本兵在飞机的掩护下，乘汽车前来增援。由于"三军"负责阻击任务的部队没有战斗经验，见到飞机便惊慌失措，一枪不发便撤出了战斗；担任警戒任务的部队没有坚决执行命令的意识，在没有得到任何指示的情况下擅自押着俘虏离开，以致让日军有机可乘，对雷神庙迅速形成了包围。

雷神庙是由正殿、南厅及东西两厢组成的四合院，正殿坐北朝南，由二清殿、岳王庙、雷神庙等组成，东西长约80米，南北宽约40米。

此刻，在雷神庙的干部战士共有20余人，除理琪、林一山外，还有一大队大队长孙端夫、政治部主任宋澄、特务队长杜梓林和张玉华、姜克等，另外还有三名女同志，三名神枪手，十几个新入伍的战士。当大家闻声冲出屋外的时候，戴着钢盔、端着刺刀的日本兵已经在门前支起了机关枪，死死地封锁了大门。

突如其来的危急，让这些无畏的勇士措手不及。

雷神庙这种四合院的格局无法相互通联串接，要由此栋到彼栋就得经过院子，到了院子直接就进入了敌人的火力范围之内。在这样的环境中，干部、战士灵活机动，就近分散到了庙的正殿、东西厢房和南倒厅，各自找到了自己可以据守御敌的位置。面对数倍于己且武器精良的敌人，理琪沉着指挥，从容应战，命令干部战士充分利用地形地物，人自为战，严密防守，绝不能让敌人进到院子里面来。

大门外的日军疯狂地向院内进攻。据守大殿及东夹道的宋澄、张玉华、李启明和守卫东厢房的林一山、胡秀山、胡春林以及守卫西厢房及西南角落的杜梓林、姜克、谷熙纯、宋干卿互相配合，构成了交叉的火力，向门外的敌人猛烈射击。在南倒厅的孙端夫、司绍基、袁国华、田野、黄在（女）、夏来（女）、李今辉（女）也死死地封锁各处，多次打退进攻的敌人。

破门入院不能奏效，日军又变换了花样，爬上房顶朝下射击，妄图居高临下，以势压人。40多岁的神枪手老胡头，瞄准房顶一枪一个，无一脱空，吓得未死的日本兵赶忙溜到地面逃命。就在理琪同志一面向敌人射击，一面告诉大家注意保存自己，坚决消灭敌人的时候，自己却腹部中弹，倒在血泊之中。

在生命的最后时刻，理琪同志依然再三叮嘱大家节约子弹，保存有生力量，一定要突出重围，胜利脱险。

理琪同志壮烈地牺牲了。

理琪，本名游建铎，河南太康人，1906年出生，1925年加入中国共产党。1935年11月29日（农历冬月初四），胶东"一一·四"武装暴动遭到军阀韩复榘的残酷镇压，中共胶东特委书记张连珠和一大批共产党员、革命群众惨遭杀害，革命处于低潮。在胶东党组织和中共山东省委因遭到破坏无法联系的情况下，经中共胶东特委委员、文登县委书记张修己等同志联系，理琪同志经由在中共河南省委工作的邓汝训介绍，于1936年来到胶东。

在胶东特委和文登县委的积极配合下，理琪同志编写印发了《给胶东各级党的同志的一封信》，正确分析全国、全省和胶东地区的政治形势，总结"一一·四"暴动的经验教训，较好地消除了党内存在的消极悲观情绪，党的思想实现了统一。在此基础上，胶东特委积极找寻失去联系的老党员，认真考察和发展新党员，使各级党组织得到了较快的恢复和发展，革命力量重新凝聚起来。

当年七八月，为工作便利，特委机关从文登的沟于家迁到了烟台。10月下旬，理琪与中共北方局派到胶东开展工作的吕志恒（吕其恩）、俞可范（石匠玉）等同志根据中共北方局的指示，组建了新的中共胶东特委，理琪同志任书记，吕志恒同志任副书记。不幸的是，就在特委成立不到两个月的12月，由于叛徒出卖，理琪和俞可范同志便同时被国民党反动当局逮捕，押送到了济南关押审讯。在狱中，理琪受尽折磨仍坚贞不屈，表现了一个共产党员的钢铁意志和崇高品格。直到抗日战争爆发，他才获释回到了胶东。

怀着对战友的痛惜和对敌人的痛恨，同志们悲愤交加，一颗颗愤怒的子弹射向敌人。

林一山接过指挥的重任，告诉大家一定要沉着瞄准，精确打击，只要日本兵一露头，就一枪让其毙命。

在与敌人近距离激战中，大家不断变换射击点，有效地击杀敌人，让一个个企图冲进来的日本兵有的负伤逃窜，有的直接就被击毙在了大门口。战斗中，杜梓林爬上院墙，朝着敌群猛烈扫射，不幸被子弹击中头部，英勇牺牲；林一山身中数弹，三处负伤却浑然不觉，仍然若无其事地指挥战斗，直到血流到鞋里，走动有了感觉，他才知道自己负了重伤。

敌人在外面绕雷神庙筑了掩体，连续多次发起攻击。在艰难的反击中，有的同志提出集中火力突出重围。林一山分析形势，告诫大家不能硬拼，一定要坚持到天黑，待机行动，才有可能突围成功。

傍晚，敌人多面夹击，进攻更疯狂了。

从庙后的一个窗户上，齐刷刷捅进了十几把刺刀，日军妄图破窗而入。

战士们眼疾手快，一排排子弹打过去，敌人再也不敢露头了。久攻不下之际，敌人在外面放起了大火，雷神庙几栋房子被点燃，迎着北风的熊熊大火越烧越旺。所幸的是，一时的烈火浓烟形成了一道防线，敌人的进攻暂时被阻住了。

天完全黑了下来，枪声渐渐地稀疏。敌人用机关枪向庙中胡乱射击，一颗子弹飞来，击中了林一山的胳膊。由于多次多处负伤，他筋疲力尽，顿时浑身瘫软，背依墙壁瘫软地倒下，昏迷了过去。

晚上7时许，天下起了鹅毛大雪。贺致平看到牟平城上空有飞机盘旋，估计"三军"还在牟平城方向作战，便建议张建勋赶快策应。

张建勋立即率部急进，前往援救。

敌人听到枪声，知道"三军"援兵赶到，不敢恋战，匆匆收兵向烟台方向撤退。9点多钟，宋澄等趁机指挥大家从雷神庙西南面的便门突围出来。

在"三军"干部战士撤退的路上，敌人的飞机依然穷追不舍地在上空骚扰射击。对着低空盘旋的飞机，张玉华端起枪来连击五发，战士们也连续开枪，一架飞机中弹，拖着长长的黑烟坠毁在烟台附近，其他敌机再也不敢低飞近前了。

"三军"指战员从午后打到晚上，20余人以简陋的武器，数次打退装备精良的敌人，取得了毙、伤日军50余人，击落飞机一架的战绩。也付出了司令员理琪、特务队队长杜梓林等同志牺牲，林一山、宋澄等同志负伤的重大损失。

"山东人民抗日救国军第三军"的创建，对日作战第一仗的胜利，拉开了胶东人民抗日战争的序幕。

从此，胶东抗日力量乘胜前进，在人民群众的大力支持和踊跃参与中，队伍在很短的时间里成几倍、几十倍增长，全民抗战的高潮已经形成。

第十四章
胶东第一个县级抗日军民主政府

中国人民伟大的抗日战争，产生了许许多多可歌可泣而又极其英雄豪迈的传奇故事。

掖县人民的抗日武装，不费一枪一弹解放县城，建立了胶东第一个县级抗日民主政府，一时被传为佳话，载入了中华民族抗日战争的光辉史册。

然而，这个"不费一枪一弹"是有前提的，不要奢望国民党政府和日伪势力会无条件地把政权拱手出让。

（一）

掖县，坐落在碧波荡漾的莱州湾之南，处于胶莱河北端的东岸。有宋以来，历代帝王祭祀东海之神的"东海神庙"就修在县城西北的姜家村。祭祀东海之神与泰山封禅、曲阜祭孔同称为中国的三大祭祀。

这里，人民勤劳纯朴，文化积淀丰厚，有着光荣的革命传统。

1928年，中国共产党的星星之火在掖县点燃。1930年，成立了以郑耀南任书记的中共掖县县委。其后，郑耀南为躲避敌人追捕被迫流落他乡。在以后的日子里，先后有四任县委书记继续以满腔热忱开展党的工作，到1937年10月，全县党员已达到40余名。

就在这个时候，张加洛受中共山东省委指派来到胶东，与中共胶东特委取得联系之后就到了他从未谋面的故乡——掖县。

张加洛家境贫寒，父母早年闯关东流落苏俄，1919年在苏联阿穆尔省城小北屯生下了他。3岁的时候张加洛随父母移居黑河，在那里上了小学，1929年中苏战争期间到齐齐哈尔做了童工。1936年夏，他在北平加入"民先队"，为"旧学联"的主要成员之一。同年9月，他受党组织选派，到张学良东北军的学兵队做兵运工作，10月加入中国共产党。

张加洛对敌斗争经历广泛，经验丰富，在抗日战争的紧要关头接受党的派遣，担负起了重要任务。

掖县县委原书记郑耀南同志不辱使命，在全国抗战的新形势下也回到了掖县。

张加洛向郑耀南、王仁斋、李佐长等县委领导同志汇报了省委和胶东特委的指示，传达了中共中央北方局的《华北决议》关于广泛动员组织群众，发动抗日战争的内容。大家围绕决议和省及胶东特委的要求，认真分析了掖县的群众基础和环境条件，一致认为，目前日寇南侵只占领了主要城市，控制了交通要道，一时还没有大规模地进犯胶东；国民党官员望风而逃，当前基本是留下了一方政权的空白。这里，许多人恨日已久，人民大众在党的抗日主张感召下抗日热情趋向高涨，抗日呼声四起，建立抗日武装的时机已经成熟。

党的领导必须坚强有力。这是掖县县委在建立抗日武装，展开抗日战争的问题上，所保持的一个非常清醒的理念。

县委进行了改选，郑耀南根据当时的形势需要，提议由张加洛任县委书记，得到了一致拥护。县委的其他成员分别为郑耀南、王仁斋、李佐长、李勋臣、郭欣农、吴行之等。新的县委班子随即作出了加强党员教育，抓好组织建设，加快建立抗日武装，全体党员立即投入抗战的决定。

张加洛根据中央北方局的《华北决议》精神起草印制了《华北抗战形势和游击战争》的小册子，散发到了全县各个层面。县委还恢复了党刊《民声》，由郑耀南负责编辑刻写油印，每期都有他亲自撰写的文章。党的老交通员鲍仙洲骑着自行车跑遍全县，把新印出来的党刊及时送到党员手里，通过每个党员，把国家危亡的形势、中共抗日的政策、县委抗战的行动部署及时传达到全县民众。

强有力的宣传鼓动，进一步增加了人民大众的抗日热情和决胜信心。拥护党的领导，加入党的组织，投身抗日武装的人数越来越多。

根据党员分布情况，全县按地域划分，设立了六个分区委，要求每个分区委建立一个抗日组织。经过一两个月的组织筹措，各分区委分别建成了"人民抗日义勇队""抗日锄奸队""抗敌前进队""人民抗日救国会""战地服务团"等。这些武装组织，多者六七十人，三四十支枪；少者一二十人，六七支枪，人员成分有农民、教师、学生和旧军人。

县委领导带头抓武器，通过筹借、购买、募捐等各种方式聚集枪支弹药，对那些作恶多端的土豪劣绅则实行直接的武力缴械，县委领导王仁斋率领人员到崔家村的一户地主家里，一次就缴获长短枪十几支。抗日武装不仅有了人，还有了枪，成了真正的"武装部队"。

这期间，在掖县的国民党人也成立了一个有六七十人、30多支枪的"民众抗敌前进队"组织。县委依照党的统一战线政策，决定团结联合这个组织，并派王仁斋加入"民抗"之中，成为其中的领导成员。在这个组织里，王仁斋积极宣传共产党的抗日主张和方针政策，做好团结协调工作，引导他们向正确的方向发展，打下了后来联合抗日的基础。

"民抗"虽然以抗日的面目出现，但因为他们的人员成分比较复杂，动机也不一样。这个组织里有一个名叫赵森堂的人，这个人曾担任过国民党县党部的常委、县督学，长期把持教育界，习惯于妄自尊大，自称"领袖"。抗战全面爆发后，他趁乱纠合起一股势力，企图在掖县争得一席之地。

随着抗战形势越来越紧迫，县委认为必须尽快建立全县统一的抗日武装，便安排王仁斋向"民抗"提出联合抗日的事。赵森堂并不清楚共产党领导的武装力量究竟势力有多大，自以为他的力量非常强，联合之后的领导权也一定会归在他的手里。

听到联合，赵森堂不由窃喜道："好啊，应该，应该，联合统一的事交给我办！"

令赵森堂万万没有想到的是，在正式举行联合选举的时候，他的"盟主"美梦却没有再继续做下去。

这天，县委书记张加洛带领六个分区的武装领导人郝香斋、滕绍武、李勋臣、赵冲宵、吴行之等来到了赵森堂开办的"励新书店"参加联合抗日会议。赵森堂抢先发言，只说了几句关于联合抗日的不痛不痒的空话便停住了嘴。接着，张加洛代表抗日武装组织讲话。他从全国当前的抗战形势讲到全县武装力量联合起来共同抗日的重要性和紧迫性，从全县民众的抗日热情讲到人民抗日的强烈要求，讲得有理有据、慷慨激昂，直让与会人员精神振奋。接着，参会人员报告了各自拥有的人数和枪支数。

最后，由张加洛提议，以各股武装力量为单位，以人和枪的数量比例推选代表，成立全县武装力量领导机构。在大家一致同意的情况下，赵森堂也不得不服从了。

诡计多端的赵森堂自以为聪明,却无奈地进入了这个他并不情愿的联合抗日的方案里头。让他没想到的是,这个方案是县委为了确保党在统一战线中的领导权而经过认真研究决定的,只不过是等着他来"入瓮"。

联合起来的武装组织定名为"掖县民众抗敌动员委员会",设立了军事、政治、组织、宣传和外交五个分支机构。赵森堂首先想到的要通过外交活动扩充自己的实力,便抢先要了那个外交的位子。

县委决定,郑耀南任军事、张加洛任政治、李勋臣任组织、李佐长任宣传。"民动"的领导权掌握在了县委手里,各项决定都能够在其中得到有效的贯彻落实。

(二)

1937年12月24日,济南沦陷。国民党山东省政府主席韩复榘弃城逃跑之后,山东地方各级政权随之土崩瓦解,掖县县长刘国斌也携带家眷卷着钱财逃得无影无踪了。1938年1月,日寇几十辆汽车开进胶东,掖县城头的"大王之旗"演变幻化成了日本的"膏药旗"。

日军进城了,汉奸上台了。

汉奸刘子容很早就与青岛的日本浪人有勾结,暗地里还赶制"膏药旗"为自己当汉奸做好了准备。日本人一来,刘子容就当上了伪县长,还安排女婿张延善做了他的秘书。日军在掖县只待了两天,留下了刘、张两个汉奸和二三百人的保安队自行"维持"。

为笼络人心,搞好"维持",刘子容召开了全县10个国民党的区队队长会议。掖县的区队一直以来就是地主豪绅的武装,各区队各有三四十、五六十的人、枪不等,但队员大多是贫苦农民。抗战一开始,许多人就倾向了抗日。

在区队长会上,刘子容大肆散布亡国论,说什么"抗日是拿鸡蛋碰石头""一旦把日本人惹火了,来一场大炮轰、飞机炸、机枪扫,咱们不就统统都得完蛋吗?"他这样威胁了一阵子,便要求大家与他一起来"维持"掖县。在会上,他委任六区队长周亚泉为掖县警备司令,却被周亚泉当场拒绝。刘子容碰了一鼻子灰,开局不利,会议也随即不欢而散。

刘子容盯上了区队，县委自然也不会袖手旁观。

《民声》发布了县委关于《争取区队到抗日阵线上来》的指示，要求党员和"民动"成员通过各种渠道和不同方式方法争取区队整体或部分参加到抗日队伍中来。

五区队队长孙象九和五区一分队队长鲍裕民都是党组织派进区队里的党员，靠他们自己的力量就把工作做好了；郑耀南利用与七区队队长徐承勋私交密切的关系，对六区队队长周亚泉的情况也掌握得纯熟，经过有的放矢地进行工作，把六、七两个区队都争取了过来；张加洛和吴行之经过说服，把四区队队长盛理善和分队队长张福明也争取过来了。有的区队提出加入"民动"后保持原来的队伍不变，中共县委也予以准许。

不久，由乔天华、罗竹风领导的平度抗日游击队和由王寅东、王侯山、侯镜清领导的沙河抗日武装也加入了共产党领导的"民动"之中。

到1938年2月底，全县抗日队伍达到了四五百人，枪支装备也齐全了。

在抗日武装力量不断壮大的情况下，县委根据日伪活动频繁的形势，决定加紧攻打掖县县城，摧毁伪政权，建立抗日民主政府。

县委和"民动"选择在北障村设立攻城指挥部，郑耀南任指挥，从各方面展开攻城准备。3月8日夜，各路"民动"武装会集到掖县城西北八里之外的玉皇顶，拉起了起义的队伍。下半夜队伍开拔出发，不到一个小时，各部便按战前分工把守住了各个城门，将县城团团围住。

到了9日凌晨，刘子容在酣梦中被惊醒，急忙下令保安队死守城门，全城戒严，自己则带着几个卫兵登上了北门城楼。他一面向城下喊话，哀求宽恕，一面派人给青岛、烟台打电话向日军求援。岂不知道电话线早已被掐断，使其顿时陷入绝望。

围城的队伍高喊着让刘子容、张延善打开城门投降，但他们却以壕深墙厚，据城固守，虽为瓮中之鳖，就是死不投降。

破城没有重武器，也无炸药；青岛、烟台离此不远，日寇风闻随即可到，攻城不宜作持久战。县委领导同志胸有大势，深明此道。

此时，攻城指挥部采纳了孙会生的建议，派人到离城不远的西大刘家村用马车把刘子容的父母和妻子拉来，一家人在城下哭天喊地哀求，要刘子容投降免死。刘子容可没有刘邦那种"幸分一杯羹"的胆识，见如此场景，便一头栽倒在张延善身上。没想到张延善丢下他的老丈人，急忙忙抢先溜下城墙，保安队兵丁也纷纷丢下武器四散逃离。保安队分队长张良臣见大势已去，急忙打开城门，迎接抗日队伍入城。

总指挥郑耀南一声令下，全副武装的队伍潮水般冲进城里。县委基干武装"人民抗日义勇队"迅速包围了伪县政府和公安局，伪保安队、警卫队很快缴械投降，刘子容、张延善双双成了俘虏。

人民群众欢欣鼓舞，热烈地庆祝这一伟大胜利。

这就是掖县人民"不费一枪一弹解放掖城，建立新政权"的历史真实。

（三）

攻克了掖县县城，县委迅速安民，稳定人心。

1938年3月12日，掖县抗日民主政府宣告成立。这是胶东地区建立的第一个县级抗日民主政府，掖县人民的抗日战争进入了新的阶段。

县政府成立后，赵森堂虎视眈眈地瞅着那个县长的位子，县委自然不可能让他当这个县长。从党的统一战线政策考虑，为团结抗日，避免矛盾，在县政府组成人员特别是县长人选的确定上，中共掖县县委还是尽量考虑了各方都能接受的方案。

开始，大家议定了让招远县的那个自称坚决抗日并组织了一支地方武装的焦盛卿来当县长。焦盛卿在县长的位子上坐了没几天，就感觉共产党领导下的这个县长不像是国民党时候的县长，没有什么油水可捞，便偷偷溜走投靠国民党去了。后来，中共掖县县委便让那个曾当过韩复榘81师的政训处干事，韩复榘部逃散后在掖县山区拉起抗日队伍，倾向于共产党的张冠五来当县长。

掖县抗日民主政府是军政一体的抗战政府，始终在县委的领导下开展工作。民主政府成立后，很快颁布了六条施政纲领：（一）废除一切苛捐杂税，三亩地以下的家庭免征官税；（二）实行平粜抑价，稳定市场；（三）禁止烧酒，奖励粮食生产；（四）实行抗日民主教育，兴办农村小学；（五）对地主、富农、商号征收爱国捐，减轻人民负担；（六）镇压汉奸，没收其财产。

六条施政纲深得人心，人民终于盼来了自己的政府。

落实这六条纲领，各方面抓得认真而又坚决。当时，因为上年粮食歉收，市场粮价上涨，造成人心恐慌。为平抑物价、稳定人心，县政府随即成立专门委员会，作出了"禁止粮食外流；用免税鼓励粮商贩粮上市；取缔烧锅，把烧酒的粮食平价出售"的规定。有违犯者，立即就遭到了查处。石虎咀的"天德兴"酒坊不停烧锅，其囤积的上万斤高粱马上就被强制平价卖给了度荒的农民。

人们欢欣鼓舞，奔走相告："破天荒，真正的破天荒，这在旧官府是从来没有也不可能有的事啊！"

兴办农村小学，让贫苦家庭的孩子有学上、有书念成为抗日民主政权的一件大事。政府完善了各级教育管理机构，加强了对旧教育的改造，全力推进抗日民主教育的发展。

7月，县政府与抗日武装"三支队"政治部联合成立国防教育委员会，开办了四期国防教育训练班，培训了400多名小学教师，结业后有的坚守原来的教学岗位，有的进入新办的乡村学校，以文化知识和抗日救国教育的课程教学，普及国防教育。课余时间和假期，国防教育委员会还有条理地组织人员进入区、村参与民众和军政训练，全县教育和抗日救亡活动得到了有序恢复和健康发展。

一切为了人民，保护人民利益；一切服务抗战，保证抗日武装部队的供应。

社会贤达孙康厚在财政建设方面是行家，政府便邀请他来与孙会生等组成了财经委员会，统筹政府和支队的财政收支，重点加强盐政管理和富豪、商贾的捐税征管，每月可征收盐捐和抗日爱国捐30万元上下。逐渐，所征收的款项除县政府和军队的日常开支外，还支援了胶东区党委和山东分局。

为改善支队装备，由孙会生负责办起了兵工厂和被服厂，自己动手制作出了手榴弹、迫击炮；生产出了军装、被褥，让干部战士穿上了崭新的服装。

当年10月，以财经委员会为基础，政府建立了"北海银行"，发行了人民自己的货币。逐步，"北海银行"币在整个胶东乃至山东地区流通起来，信用度不断增加，为当时混乱的金融市场带来一股清新的风。

（四）

靠枪杆子取得政权，也靠枪杆子巩固政权。

占领掖城第三天，"民动"即改为"胶东抗日游击三支队"，郑耀南任支队长，张加洛任政治部主任，周亚泉任副支队长，赵森堂任参谋长，王文峰任秘书长，李佐长任支队长办公室机要秘书。

支队部设八人处：王仁斋任政治处处长；王瀛洲任参谋处处长；马少波任秘书处处长；孙会生任军需处处长；徐志皓任交际处处长；王云霖任军医处处长；曲伯川任军法处处长；刘惠卿任副官处处长。

作战部队编为11个大队，另有特务、侦察、通讯和盐警等直属大队。除了直属大队驻在县城，其余大队都开赴划定的区域驻防，各自进一步做好扩大抗日武装的工作。

在三支队的领导干部中，中共党员占绝对优势，也吸收了一些其他社会成分。如国民党"左"派人士孙会生、徐志皓、徐成勋等一直同情和支持共产党，他们曾冒着生命危险给党组织送情报，掩护共产党的同志，在实现全县武装力量统一、区队的争取和攻取掖城等重大战略决策中都做了大量积极的工作，起到了独特的作用；原六区队队长周亚泉为人正直，攻城有功，在队伍和社会上威信很高；对那些旧军人出身的，也根据他们的特长安排了相应职务，使之人尽其才，才尽其用，在抗日和新政权建设上继续发挥积极的作用。

赵森堂当然也没有忘记抓住机会安插自己的亲信、培植自己的势力。他以参谋长的身份抢先把原国民党县党部常委王文峰拉进来，以其文笔精到为由推荐担任秘书长，还安排几个狐朋狗友当了大队长或大队副。县委出于团结抗日和稳定内部的考虑，也暂时给予了迁就。

部队的政治工作按照党中央的指示精神和朱德同志《抗日游击战争》中指出的游击战的重要意义、抗日游击战诸要素、抗日游击队与各方面关系及抗日游击战的方针等，建立了三支队政治工作机关和政治工作制度，加强了党对军队的领导。

政治部设立了组织科，由张咨明任科长；教育科，由罗竹风任科长；宣传科，由朱文淑任科长；民选科，由吕空谷任科长；总务科，由吕冠生任科长。同时，三支队伍建立了妇救会、抗日剧团，创办了抗战报纸。

各大队都建立了党支部，大队和中队分别设了政委和政治指导员，由支队党委选派党员到各基层做思想政治工作。一套较为完整的政治工作体系基本形成。

党的领导，政府的作为，武装部队的建设反映了人民群众的愿望，得到了人民的衷心拥护和广泛支持。全县逐渐兴起了参军热潮。在不到两个月时间里，抗日武装由攻城时的四五百人、枪发展到了三千七八百人、枪，成为党在胶东地区最大的地方抗日武装力量。

　　人民政权日益巩固，人民军队不断壮大。

　　然而，树欲静而风不止……

第十五章
仙境复仙境的较量

蓬莱于唐代置县。

这里傍山临海，风景秀丽，被世人称为仙境。神话传说中的"八仙过海"就起源于此。

仙境归仙境，但千百年来对于这里的穷苦百姓来说，过的都是"苗疏税多不得食"的日子，仙境不仙境也没见得出有个什么两样。直到1938年3月26日，中国共产党领导的蓬莱县抗日民主政府的建立和艾崮山抗日根据地的形成，人民才有了扬眉吐气的出头之日，才感觉到了"仙风"徐来。

这样的日子当然是来之不易的。

（一）

日本帝国主义侵略中国，激起全国有民族良知人民的极大愤怒，同仇敌忾的抗日呼声一片高涨。

中国共产党的抗日主张一经发布，就得到了全国人民的一致响应。遍布胶东各地的党组织在中共胶东特委领导下，抗战的号令一呼百应。

1935年10月，曾担任过蓬莱县教育会会长、县民众教育推广部主任、区助理员，出身于安香于家大户人家的尊三小学校长于仲淑，与本校和外校的几个青年教师鲁平、李光远、宋兹心等秘密成立了一个"小学教师服务团"，开展起了抗日救国的宣传活动。

第二年暑假，于仲淑在北京上学的弟弟、共产党员于眉回家，给于仲淑介绍了全国抗战形势和中共瓦窑堡会议精神，介绍了各地建立的"中华民族解放先锋队"组织。他告诉于仲淑，"民先队"是在中国共产党领导下的半公开的抗日救亡组织，任务是宣传抗日，组织民众，开展救亡活动。

9月，北京的"民先队"组织给于仲淑来信，批准成立蓬莱"民先队"队部。不久，"中华民族解放先锋队蓬莱大队"在于仲淑等人的组织下正式建立。"民先队"由于仲淑任大队长，李光远任秘书组组长，孙子平任组织组组长，陈迈千任宣传组组长，仍以"小学教师服务团"的名义开展活动。

"民先队"的活动，真正是青春朝气，生机勃勃的。这年秋天，蓬莱县"民先队"举行了2万多人参加的"第二区小学教师抗日宣传大会"，采用宣讲、演唱、介绍、控诉，讲中国共产党的抗日政策，讲全民抗战、统一战线，讲日寇的罪行，讲当亡国奴的悲惨；演日寇入侵，东北沦陷，人民惨遭践踏的情景和劳苦大众在官僚地主阶级的压迫剥削下的悲惨生活的情景剧。

活生生的现实和深入浅出的道理引起入会者的强烈共鸣，许多人痛哭流涕，泣不成声。县政府一位吴姓秘书的老家在东北，看了演出想起自己有家不能归的境遇，不自觉地流下了悲痛的热泪。

大会进行了三天，造成了极大的影响，"民先队"组织得到了迅速发展。各区还建立了"民先队"中队，活动开展得轰轰烈烈。年底，于仲淑出席了北京"民先队"总部成立大会，蓬莱经验作为典型在会上进行了介绍推广。

1937年8月，于眉受中共北方局委派回到家乡，秘密恢复和发展党员，建立了中共蓬莱特别支部（后为蓬莱县委），于眉任书记。在党的领导下，"民先队"建立了"抗战服务团"，作为公开的抗日救亡组织在全县展开活动。

迫于全面抗战的形势，国民党蓬莱县政府表面也高喊抗日，暗地里却处处设置障碍，处处与共产党领导下的抗日行动作对。有一次，二区"乡校"竟然捉了进行抗日活动的地下党员于采臣和"民先队"队员崔鸣顺，经过"民先队"据理力争，全力营救才得到释放。

不久，胶东特委的领导同志林一山来到蓬莱，对蓬莱县党的工作和"民先队"工作进行指导，并对统一战线工作做了特别强调，要求坚决贯彻执行党的瓦窑堡会议精神，在思想上行动上与党中央保持一致。林一山强调，在掌握对统一战线绝对领导权的前提下，坚持不论是什么人，只要拥护抗日就应该吸收到统一战线中来。

蓬莱县委经过广泛深入细致的工作，与社会各界都有了较为紧密的抗日联结，也坚持同那些不怀好意的地方势力进行了有理有力的斗争，几次挫败了他们的阴谋，保证了党对统一战线的绝对领导。

根据胶东特委的指示，蓬莱县委开始筹建"山东人民抗日救国军第三军第三大队"，先在"民先队"内部设立了军事组，于寄愚任组长。军事组一面着手秘密收集枪支弹药，一面做好争取县民团的工作。

县民团是国民党县政府的地方武装。在日寇还没有来到胶东的时候，驻蓬莱的国民党20师便做好了西撤准备。蓬莱县县长指示县民团大队长郭恒录带上民团队伍一起西撤。

县委和"民先队"领导便分头做民团基层组织的工作，几个中队长表示愿意留下来跟着共产党抗日，士兵们也大多不愿意走，有的人拿着枪躲藏了，没有人能召集起来。各区乡校的乡丁也没有一个跟着走的。气急败坏的国民党县长只好孤零零带上老婆孩子逃离了蓬莱。

（二）

国民党县长前脚往西走了，国民党党员张琪瑞和张仲绩后脚就往东去了烟台。他们与占领烟台的日本人拉上了关系，还勾结了民团一中队队长郭丹峰和二区乡校队长郭禾生，拉起200多人的队伍开进城里，宣布成立伪"蓬莱县临时政府"，张其瑞任县长，张仲绩任秘书长，蔡禾生任警察局局长。

这群乌合之众组成的伪政权十分嚣张，一开张就发布告示收缴民间枪支。很显然，他们目的就是要限制全县的抗日活动。

县委和"民先队"召开了紧急会议，决定提前举行武装起义。于寄愚、马秀生（赵一萍）、王子衡、高达三、孙子平等于1938年2月1日晚上带领70多人的队伍从安香于家出发到了大郑家，与各区在那里集中的人员会合。2月3日，他们又进入艾崮山区西宋家村，晚上举行仪式宣布起义，正式成立了"山东人民抗日救国军第三军第三大队"。"三军三大队"由于仲淑任大队长，于眉任政治部主任，队伍拉到了与蓬莱交界的栖霞县香夼村，一面进行训练，一面到各村组织和发动群众。

实力强大能够增加向心力，也往往会让一些投机分子垂涎。

2月10日，那个曾经勾结地方反动势力，阴谋联合吞并"民先队"力量的潮水街新民小学校长、国民党员周拥鹤同潮水街自卫队队长张小申带着100多人的队伍要求加入"三军三大队"，表示坚决服从共产党的领导，积极参加抗日。三区乡校队长郝铭传受抗日影响，也率领队伍加入了"三大队"。"三大队"发展到了350多人，长短枪也达到300多支。

部队进行了重新整编。经胶东特委批准，"三大队"改称为"山东人民抗日救国军第三军第二路"。出于增加影响，团结上层，扩大统一战线的考虑，"三军二路"让周拥鹤做了指挥，于仲淑任副指挥，于寄愚任参谋长，张少申任副参谋长，于眉任政治特派员。

"三军二路"指挥部设侦察、供给、救护三个组。队伍分为一、二两个大队，一大队由马秀生（赵一萍）任大队队长，张尔乙任教导员；二大队由郭铭传任大队队长。

不承想，这种出于善意的人事安排，竟然养痈遗患，为后来抗日武装力量的发展埋下了祸根。

"三军二路"的人员增加了，番号变更了，队伍壮大了，指挥部便将队伍迁到了有1000多户人家的镇子大辛店住进了一所学校，开始进行全面整肃训练。民运委员会展开了宣传群众、组织群众的工作，干部战士关心群众生活，关照群众情绪，与群众打成一片，深得大家拥护。

这期间，"三军二路"指挥部认真分析形势，研究了伪县政府的内部情况，决定攻打县城，建立人民政权，开创全县抗战新局面。

2月25日，"三军二路"成立了"民动委员会"，抓紧进行攻城的准备工作。

3月4日，当攻打县城的队伍兵临城下之时，伪县长周琪瑞恭恭敬敬地打开城门迎接，双手奉上2万元劳军费，信誓旦旦地标榜他打心眼里拥护抗日，愿意抗日，以后抗日部队用钱都由他承担。攻城的队伍被他的花言巧语所欺骗，便随即返回了驻地。

部队刚撤离，周琪瑞马上写信给烟台的日本人，要他们赶快派兵剿灭共产党领导的游击队。日本占领军立即派了大汉奸周东华带着180多人的伪军队伍开到蓬莱。周东华自任警察局局长，占据了西、北、东三个城门，让原警察局局长蔡禾生独守南门。

日伪的进一步勾结，暴露了周琪瑞两面派的真面目，"三军二路"决定再次攻城。3月18日，蔡禾生派人给指挥部送信，信里大骂周东华，并让"三军二路"速来攻城，他以全力做内应。指挥部看透了蔡禾生欲借"三军二路"的力量剪除周东华的心思，对他的"内应"并不在意。因为单凭"三军二路"自己的实力，照样可以取胜，内应不内应都影响不了大局。

第十五章

"三军二路"的三个大队于当晚出发,打响了再次进攻蓬莱城的战役。

拂晓时分,队伍开始攻城,蔡禾生把守的南门城门紧闭,没有一点"内应"的迹象,部队随即向城上的炮楼开火。在双方激烈的交火中,"三军二路"的神枪手瞄准炮楼敢于露头的敌人,一枪一个,弹无虚发,让敌人毫无还手之力。旁边,土炮猛轰;城门,枪声激烈。很快,炮楼挂出白旗,城上吊下了一个以于仲淑亲戚面目出现的说客来劝导撤军,结果碰了一鼻子灰又被吊回去了。

攻城的火力更加猛烈。到第三天,城上又吊下一个人来,这人是蓬莱城有名的知识分子张江舫,与于仲淑相交甚笃。他说张琪瑞愿意投降,只是要求放他出走,不再讲其他条件。攻城指挥部议决后表示同意,放张江舫回去交差。

随即,三面的城门全部打开,三个大队浩浩荡荡开进了城里。大汉奸周东华和他带来的伪军被悉数缴械。缴了械的伪军有的直接参加了抗日队伍,有的经教育释放回家,周东华则被扣押了起来。蔡禾牛吓得面如土色,一个劲地磕头认罪,经教育也释放了。伪县长周琪瑞达到了目的,随即跟着张江舫走了。

攻占蓬莱城,"三军二路"缴获了敌伪的一批武器,出于壮大抗日力量的需要,经过耐心工作,看守军阀吴佩孚宅第的家丁把宅弟里的武器弹药也交了出来。

吴佩孚是蓬莱人,他家的老宅就在蓬莱城里。

"三军二路"的领导同志了解到吴佩孚老宅里存有武器,就去找为其看门的管家商量讨要。经不住于仲淑几次三番的光顾,苦口婆心的劝导,终于说服那个管家给寓居北京的吴佩孚发了电报,没想到吴佩孚很快回信,痛痛快快地说:"把武器弹药全都送给抗日救国军,帮老子狠狠揍这帮子占着蓬莱的日本鬼子!"

吴家老宅的这批武器有轻机枪、重机枪、步枪、手枪100多支和若干弹药。其中有一挺被称为"老黄牛"的铜色马克沁重机枪,这对于抗日队伍来说是特别珍贵的。

这"老黄牛"在抗日战争中立下了赫赫战功,解放后陈列在了国家军事博物馆。

攻克蓬莱城,摧毁伪县政府,又一次展示了人民抗日力量的强大。迫于形势，原来国民党政府一些散乱的地方武装势力有许多也心甘情愿地归顺到"三军二路"来了。对归顺了的国民党五、六区乡校的乡队，经整编组成了六、七大队；九区乡校的乡队在共产党员张钧铭带领下编为八大队；三区有枪的农民由木基杨家小学校长王绥之带领编为九大队；县民团的一些散兵游勇则编入警卫排，成立了警卫大队。至此，"三军二路"发展到10个大队，2500余人。

部队在艾崮山区的上、下薛家一带进行整顿和训练。政治部又增设了民运处、教育处和妇女处，结合军事斗争开展群众工作。

（三）

根据形势的发展和稳定局势、安定人心、扩大抗日战果的需要以及人民大众的众望所归，县委决定，迅速建立抗日民主政权。

经过协商确定人选后，于1938年3月26日召开有全县区、乡、镇长等30多人参加的会议，选举产生了县政府领导人，正式宣告"蓬莱县抗日民主政府"成立，于仲淑任县长，民主人士迟清民、顾纪勋分别任秘书长和财政处处长。为加强党对地方和军队的领导，"三军二路"的党组织改为"中共蓬莱县工作委员会"，于眉任书记。

新政权产生以后，立即制定了"支援武装，保卫家乡，努力生产，保障供给"的16字方针，成立了农救会、妇救会、儿童团和小学教师联合会等组织，建起了兵工厂、抗日中学和县报社。

为有利于开展工作，建立和稳固抗日根据地，抗日民主政府机关迁到了大辛店。

新生的政权往往会遇上风风雨雨，阴险狡猾之人也总会抓住机会施展权谋，直到自我暴露、自取灭亡。

那个混到革命队伍并且当上了"三军二路"指挥的周拥鹤在蓬莱县政府成立之后，逐渐露出了他的狐狸尾巴。

就在县政府机关搬到大辛店的时候，周拥鹤借口防守蓬莱城，私自带兵在城里成立了所谓的"前方指挥部"，加紧同那些原来就想篡夺"民先队"领导权的险恶分子重新勾结，以"总指挥"的合法地位，采取拉拢和排挤兼施的手段安插亲信、排除异己，妄图与共产党争夺对军队的领导权。

采用明升暗降的手法，周拥鹤把共产党员、八大队大队长张钧铭调任为参谋长，由他的亲信刘云书接任八大队大队长，对党在各大队的政工人员实施了监督。之后，他又策划了"搞垮九大队事件"。

九大队大队长王绥之坚持抗战，周拥鹤便暗中策动一中队中队长郭家风会同一些人逼迫王绥之让位，逼迫不成便诬以"派别矛盾"，以此为借口派郭丹峰带兵包围了九大队，收缴了全部枪支。于眉、于寄愚接到报告，立即带人赶到城里，对周拥鹤、郭丹峰的行为进行了坚决的制止和斗争，为九大队配备了更加坚强有力的干部，由共产党员张昆任大队长，张尔乙任政委，把被缴的枪支全部追了回来。

周拥鹤的分裂行为在表面上有所收敛。

以"九大队事件"为鉴戒，县委提高了警惕，从各方面做了积极防范。于寄愚进驻城里监视周拥鹤的行动；于眉把工作重点放在根据地的群众工作和部队的稳定、改造和巩固上；于仲淑则在政府工作中严把宣传教育大权，坚定地坚持抗战的正确方向。与此同时，"三军二路"迅速建起了保卫大队。保卫大队的四个中队队长每人配备长短枪各一支，从干部到战士个个足智多谋、勇猛干练，内保外战、擒拿格斗等各方面都是高手。

"九大队事件"之后，周拥鹤等又借"三军二路"与黄县抗日武装力量共商抗战的事制造摩擦，被于眉等领导同志及时发现，果断地挫败了。

非常明显，"三军二路"内部的问题尖锐激烈，已经到了非果断解决不可的紧要关头。

此时，在"三军二路"的11个大队中，中共蓬莱县委和民主政府掌控的有7个共1200余人，人员的军事素质和武器装备都比较弱；而周拥鹤掌控的4个大队1300余人，许多是旧军警，作战经历多，武器装备好，两方实力差距比较大。

这时，周拥鹤已勾结了栖霞县国民党警察局局长刘万玲，并在暗中接受了国民党第五战区直属第16支队司令张金铭的"第19纵队司令"的任命。

就力量对比而言，单靠蓬莱县委的力量解决内鬼周拥鹤的问题难度很大。

此时，胶东特委和"山东人民抗日救国军第三军"总部已经进驻黄县。在听取了蓬莱县委的汇报之后，"三军"总部决定立即对"三军二路"进行武装整编。

7月16日午夜，总部两个大队在蓬莱县委接应人员的引领下由上水门进了蓬莱城，打退了周拥鹤部队的阻击，包围了他住的"察院"。周拥鹤的警卫排企图负隅顽抗随即被迅速缴械。周拥鹤束手就擒，得到了应有的下场。

7月20日，"三军"总部对"三军二路"进行了整编；8月12日，胶东地区抗日武装统一整编为"山东人民抗日游击队第五支队"，"三军二路"分别编入第55团和61团；9月18日，胶东抗日武装经华东地方部队统一整编，建成了"八路军山东纵队第五支队"。

"三军二路"从地方武装编入党领导的正规部队，干部战士以崭新的面貌投入了新的战斗，在抗日战场上驰骋纵横，建立了不朽的功勋。

蓬莱县抗日民主政权在胶东特委和蓬莱县委的领导下，在大辛店，在艾崮山区组织和领导人民群众，团结一切可以团结的力量，发展生产，拥军支前，建立起稳固的革命根据地，朝着为人民群众创造"人间仙境"的目标，夜以继日地努力工作。

第十六章
打退顽军的第一次进攻

中国共产党领导的抗日战争,面对的是日军、伪军和国民党顽固派(俗称顽军)三股势力勾结起来的武装力量。这三股势力,日寇最凶残歹毒,伪军最可憎可悲,顽军最卑劣无耻。

这些顽军,有名牌(国民党正规部队)的,有杂牌(地方民团、乡队、联庄会、土匪、行帮等)的,但不论名牌、杂牌,都是行为卑鄙,面目多变,一会儿白脸,一会儿黑脸,就是从来没有过正脸。对抗日军民搞突然袭击就是他们这些"牌子"的拿手好戏。

胶东的抗日军民,面对的同样是这三股势力。而第一次受到攻击的,就是掖县的抗日军民和抗日民主政府。在1938年春夏之交,掖县抗日民主政府就受到了国民党顽军张金铭部的疯狂进攻。

(一)

"天福山起义"创立了"山东人民抗日救国军第三军"之后,1938年4月,曹漫之担任了中共胶东特委代理书记,林一山任军政委员会主席兼第三军总指挥,宋澄任政治委员。他们率领队伍加速西进,向处在胶东腹地的蓬莱、黄县、掖县等地发展,开辟和扩大了抗日根据地。5月上旬,"第三军"总部经由牟平、福山、蓬莱到达黄县石良集和文基姜家一带,在这一带着手建立抗日根据地。

七七事变之后,日军南侵,国民党山东省政府的大树一倒,地方上那些逃散的猢狲有的卷财逃匿,有的另择新主,有的则打着抗日的旗号,趁乱招兵买马,抢占地盘。那些原来就握有兵权的地方保安团、联保队之类的大小头目,勾结地方势力和土豪劣绅,扩充队伍,称霸一方。

一时间，胶东大地"乱世英雄起四方"，"司令"如鼠遍地跑，"指挥"似蝇满天飞，多则一两千人、枪，少则三五百人、枪，各自拥兵自重，占山为王。这些"草头王"到处封官许愿，网络党羽，罗织人丁，欺压百姓，极尽敲诈勒索之能事。

最早靠投机取巧坐大的便是平度县的张金铭。

张金铭出身于定陶县的一个豪绅之家，在山东省立第二甲种农业学校毕业后混入北伐军中当到少校参谋。北伐战争结束之后在北京上了大学，毕了业就到山东省教育厅谋职，1936年接受任命到平度县立中学担任了校长职务。

1937年平度县县长姬春堂携眷逃跑，张金铭觊觎着县长的位子，趁乱投机，跑到徐州朝拜了国民党第五战区游击总指挥李明扬，被任命为直属第16支队中将司令，又到曹县拜会了山东省政府主席沈鸿烈，得到了平度县县长的官印，一时间便自我膨胀，似乎也如同《阿Q正传》里的形象，威赫赫"手持钢鞭将你打"了起来。

此时，已经到了1938年的年初，平度县城已被日军占领。张金铭随即跑到县东北方向的山区，在那个比较隐蔽的祝沟集上设立了自己的司令部，以第16支队中将司令的身份连欺带骗扩充势力，在不长的时间里就封了19个纵队司令，8个支队司令，总数达到了27个，胶东各县几乎都有了他的"司令"。

正当他准备封到"28"图个吉利数的时候，却在掖县碰了钉子。

党领导的"胶东抗日武装第三支队"在掖县日益强大，这不仅让广大人民群众欢欣鼓舞，也让张金铭恶念顿生，梦想着把"三支队"和掖县的地面纳入他的势力范围。

这样的"好梦"一做，张金铭便派他的参议来到掖县，给郑耀南同志下委任状，却遭到严厉斥责，被当场轰了出去。

正是春风得意，趾高气扬的张金铭立刻便恼羞成怒："不识好歹的东西！我堂堂'中将司令'呢！！韩复榘不就是个'上将'么！！！对如此大逆不道者必须立即讨伐，杀一儆百。不然，还怎么在胶东这块地面混下去？！"

张金铭气急败坏地想过之后，便立即采取了行动。

还要"师出有名"呢。张金铭便凭空捏造了"三支队"截了他的船，扣了他的人，劫了他的军火，等等，罗集了"十大罪状"，然后率领队伍杀气腾腾地开往掖县边境，指挥他的嫡系第一纵队从南面进攻夏邱堡。同时，他还勾结了招远的焦盛卿、栖霞的秦玉堂、莱阳的刘东阳等分别向东北的朱桥、东部的驿道、东南的郭家店，于5月6日同时发起进攻，势欲一举踏平掖县，消灭"三支队"。

这位"中将司令"真的如同做了个"中奖梦"一样得意忘形，飘飘然忘乎所以了。

处于扇形包围之中，又有赵森堂、王文峰等内部隐患的"三支队"并没有被敌人的气势汹汹所吓倒。在申明我党的严正立场，痛斥了张金铭无视统一战线政策，破坏抗战，制造摩擦的险恶用心的同时，"三支队"党组织号召全体军民奋起反击，坚决打退顽军的进攻。

部队做了全面部署，指挥部开到前线临场指挥，干部战士在广大民众的支援下，同仇敌忾，奋起反击，在战场上英勇作战几日几夜，双方形成胶着状态。

在这关键时刻，驻黄县的胶东特委立即命令武装部队并协调在黄县的八路军鲁东游击队第七、第八支队及时赶到，迅速投入了战斗。

（二）

第七、第八支队是在中共鲁东工委的领导下分别于1937年12月29日和1938年1月27日举行的寿光牛头镇起义、潍县蔡家栏子起义建立起来的。第八支队由马保三任指挥，韩明柱任副指挥；第七支队由王培汉任支队长，鹿省三任政委。为统一第八支队和第七支队的军事行动，鲁东工委决定第八支队与第七支队会师，组建了八路军鲁东游击指挥部，由马保三任指挥，鹿省三任政委，韩明柱任副指挥。

第七、第八支队能征惯战，边战斗边扩充，达到了一千七八百人、枪。由于连续作战，部队比较疲惫，军需补给也很困难，指挥部决定跨过胶莱河开赴胶东作暂时休整补充。途中，他们在瓦城同日军打了一仗，走到掖县南部昌邑、平度、掖县交界的新河镇安营驻扎，胶东特委副书记吕志恒、掖县县委书记张加洛前往迎接，决定第七、第八支队进驻黄县。

面对顽军的进攻，胶东特委和第八支队一致认为，必须迎头痛击，狠狠地给予教训，打退他们的进攻，稳定风起云涌的抗日局面。

三军、第八支队和第三支队迅速组成联军,由马保山任指挥,林一山任政委,韩明柱任前敌指挥,郑耀南任副指挥。联军决定集中优势兵力,重点打击张金铭嫡系——进攻夏丘堡的"一纵队"。由四个大队正面进攻,三个大队迂回包抄,迅速突击,速战速决。其他几个大队作为后续,相机支援。

5月13日拂晓,联军如下山猛虎,直扑顽军据守的槐树庄、李圩魏家等阵地,敌人抵挡不住泰山压顶般的猛烈打击,躲躲藏藏,节节败退。激战两个小时,联军夺回了敌人占据的几个村庄,然后把逃窜到夏丘堡的敌人包围了起来。

夏丘堡有围子,先头部队迅速爬上围子突击扫射。敌人见势不妙,一窝蜂逃向南堡,借地势负隅顽抗。士气高昂的联军指战员穷追猛打,顽军招架不住,拼命奔逃,退回了平度境内的高望山区。

联军打退了顽军的进攻,歼敌300多名,缴获了一批武器弹药。

战斗结束后,三军五个大队留在夏丘堡休整,第八支队撤到了东南山区。诡计多端的张金铭贼心不死,在逃跑之后第三天的下午偷偷来袭,把夏丘堡包围了起来。他们组织了敢死队、督战队逼着士兵爬围子攻击,每次都被打了下去。战斗一直持续到午夜不见胜负,前敌副指挥郑耀南打电话给赵森堂,要他派两个大队火速赶到夏丘堡从外围包抄,内外夹击,消灭敌人。赵森堂满口应承却按兵不动。再打电话,他连接也不接了。

这条毒蛇!他这是想借张金铭的顽军之力消耗支队抗日武装,达到其篡军夺权的罪恶目的。

战斗进行到下半夜,郑耀南和张加洛正要组织突围,外面枪声忽然稀疏起来,不久就完全消失了。原来,一起跟来进攻夏丘堡的另一股顽军李德元部不愿意卖命给张金铭攻围子当炮灰,消极畏缩遭到谩骂,一气之下带着自己的部队撤出了战斗。杂牌,乌合,各怀鬼胎,没有既得利益,谁肯同心同德!张金铭孤家寡人,不敢恋战,只好无奈地带着残兵败将逃回了巢穴。

张金铭一撤,其他从几个方面进攻的顽军不战而退。

反顽战斗大获全胜,取得了辉煌战果,抗日民主政权进一步得到巩固。

（三）

打退顽军的外部进攻，三支队内部的隐患随即暴露得更加明显。

持续一个多月的反顽战斗，除了赵森堂按兵不动梦想获"渔人之利"外，警务大队、沙河十大队和十一大队的两个中队也趁乱叛变，致使掖西南一隅陷于顽军之手。

早在3月，胶东特委副书记吕志恒和梁辑卿、俞克范来掖县，就向三支队提出了加强党的领导，坚持统一战线，清除内奸，纯洁队伍的问题。由于没有及时行动，以致酿成祸乱。

反顽期间，赵森堂大肆散布反共言论，说反顽是"国民党（指张金铭）打国民党（指他一伙）"。他的党羽、二大队长王春塘说："张金铭打三支队就是打政治处，政治处是一窝子共产党。"他们借口支援前线，却在暗地里搜罗武器，筹集经费，强化装备，扩充卫队，建立了自己的秘密大队。反顽斗争刚结束，赵森堂就勾结平度的尚性初拿着国民党第八专区原专员厉文礼签发的委任状来掖县就任县长，遭到共产党军队痛斥并被缴械逐出了县境。

怀有野心的人，总是时时刻刻打自己的如意算盘，千方百计寻找渠道去实现自己的阴谋，达到自己的罪恶目的。

6月，赵森堂偷偷派他的亲信——四大队队副张子敬去鲁南面见国民政府军事委员会第五纵队司令秦启荣，为其讨得了第七梯队司令的委任状，又派人到莱阳私刻关防、印信、委任状，并与国民党胶东行署专员鲁滨和莱阳县保安司令刘东阳取得联系，以到时策应他在三支队的叛乱。

令赵森堂没想到的是，同去莱阳的朱开印是共产党员，他悄悄让刻字店备了份，留下了赵森堂叛乱的证据。

三支队领导郑耀南、张加洛立即将情况向胶东特委做了报告，决定相机果断处置。

得到委任状之后，赵森堂加紧进行叛乱的前期准备。他秘密召开会议，安排人选，委任了梯队参谋长、秘书长、各处处长和六七个大队的大队长。自己则除了出任第七梯队司令外还兼任掖县县长，阴谋在七七事变一周年之际举行叛乱，谋杀三支队的张加洛、郑耀南等党和军队的主要领导，控制掖县军政大权，实现他的罪恶目的。

赵森堂的如意算盘打得倒也挺圆满，只是有些过早。他并不知道，党组织和三支队已经做了充分的准备，早已分头把他们一伙的阴谋秘密告知部队和基层党组织，要求各级加强戒备；布置了特务大队、卫队和驻扎在西关的八支队一大队准备随时应对事变；把八大队调防于城厢附近，待时机成熟立刻对赵森堂收网缉捕。

7月3日午夜，张加洛、郑耀南和李佐长紧急商定，立即解决问题，平定叛乱。不然，如果行动迟缓造成被动就可能无力回天，失去的不仅仅是县委和三支队几个领导同志的生命，更关乎几十万掖县人民的命运，关乎千里胶东的抗日大业！

三位领导者随即研究了行动方案，划定了行动路线，预测了行动结果，分担了行动任务。他们在认真分析了行动的"图录模型"之后，感觉万无一失，便开始分头行动。

临战前的紧张，哪怕是一丝一毫的异常在感觉上都会是风声鹤唳。

第二天早晨，张加洛去三支队队部路过城南门，发现城门掩着，城外是八大队的官兵，城里是盐防大队的干警，双方都端着长枪，亮着砍刀，剑拔弩张，怒目相对。

"怎么回事？"张加洛心想，"若是双方发生冲突，岂不……"

张加洛快速赶到支队部，见到的只有郑耀南和军法处处长。他跟郑耀南打了个招呼便转身去了西关。西关也同南关一样，双方对峙着，并开始扣押进出的行人。他找到在此坚守的八支队一大队的韩培德大队长问了情况，原来是他们按照原定计划把队伍拉到离城门200米处，却见到城门掩上便开到了靠近城门的地方。

张加洛不愧是真正的年轻老成，他不露声色，将计就计地说："那就说是防控演习，抓捕汉奸吧。你们继续扣押行人，严防赵、王的人跑掉。"

安排停当，张加洛返回支队部。刚走到门口，就听到赵森堂在屋里发火："八支队要造反啊！为什么要靠近城门？竟然还敢扣我的人！"

为了麻痹赵森堂，张加洛一进屋也嚷道："八支队怎么搞的，捉汉奸也不事前告诉，还把特务大队的政委给捉了，真是岂有此理！"

转身，他又对赵森堂说："参谋长，你快下个通知，让支队部和县政府的人现在都不要外出，以后再找他们算账！"然后，张加洛闪身站到门口，对早已布置的卫队一挥手，低声说道："快！"

说时迟，那时快，卫队战士一拥而入，黑洞洞的枪口对准了赵森堂和王文峰，大声喊道："不许动，举起手来！"赵、王二人慌忙掏枪，没等出手就被擒了起来。

赵森堂面色蜡黄，手脚痉挛，对着郑耀南哀号说："德卿（郑耀南的字），有话好说，有话好说嘛。这是干什么呢？"

早知今日，何必当初！现在，一切都晚了。

关押了赵森堂、王文峰，又随即抓捕了其所有的党羽——五大队长杨辅庭、军需处张显庭、盐防处王春堂、朱由乡乡长陶仁基。接着，便给他们亮出了赵森堂的委任状、印信、关防、暴乱计划等罪证。那些被赵森堂蒙蔽的人看到这些罪证，纷纷主动认错、认罪，表示愿意跟着共产党，一心一意参加抗日。

赵森堂一伙的罪证布告全县之后，广大军民义愤填膺，对迅速平息他们的暴乱无不拍手称快，纷纷要求对其严厉惩处。

7月5日，这六名叛乱分子被依法处决，走向了他们罪有应得的归宿。

（四）

清除了隐患，纯洁了队伍，三支队战斗力更强，更加朝气蓬勃了。

胶东特委十分关心三支队发展，先后分几批派来了林月樵、张寰旭、杨德之、秦建平、车学藻、阎毅、李拙民等同志到三支队担任大队政治工作干部。8月初，从延安来的新任胶东特委书记王文、新任三军总指挥高锦纯和胶东军政委员会主席、三军原总指挥林一山到达掖县，商讨三支队和三军主力部队合编的问题。随后，胶东特委派李耀文到三支队任政治委员。

8月12日，根据中共山东省委指示，胶东部队在掖县沙河镇整编为八路军山东人民抗日游击第五支队（简称五支队），标志着胶东抗日武装正式纳入八路军序列。三支队3000余人、枪，编为五个营，其中大部分被编在三军第62团，郑耀南任团长；一部分与蓬莱的"三军二路"合编为55团，回东任团长，常青任政委。

9月18日，五支队正式宣布成立。

10月，国民党顽军与日伪勾结，先后多次进犯掖县，广大指战员奋力作战，英勇抗击，打退了敌伪的数次进攻，胜利保卫了蓬（莱）、黄（县）、掖（县）抗日根据地。

11月，五支队整编为三个旅，62团与64团合编为21旅，郑耀南任旅长，李耀文任政委，张加洛任政治部主任。

之后，根据形势的发展，这支队伍转入山区，汇入胶东人民抗日战争的滚滚洪流之中……

第十七章
人民军队的黄县会师

没有一个人民的军队,便没有人民的一切。这是一个颠扑不破的真理。

胶东特委就是在这个思想的指导之下,不断地为人民创建军队,为人民壮大军队,用人民的军队守卫着人民的一切。

1938年3月下旬,中共胶东特委和三军总部决定西进,向胶东腹地,向经济、政治条件和群众基础较好,回旋余地较大的蓬(莱)、黄(县)、掖(县)地区发展。

5月上旬,三军总部由牟平经福山、蓬莱到达了黄县。

会师之地

蓬、黄、掖土地肥沃,商贸繁荣,是胶东地区经济最发达的地方。

黄县,在蓬、黄、掖的中间,三县呈东北西南向,一拉溜的海岸线径直排开,东北为蓬莱,西南为掖县,黄县居中。

看地形,黄县东部和南部是低山丘陵,西部和北部是滨海平原。黄县域内自古以来崇尚读书做官和农耕商贾,不仅出过许多经国济世之才,也出过不少大户富绅。有清以来,号称丁百万的丁氏家族注重"以学入仕,以仕保商,以商养学"的处世治家之道,一度成为山东首富。

据说,丁氏家族的当铺、钱庄遍及全国11个省,资产折合白银5400万两,相当于清政府 年的财政收入;丁家家宅多达3000余间,占了大半个黄县城。

胶东特委与三军总部决定优化环境,延伸发展,开阔回旋余地,改善生存条件,选择进军蓬、黄、掖地区是很富有战略远见的。

黄县民风淳朴,但这里的百姓也疾恶如仇。1937年9月,在日军大举南下的形势下，这里的共产党员与国民党军政训处热心抗日的房雨若、宋兆炼、蒋葆身、朱臻桥和地方的徐同华、仲曦东、范心然、王仲纬等十余人在"民先"的基础上成立了"抗日救亡团"，1938年1月举行武装起义，建立了"山东人民抗日救国军第三军第三大队"，由曾在山西随营军官学校受过训练懂点军事的李希孔任指挥，当过警备队队长的王子民任副指挥。

2月10日，在"三大队"多数人执行任务外出未归的情况下，县"维持会"的伪军趁机袭击"三大队"驻地莱山院。驻守的干部战士凭仅有的三把匣子枪，两支长枪打退了敌人的进攻。这一辉煌战绩在全县引起轰动，"'三大队'的人会打仗"一时传为佳话。

1938年2月伪军哗变，县"维持会"面对乱局，束手无策。地方实力派见其徒有虚名，"维持"不了局面，便抬出了县民众教育馆原馆长王景宋出来支撑。王景宋随即树起了青天白日旗，以国民政府的名义当县长。不久，王景宋便安排秘书张敏生等与"三大队"王仲纬等领导同志谈判协力抗战之事，并达成了协议。协议主要内容是"三大队"支持王景宋的县政府；县政府保证"三大队"独立发展并负担军需供应；本县收缴的民间枪支优先供应"三大队"。

协议形成之后，王景宋将自己的嫡系武装——县四大队、警察和第一区保卫团合编为"第一支队"，驻黄城里；把"三大队"编为"第二支队"（分两个大队，六个中队），李希孔任支队长，驻黄城外。"三大队"根据胶东特委的指示，抓紧收编了原国民党的各区武装，积极扩大抗日队伍，在较短的时间里发展到300多人、150多支枪。

3月，日军军舰开到了龙口港，王景宋畏日如虎，根本不敢派兵阻击。"三大队"闻讯后立即派一个中队到达龙口，在海边设下了埋伏，却因没有经验，刚听到敌人打炮便开枪射击。由于行动过快使伏兵过早暴露，把日军吓得不战而退，却没有什么战果。

这次战斗，虽没给日军造成重创，却展示了抗日武装指战员敢打敢拼的英雄胆气，"三大队"抗日救国的威名更响亮了。

究其实，那个王景宋不仅不敢抗日，压根儿也不想抗日。

开始，他与"三大队"合作得还算不错，对"三大队"提出的要求和建议也比较依从，相互间还能够配合。"三大队"收缴了好枪，征用的轿车都让给王景宋使用；王景宋对"三大队"提出的收缴各区保卫团的枪支、取消苛捐杂税、禁毒禁赌、建立兵工厂等动议也还支持。可渐渐地，王景宋就表现出了其对"三大队"心存芥蒂，表里不一，貌合神离的蛛丝马迹。而且，他甚至暗施阴谋，频加梗阻。如克扣军饷、压减枪支等；放任其部下为非作歹，欺压百姓。"三大队"几次提出警告，都被王景宋置之不理。不仅如此，他还要调"三大队"的领导人范心然、王仲纬分别担任军需处和军法处的处长，目的显然是要在实际上削弱"三大队"坚强的领导力量。

这些"阳谋"和"阴谋"自然而然地遭到"三大队"的抵制。"三大队"毫不犹豫地与王景宋据理力争，争枪、争饷、争地位，旗帜鲜明，寸步不让。对其假意抗战，真心反共的反动本质，"三大队"也加强了戒备，以便在其露出青面獠牙的时候能够迅速"拔掉"。

"三大队"随时将黄县党和军队所面临的情况和发现、发生的事变向胶东特委作出报告，请求指示。

1938年4月，胶东特委和西来的八路军鲁东游击第七、第八支队指挥部在掖县的沙河镇召开会议，仲曦东同志代表黄县"三大队"参加了会议。会议决定第七、第八支队进驻黄县，由"三大队"协同武装整编王景宋的"第一支队"。山东人民抗日救国军第三军一、二大队也同时进入黄县。

第七、第八大队到达黄县境内，就直接开到了黄城西门。王景宋急急忙忙派人阻止队伍进城，并强令"三大队"关闭城门。"三大队"的守门战士不予理会，立即按照部署开门迎接。在"三大队"的引领下，大部队迅速包围了县政府和他们的各个据点。王景宋一伙眼看大势已去，不得不缴械投降。随即，在"三大队"的配合下对王景宋的队伍进行了改编，按其本人意愿，放王景宋离开了黄县。

浩浩荡荡的第七、第八支队武装整编了王景宋的队伍之后，又协同收编了龙口海关的武装，给胶东抗日军民以极大鼓舞，也对散居各县的国民党顽固派势力以强有力的震慑。之后，第七、第八支队合编为第八支队，于麦熟季节挥师西返。

黄具军民翘首以盼，等待着胶东特委和三军总部的到来。

西进路上

胶东特委领导三军一、二大队顺利攻克牟平城，胜利结束雷神庙对日军的第一仗之后，到达牟平县的观水村稍作休整。特委和三军总部将军事力量进行了区域分布和两路整编，便一路西进，开始了历史性的战略转移。

1938年3月，队伍来到了福山县地面，受到人民群众热烈欢迎。群众纷纷献出家藏的刀枪给第三军去抗击日本侵略者，当地的胡铁生等一批知识分子和青年学生还纷纷入伍，参加抗战。

当时，福山县尚未成立统一的党组织，党的活动与于业功、赵锡纯等组建的"民先队"组织一起进行。得知"三军一路"到达的消息，"民先队"队部立即与三军取得联系，并将福山县降日的陈昱政权内部不和，陈本人摇摆不定的情况向特委和三军总部做了汇报。根据情况，三军决定包围福山县城，迫使陈昱转变。

3月19日，"三军一路"在高嵩、吕志恒同志的指挥下，联合栖霞县辛诚一的地方武装共2000余兵力包围了福山县城。陈昱拼死固守，等待烟台的日军来援。胡铁生化装入城侦知了城里的布防情况；"三军"安排人员秘密进到城里，贴标语、撒传单，散布破城消息，加强政治攻势；于业功冒着危险登门请国民党上层人士李丕涛、逄鸣皋等劝诫陈昱弃暗投明；特委委员柳运光直接向城里喊话劝降。

福山县城被围困了五天，陈昱迫于压力，委派了两个伪区长带着自己的亲笔信出城与三军谈判。陈昱在信中表白自己是迫于形势失足降日的，对不起国家和父老兄弟，现已悔悟，愿意接受"三军"的改编。

特委和军政委员会经过研究，决定改编陈昱的保安队，成立福山县抗日民主政府，安排贺致平、赵野民等同志代表三军与陈昱谈成了一致意向，将伪福山县保安队改编为三军一大队福山别动总队，由陈昱任总队长。一支队由王润之任支队长，胡亦农任政委；二支队由赵锡纯任支队长，李丙令任政委。福山县抗日民主政府由陈昱任主席，赵野民任副主席，所属行政、财政、教育三个委员会都有三军派出人员参加。

在福山县军政人员大会上，贺致平宣告福山县抗日民主政府成立，宣布了中国共产党的抗日民族统一战线政策及"抗日救国十大纲领"；陈昱在讲话中也言之凿凿地表示接受中国共产党和山东抗日救国军第三军的领导，"决心抗战到底"。

陈昱反正之后，三军一路大部人马继续西进。1938年4月4日，赵锡纯、李丙令率领的福山别动总队二支队与陈昱率领的一支队夜袭烟台伪鲁东道公署。战斗中,陈昱的一支队阵亡十余人。对此,陈昱怪罪赵锡纯、李丙令领导的队伍没有与他配合好,借以为自己准备叛变寻找理由。5月4日,陈昱带兵在东厅村缴了赵锡纯、胡亦农、赵野民、苏新源、徐唯等20余名共产党军政人员和"民先队"队员的枪并予囚禁(后释放),制造了轰动当时的"东厅事件"。

建立仅仅一个多月的福山县抗日民主政府由此解体。

福山县的党组织和"民先队"认真总结了"东厅事件"的经验教训,在胶东特委领导下积极发动民众,团结进步力量,继续坚持对日伪以及顽军作战。

栖霞辛成一的队伍配合三军攻取福山县城,迫使了伪福山县县长陈昱的一时转变,表现出高度的抗日热情。胶东特委对其有了进一步的了解,给予了特别的关注和支持。

辛成一是在国民党栖霞县县长朱景文畏日逃走之后,被国民党第五战区第16支队的那个"中将司令"张金铭任命为第五纵队司令兼栖霞县长的。上任之后,他便在栖霞、蓬莱、黄县、招远等地招兵买马,组成了这支有卫队、炮兵队、骑兵队等上千人的队伍。由于武器充足,装备良好,他便成了名副其实的"纵队司令"。

由于"第五纵队"坚持抗日,受到国民党顽固派的排挤和忌恨。为支持辛成一的抗日,胶东特委安排山东省委派到胶东工作的吴帚平以特派员身份与其联络,争取其加入抗日队伍。经辛诚一的同意,特委又派了牛绍文、彭树桢、杨盛春和赵进琪等同志到"第五纵队"做政治和组织动员工作。

当年6月,辛诚一带着他的队伍开进掖县朱桥,于9月参加了抗日部队的统一整编。

威武之师

在党的领导下不断壮大队伍,完善自身,保护人民是胶东抗日武装力量发展壮大始终坚持的思想路线。

胶东特委和三军总部进行战略性转移,一路上斩关夺隘,解决了所经地方党组织和党领导下抗日武装存在的不少问题后,于5月上旬到达黄县。

早在4月,三军总部在西进途中便将最初的第二、第五大队和特务队合编为第三军第一路，简称"三军一路"；将留守在文登、荣成一带的第一、第八大队合编为第三军第三路，简称"三军三路"。来到黄县，特委和三军总部要做的第一件事，就是对在中国共产党领导下的人民军队进行全面整编，建立统一指挥的完整体系，实现胶东抗日武装力量的大会师、大检阅、大一统。

三军的整编按照四路部队的体制进行。蓬莱的抗日武装编为第三军第二路，简称"三军二路"。黄县的第三军第三大队与莱阳的第三军第九大队和合编为第三军第四路，简称"三军四路"。

三军第九大队是1938年1月建立的。当时的中共莱阳县委在小院村召开扩大会议，决定建立县委领导下的抗日武装。由胶东特委派来的同志协助，中共莱阳县委在小水岔村召开了有300余名党员和"民先队"队员参加的莱阳县抗日救国誓师大会，通过了组建抗日武装游击队的决议。不久，游击队在河崖村举行了武装起义，建立了山东人民抗日救国军第三军第九大队，庄国瑞为大队长，张咨明为政委，宫兼三为副大队长。

三军第九大队建立不久，在县委的领导和全县人民大力支持下，部队军纪严整，作战勇敢，赢得了广大民众的拥戴，教师、学生、农民纷纷参军，很快扩编为三个中队。之后，第九大队健全了指挥体系，在莱阳、招远、栖霞边界对日、伪、顽进行打击，成为一支富有战斗力的抗日武装。

4月，第九大队奉命去黄县会师过境栖霞，栖霞共产党员崔书景与吴志修、韩玉秀等领导的抗日游击队作为第九大队的第二中队加入其中，崔书景任第九大队副大队长兼二中队负责人，共同前往黄县接受胶东特委和三军总部的整编。

遵照中共中央《关于山东的基干部队可恢复和使用八路军游击队的番号》的指示，中共山东省委于1938年6月作出决定，胶东的部队编为八路军山东人民抗日游击队第五支队，辖第61团、第62团、第63团、第55团共4个团7000余人，高锦纯任司令员、吴克华任副司令员、宋澄任政委。

高锦纯是陕西米脂县镇子湾村人，学生时代参加学潮和反土豪劣绅活动，1930年由共青团转为中共党员，任陕西榆林六中党支部书记、学生会会长，积极开展党的秘密活动。1932年7月，他参加了刘志丹、习仲勋、吴岱峰领导的西北红军，历任陕甘边区红军游击队战士、政治处干事、连党支部书记、政治指导员、骑兵团政治委员兼师党务委员会书记等。1934

年 5 月起，他担任陕甘边区革命军事委员会委员，参加了陕甘苏区的创建和陕北红军第一、第二、第三次反"围剿"斗争，为巩固陕甘根据地做出了贡献。

中共中央到达陕北后，高锦纯奉调到陕北省委军事部工作。东征期间，他担任随军地方干部大队队长。1936 年，他先后担任过红一方面军中路军骑兵团政委和红十五军团直属骑兵团政委，参加了西征。抗战初期的 1937 年 10 月，他到抗大学习，翌年 3 月被派赴山东。

八路军山东人民抗日游击队第五支队于当年 11 月奉命改编成三个旅。第 19 旅由第 55 团、第 61 团、第 63 团组成，旅长高嵩，政治委员宋竹庭，参谋长王瀛洲，政治部主任李丙令；第 21 旅由第 62 团、第 64 团组成，旅长郑耀南，政治委员李耀文，政治部主任张加洛；第 25 旅由辛诚一的国民党栖霞县"第五纵队"整编而成，旅长为栖霞县警备队原队长刘万岭，政治委员柳运光。

辛诚一不当旅长，自愿带领部分人员到招远县发展抗日武装，以自己的胆略去实现他抗日的雄心。

南来的队伍

这年冬天，第五支队接收了即墨县李肇岐领导的抗日独立中队，编为第 65 团，五支队的力量进一步加强。

李肇岐是即墨县李家西城人，黄埔学生，1926 年加入中国共产党，曾赴广州在毛泽东主持的第六届农民运动讲习所学习，参加过北伐战争，之后便以国民党山东省党部农民运动特派员的身份在即墨县从事农民运动。1929 年，李肇岐被军阀韩复榘逮捕入狱，与党失去了联系。敌人几次抄家，逼得他母亲服毒自尽，弟弟逃亡东北被日军杀害，父亲和妻子远避他乡。

1934 年李肇岐出狱时，已无家可归。

1937 年秋天，李肇岐趁国民党训练民众之机当上了训练壮丁的大队长，控制了一批武器。1938 年 3 月 4 日晚，他在村南王家茔创建了抗日独立中队，在崂山山区进行抗日游击斗争。因抗日独立中队抗击日伪，打击土匪，保护群众利益，得到了广大农民和知识分子的拥护，队伍很快从 200 多人发展到五六百人。

初心千里

在抗日独立中队遭受多方敌对势力威胁的情况下，李肇岐为韬光养晦，同意将队伍编入国民党第五战区16支队第2纵队孙殿斌部，成为独立的第4支队"勉从虎穴暂栖身"。但他一如既往地坚持抗日救国，寻机与日伪作战。6月，乘日军换防之机，他率领队伍一举攻克即墨县城，缴获了许多枪支弹药和军饷，威震远近。

李肇岐的队伍迅速增加到1400多人，引起了国民党各杂牌部队的忌恨和日军的惶恐。为摆脱多面受敌的困境，他带领队伍几经辗转，从崂山进入即墨西北和平度南部一带，设法与胶东党组织取得联系。他经常对自己亲近的人说："我的部队是打鬼子的，迟早要跟着共产党干。"

李肇岐思党心切，党也时刻关心着他。

胶东特委了解到李肇岐外有群敌，内生变乱的处境，随即派遣在胶县姜黎川部做统战工作的王云九到李肇岐的队伍，协助其对部队的官兵进行思想政治教育。10月，特委让李肇岐带部分军官参观了蓬、黄、掖抗日根据地，更坚定了他抗日的信念。之后，李肇岐与王云九立即动手做部队起义的准备工作。

新任国民党鲁东行辕主任的卢斌察知了李肇岐准备起义的动静，立即调姜黎川、纪淑和、韩炳宸、刘东阳、张金铭和莱阳乡校六支部队分别从即墨、莱阳、平度、胶县向李肇岐部进攻。胶东特委军事部闻讯迅速派兵接应。面对多于自己兵力几十倍的敌人，李肇岐知己知彼，镇静自若，选择力量薄弱的纪淑和防区迅速冲出了包围，900多人的队伍浩浩荡荡到达了黄县香坊村，在根据地军民的热烈欢迎和亲切慰问中度过了一个欢乐的春节。

1939年2月1日，李肇岐和他的起义部队接受了八路军山东纵队第五支队第65团的命名，由李肇岐任团长，王云九任政委。

从此，李肇岐和他领导的队伍在胶东特委和第五支队的统一领导下，击浪搏风，奋勇遨游。

第十八章
胶东党组织，从特委到党委

有了军队，才能保护人民，打击敌人；有了政府，才能发布政令，安定人心；有了党的领导，才能保证政府和军队的人民性，才能成为名副其实的人民政府、人民军队，才能组织和带领人民进行伟大的斗争。

党的领导必须完善、加强，才能坚强有力。

党中央时刻关心着胶东，关心着胶东人民，关心着胶东党组织的建设，关心着胶东的抗日战争。

1937年底到1938年初，日寇已经占领青（岛）烟（台）威（海），日、伪、顽军各踞要津，情况复杂，形势紧迫，抗日军民压力陡增。

胶东特委和第三军总部面对凶狠歹毒，奸诈残暴的日、伪、顽军，虽有众多拥护共产党，拥护抗日的人民大众，却也随时会遭到那些从骨子里仇恨共产党的老谋深算的封建地主、凶狠歹毒的土豪劣绅和穷凶极恶的地方民团乡丁如同鬣狗一样的暗算和撕咬。

胶东特委和"三军"领导班子以及部队中下层领导干部，主要是各县"民先队"领导成员和七七事变后响应中共中央北方局关于"脱下长衫到游击队去"的号召返乡而来的青年学生以及投笔从戎的知识分子，放下锤子、镰刀便上了战场的青年农民、工人、店员等。这样的人员成分，虽有坚定的共产主义信念，但却社会经历不多，作战经验不足，应付复杂战争局面的能力不够。在此之前所产生的那些惨痛的教训，有许多就是因为领导者对形势估计不足，对情况分析不透，对敌人防范不力，对战局把握不准所造成的。

要把各县形成的武装力量整合起来，形成强大的凝聚力和向心力，也必须建立有经验、有能力、有创见、有权威的领导班子。显然，依靠胶东特委和"三军"现有的领导干部，要完成这个任务，担负起领导责任，整体上的力量还远远不够。

在关键的时刻，党中央和山东省委及时向胶东派出了坚强有力的领导力量。

王文，这个具有丰富革命斗争经验和领导能力的战士，于1938年春在延安中央党校学习结束，便接到命令，风尘仆仆地来到山东。

1927年春，王文进入陕西绥德省立第四师范学校读书。这所学校是著名革命活动家、教育家、西北地区党组织创始人之一的李子洲创办的。在学校里，王文接受了马克思列宁主义教育，积极投身革命活动，被吸收加入了中国共产主义青年团，1930年初转为中国共产党党员。

1933年7月，王文担任黄河沿岸特区的中共区委书记，在全区积极发展党员、团员，不断扩大党的组织，开辟了60多个农村革命基点。1935年5月，他当选为绥德县苏维埃政府副主席，年底当选为中共绥德县委书记。

1936年5月，国民党军队围剿陕北革命根据地，王文担任陕北省东地区工委书记兼吴堡县委书记，奉命到黄河岸边把那里的红军武装拉出来。他从吴堡县带领队伍经过三天三夜的艰苦作战，冲破敌人重重包围，胜利完成了任务，保住了这支宝贵的革命力量。

全面抗战开始之后，王文担任中共米脂县委书记，领导开展了广泛的统一战线，组织和动员当地群众投入抗日战争，形成了全民抗战的大好局面。1937年冬天，他被选派到延安中央党校学习，第二年春天奔赴山东抗日战场，6月初来到胶东。

遵照中共苏鲁豫皖边区省委的指示，王文紧紧团结依靠胶东特委和"三军"领导同志，听取和尊重多方意见，在原来的基础上对胶东特委及"三军"领导班子进行调整，进一步健全了特委的领导机构。新的胶东特委由王文任书记，吕志恒任组织部部长，林一山任宣传部部长，高锦纯任军事部部长，柳运光任统战部部长，于克恭任民运部部长，林乎加任青年部部长，李紫辉任妇女部部长。宋澄、高嵩、张修己任委员。

高锦纯兼任军政委员会主席和"三军"总指挥。

1938年8月，中共苏鲁豫皖边区省委决定在中共胶东特委的基础上组建胶东区委，以加强党对整个胶东地区的领导。12月，胶东特委在掖县葛城村召开中共胶东区第一届党员代表大会，选举产生了中共胶东区委员会，王文任书记。胶东特委随之撤销。

胶东区党委先后驻掖县、黄县、海阳、乳山、莱阳等地。其后，中共胶东区委的隶属关系、所辖区域和机构名称虽几经变化,也都是在此基础上的调整和完善,成为更加坚强、更加有力、更加适应革命形势发展需要的战斗集体。

中共胶东区委的建立奠定了胶东党的建设、行政机构建设、军队建设和抗日根据地建设的基础,成为中国共产党对胶东实施坚强领导的战略转折。

(一)

在这个战略节点上,建立了胶东第一个在中国共产党领导下的专区级的行政机构——胶东特委和"三军"总部进驻黄县,与黄县党组织和抗日武装一起解决了黄县地方政府和"三军三大队"存在的问题,决定成立中国共产党领导下的黄县地方政府。1938年5月15日,黄县各界代表50余人在莱园泊学校举行会议,选举产生了黄县行政委员会,成立了黄县抗日民主政府,王纬仲任县长,十个区公所亦相继成立。

至此,掖、蓬、黄各县都相继成立了抗日民主政府,胶东中部、北部地区连成了一片,成立胶东统一的行政领导机构的条件已经成熟。

1938年8月15日,北海专署在黄县城北校场举行成立大会,社会各界代表1000多人参加,选举产生了北海区行政督察专员公署(简称北海专署)领导成员。曹漫之任北海专署专员兼黄县县长,原黄县抗日民主政府主席王纬仲任民政科科长,胡亦农任秘书,陈文其任财政粮食科科长,李国屏任教育科科长,赵笃臣任国民经济科科长。

为适应建立社会各界抗日统一战线的需要,北海专署实行了与国民政府规定的省以下设行政督察专员公署相吻合的体制,作为省政府派出机构施行政务、颁布政令。

北海专署建立之后,专员曹漫之根据党组织的决定,委任孙端夫为蓬莱县县长,于烺为掖县县长,并以黄县县长的身份委任了黄县政府机构的负责人及十几个区的区长,工作开展得轰轰烈烈。

专署成立了北海区保安司令部,曹漫之兼任保安司令和政委;建立了司法机构北高分院、金融机构北海银行,接管了龙口海关;实行减租减息,发展农业生产;建立税收制度,促进商业繁荣。

胶东公学也随之创办起来,曹漫之兼任校长,赵野民任副校长主持日常工作。胶东公学分社会、师范和普通三个学科。专署还在公学举办了国防教育训练班，曹漫之亲自做形势报告和结业总结报告。

抗战时期的地方施治，在许多时候都是党政军不分的，实际上也不可能分开。许多工作有时是交叉进行的，有时是同时进行的，也有的时候是一样任务分成几个单项、几个侧面各自从不同的方面，以不同的方式去完成，合起来就成了完满的成就。

这是从实事求是的观点出发的一种最现实、最完美的工作方法。

战时的胶东行政区划按照中共山东分局1938年2月的区划设置，大致包括潍县、安丘东部、胶县北部、高密县、昌邑县和胶莱河以东全部地域，辖东海、南海、西海、北海、滨北五个专区，其间也根据形势发展有一些相应的调整变动，但党的统一领导始终未变，军队的统一指挥始终未变。

（二）

在这个战略节点上，开辟和建立了较为稳固的抗日根据地，拓展了抗日战争和人民生存发展的广阔空间。

蓬（莱）、黄（县）、掖（县）抗日民主政府和北海督察专员公署相继建立，胶东抗日根据地的主体已经确立，加上南部莱阳、招远的抗日游击区，总面积达到了6000余平方公里，人民生产生活的发展空间得到扩大，与日、伪、顽的斗争有了较为充分的回旋余地。

党中央和中共山东分局十分关心胶东抗日根据地的巩固与拓展。1939年5月，中央对胶东工作作出指示，要求胶东党和军队努力在山地建立抗日根据地，大量发展党员和培养本地干部，坚决反对顽固派的无理进攻，为胶东抗日根据地的革命斗争指明了正确的方向。

1939年底到1940年初，山东战时工作执行委员会主任黎玉代表中共山东分局到胶东视察工作，与胶东党政军领导具体分析研究了胶东的形势，确定了胶东工作的战略任务：第一步，先控制大泽山、昆嵛山，掌握东海和西海地区；第二步，夺取牙山，掌握胶东中心的战略位置；第三步，以牙山为依托，南下海阳、莱阳，与顽军主力决战。

为落实中央和山东分局的指示，胶东区党委进一步统一了思想认识，端正了工作方向。同时，山东分局根据胶东的实际情况，于1940年9月派林浩任胶东区党委书记兼胶东军政委员会书记，王文任军政委员会副书记。

林浩是牟平县崖地村人，生于1916年6月，1933年在济南高中加入中国共产党，任中共济南市工委委员兼学校党支部书记。1936年春，林浩任中共山东省委宣传部部长，后兼任济南市委书记，并负责抓鲁东工委、淄川矿区和费县党的工作。

抗日战争爆发后，林浩先后去淄川、博山、张店、青州等地帮助建立了中共鲁东工委和益都县委。1938年1月，他配合省委书记黎玉领导了泰西大峰山区的徂徕山起义，成立了山东人民抗日游击第四支队，开辟了以莱芜为中心的抗日根据地；3月，代理省委书记兼任第四支队政委；12月，任八路军山东纵队第四支队政治委员、中共山东省委组织部部长、中共鲁中区党委书记；1939年7月，任中共山东一区（即大鲁南区）党委书记兼第一军区政委，后兼任第一区军政委员会书记。

围绕贯彻落实中央和山东分局的指示精神，胶东区委进一步加强了党的组织领导，强化了坚持独立自主，放了发动群众，壮大抗日武装和人民力量，坚持反投降，反扫荡的工作，并迅速从机关、部队抽调了一批骨干，组织了一两百人的工作团，分赴平、招、莱、掖根据地，开展了整顿党组织，发展党员，健全群众团体，建立和扩大群众武装的工作。

在1941年艰苦的反顽斗争中，胶东抗日军民经过五个月的战斗，先后夺取了牙山、郭城、发城、吉格庄等地，俘敌8000余人，击溃顽军近2万人，抗日民主政权进一步巩固，抗日根据地成倍扩大，基本完成了山东分局关于胶东抗日根据地建设的规划，胶东的革命斗争形势不断向好的方面转化。

（三）

在这个战略节点上，进一步壮大了党的组织，加强了党的自身建设。

在中共中央和中共山东分局的关心支持下，胶东区党委根据形势和任务的不同，领导班子不断进行充实调整，领导力量不断得到强化，各级党组织不断健全。为便于统一领导，设立了军政委员会（后改为党政军委员会），领导班子由区党委和五旅、五支队的主要领导同志组成。

1943年春，中央和中共山东分局根据党的一元化领导的原则，对胶东的党组织又做了重大调整，取消了党政军委员会，区党委的领导班子由党、政、军、民各方面的领导干部组成，成为胶东地区党政军民的最高领导机关。同时，成立了胶东军区，许世友任司令员，吴克华任副司令员，林浩任区党委书记兼军区政治委员。

在党的建设中，胶东区委认真贯彻落实《中共中央关于大量发展党员的决定》《中共中央关于在职干部教育的指示》、中央书记处《关于干部学习的指示》和毛泽东《在延安在职干部教育动员大会上的讲话》等文件精神，认真抓好党的建设和行政、军事工作，要求各级党组织在社会各界特别是在革命根据地中积极发展党员，使全区党员数量在较短的时间内迅速增加。

胶东区委在行政机构内部建立健全了党的组织，在行政工作造福人民、保护人民、服从和服务于抗战中充分发挥了保障作用。军队落实了支部建在连上制度，基层党组织的战斗堡垒作用，党员的先锋模范作用得到充分发挥。

为培养具有高度思想政治觉悟和高超领导指挥能力的干部，不断提高党员干部素质，相继成立了胶东特委（后为胶东区委）党校，林一山兼任校长；成立了胶东抗日军政干部学校，林一山兼任校长，刘汉任副校长（后由刘汉任校长，高锐任教育长，第一期学员达到五六百人）。

胶东抗日军政干部学校开设哲学、社会科学概论、统一战线教程、中国革命问题、妇女问题及军事等课程。1940年春，以该校为基础，成立了抗大一分校胶东支校（后称抗大一分校第三支校），胶东公学也随之并入抗大，纳入了统一的教学管理体系。

胶东抗大坚持"坚定正确的政治方向，艰苦朴素的工作作风，灵活机动的战略战术"，在战火硝烟中实行流动办学、学战结合，为部队和地方培养了1万多名干部，为抗战的胜利和人民的解放事业作出了重要贡献。

不断拓展和巩固的革命根据地，进可攻，退可守。胶东军民在中国共产党的领导下，在争取中华民族独立解放，人民安定幸福的伟大斗争中，演出了一幕幕威武雄壮的活剧。

第十九章
扼住蚕食者的咽喉

七七事变后,日本侵略者疯狂进攻,于1937年12月13日攻陷国民政府首都南京,制造了灭绝人性的南京大屠杀惨案。

蒋介石逃往陪都重庆,坐拥山城遥控指挥去了。

1939年,日军停止了正面战场的进攻,回过头来要"巩固"他们的"后方"了。

其实,他们的所谓"巩固"不过是为了无限地占领地盘,残酷地奴役中国人民,疯狂地掠夺财富,以补给他们日益严重的军需困难和兵员的不足,满足他们扩大侵略的战争需要,实现他们"长治久安""大东亚共荣"的统治美梦而已。

(一)

胶东,是侵华日军来往于海上和华北、东北的重要通道和"以战养战"的补给地之一。在日本帝国主义的"大东亚圣战略"当中,地位是非常重要的。

1938年2月,日军第五师团3000余人从青岛东犯,先后袭扰和进占了烟台、福山、牟平、威海及蓬莱、黄县、掖县。

1939年后,日军集中兵力进犯蓬(莱)黄(县)掖(县)和大泽山区抗日根据地,在根据地周围广设据点,屯驻日伪军,采取封锁和分割的"蚕食"办法,妄图将胶东抗日根据地变为他们的"伪化区"。

日军的如意算盘打得不错。但是,这些得意忘形的侵略者并不知道,中国共产党是绝对不同于国民党的,胶东抗日根据地也不是南京!

根据胶东抗战形势,中共中央和山东省委派出大批政治干部和军事干部充实到了胶东党政军各级领导班子,按照实战需要及时调整领导班子结构和组织系统。1939年9月,中央和山东省委在胶东组建了八路军山东第三军区。一年之后,八路军胶东部队奉命整编,第五支队改番号为第五旅,吴克华任旅长,高锦纯任政治委员;军区武装力量改为第五支队。1942年7月又成立了胶东军区,许世友任司令员,林浩任政治委员。

中国自古以来在军事上尊崇的一个现实道理便是"强将手下无弱兵"。胶东这么多抗日的精兵强将,加上广大拥护革命的人民群众的伟大力量,任他日、伪、顽联合起来又能怎样!

1939年初,为避敌锋芒,不与其对垒拼消耗,八路军山东纵队第五支队撤出了蓬莱、黄县、掖县县城向西南山区拓展,建立了以大泽山区为中心的平(度)、招(远)、莱(阳)、掖(县)边区根据地。日本侵略者随即进占蓬、黄、掖三县城,屯兵役民,欺压百姓,对抗日根据地军民进行剿灭,疯狂地推行他们的"蚕食"和"囚笼"政策。

2月,日军少川支队与汉奸刘桂堂部占领了招远县城,八路军第五支队决定与招远地方武装和胶东抗日游击队联合起来进行打击,给他们来一个下马威。3月7日凌晨,攻城部队直捣日、伪军驻守的当铺和县中学,短兵相接,双方展开了激烈的战斗。很快,到下午2点多钟全部结束战斗,共击毙了包括日军指挥官滕田及伪营、连、排长11人在内的敌人150余名,俘敌20余名。缴获步枪21支、子弹3000余发、战马9匹和其他军用物品一宗。

在黄县整编后回到招远,组建和领导抗日武装的辛诚一在这次战斗中英勇牺牲。

(二)

1940年9月,第五支队改编为八路军山东纵队第五旅之后,1938年中央派到胶东担任八路军山东人民抗日游击队第五支队的副司令员吴克华担任了旅长。

这位吴旅长虽然年龄不大,来到胶东那年只有25岁,却已经是一名身经百战的将领了。他1913年生于江西弋阳,16岁参加中国工农红军,同年加入中国共产党。他曾任红10军第1团连长、军部特务连连长,闽赣军区教导大队大队长,红7军团第20师第60团营长,少先队中央总队部参谋长,红8军团第21师第63团参谋长。他还参加了赣东北和中央苏区第一至第五次反"围剿"作战和二万五千里长征。

长征中，吴克华任红5军团第13师第35团团长。1936年，他进入红军大学学习。抗日战争爆发后，赴上海从事秘密工作。1938年4月，奉周恩来同志命令赴山东开辟抗日根据地。同年9月任八路军山东纵队第5支队副司令员、第2支队司令员、第5支队支队长。

身经百战的吴旅长和他身经百战的指挥机构率领一支身经百战的抗日队伍，依靠千千万万拥护革命的人民群众，虽然面对的是数倍于己的穷凶极恶的敌人，照样攻无不克，战无不胜。

面对敌人的"蚕食"，五旅和根据地军民创造性地实践毛泽东确立的"敌进我退，敌驻我扰，敌疲我打，敌退我追"的游击战法，对于日、伪、顽军实行的是"你'蚕食'我的土地，我就'蚕食'你的性命。卡住了你的喉咙，拿掉了你的脑袋，就不愁你不把'蚕食'了的根据地一点一点给我吐出来"。

1940年以来，平、莱、招、掖根据地一直是日伪扫荡蚕食的重点。在1940年的"六一扫荡"中，5旅15团为掩护当地群众和兄弟部队安全转移，保护朱桥镇2000多百姓的生命安全，与数倍于我的日军独立第5混成旅和大批伪军展开了决战。团长宋子良、团政委张咨明以及二营的多数干部战士壮烈殉国。

仰望顶、灵山等大大小小的数次战斗，给予了敌人以沉重的打击，胜利粉碎了日寇的第一次大规模扫荡，振奋了人心，鼓舞了士气。8月，为配合八路军总部组织的"百团大战"，抗日军民对临近根据地的掖城、道头、夏邱堡等日伪据点进行连续袭击，在招远南部半壁店歼灭日寇一个小队，缴获了一挺我军作战急需的重机枪。在良蒙山击溃了日寇的"讨伐队"，破坏了烟潍、掖平、掖招公路等，让那些一心想着"蚕食"根据地的日寇不仅没有"食"到根据地，连饭也"食"得不那么舒服了。于是，日寇把5旅看成眼中钉，肉中刺，把平、莱、招、掖根据看成他们的心腹之患。

1939年12月到1940年3月，国民党相继制造了平江惨案、确山惨案等，发动了联合抗战以来的第一次反共高潮。胡宗南部进犯陕甘宁边区；阎锡山进攻山西抗日决死队；石友三等部又进攻太行山区根据地。中国共产党领导的八路军采取坚决自卫的行动，进行了强有力的回击，多次打败了敌人的进攻。与此同时，更义正词严地提出了"坚持抗战，反对投降；坚持团结，反对分裂；坚持进步，反对倒退"的三大政治口号，得到了全国人民的广泛同情和支持。

在国民党第一次反共高潮的大背景下，胶东的国民党军队一刻也没闲着。他们以盘踞在莱阳的赵保原为首，组织起了臭名昭著的"抗八联军"，联合大大小小的顽固派队伍和地方武装及乡团、民团，配合日寇向我抗日根据地大肆进攻。

平、莱、招、掖根据地地处平度北部，掖县、招远南部，莱阳西北部，四围都是日、伪、顽统治区。由于敌人的四面夹击，我根据地受到了严重威胁。

1940年3月9日，掖县、招远的日伪军千余人从西北方向偷袭驻招远霞坞一带的八路军主力部队，我军随即向东转移。国民党顽军赵保原的两个团和国民党莱阳保安团数千人向招（远）莱（阳）栖（霞）边界的我军袭来。中午12点，激烈的战斗在窑山打响。

赵保原部伤亡惨重，企图向西突围。八路军团政委李佐民命令部队利用有利地形截击敌人，在指挥作战中不幸中弹，壮烈牺牲。

（三）

掖县郭家店镇是平、莱、招、掖四个县中间部位的一个重镇。这个镇离掖城50华里，处在大泽山东北沿，是连接四个县城的交通咽喉，也是我抗日根据地进出的关隘。敌人占领了郭家店，就等于在根据地的通道节点插上了"楔子"；而我军占领了郭家店，也就等于扼住了敌人"蚕食"根据地的"咽喉"。

1940年年底，我军侦知日寇要在郭家店建立据点，妄图镇守险要，实现他们分割"蚕食"，把根据地关入"囚笼"加以封锁的恶毒计划，打通他们四通八达、畅通无阻的通道。

自然，我军严密监视，严阵以待，绝不会让敌人的阴谋得逞。

12月5日清晨，日军的一个中队和200余名伪军，押着200多名民夫和泥瓦匠，拉着木料、水泥、钢板等建筑材料从掖城出发，浩浩荡荡向郭家店开来。下午5时许，敌人进到郭家店，立马就威逼群众修筑工事，扬言要在镇上永久驻扎,向西围剿根据地,向东支援赵保原。

八路军五旅指战员已经做好了迎头痛击的一切部署。接受任务的 13 团团长李绍桥、政委苏晓风,14 团团长梁海波、政委李丙令等立即向参战部队做了紧急动员,讲明局势,陈述利害,把这场关系根据地生死存亡决战任务的重要性告诉了每一个干部战士。掖县地方抗日武装紧随部队,也勇敢地参与战斗。

5 日晚上,部分部队和地方武装共同对进入郭家店的敌人进行袭扰,搅得敌人一夜不得安宁。第二天晚上,13 团和 14 团分别从不同方向摸到镇里,牵头的侦察员在寻找敌人驻地的时候恰好遇见镇上的一位大嫂,这大嫂听说是来打日本的八路军,就如同见到自己的亲人,高兴地连忙把侦察员带到敌人占据的区域。站岗的哨兵喝问道:"谁?"大嫂随口回答:"邻居老百姓。"说时迟那时快,大嫂的话音未落,侦察员赶上前去手起刀落,就迅速把哨兵给解决了。

战士们一拥而上,分头包围了敌人的几个驻处,步枪、手榴弹齐发,打得敌人鬼哭狼号。敌人只道是神兵天降,却不知道神兵在哪个方向、哪个位置,慌乱之中只管开着机关枪、迫击炮毫无目的地乱打乱放。我英勇的战士冒着枪林弹雨,有的爬上房顶向屋里投掷手榴弹,有的挖通墙壁往里射击,有的顶着打湿的棉被向敌人冲锋,一个个英勇顽强、奋不顾身。

敌人被打得哇哇乱叫,几次蜂拥着往外突围,都被我军英勇地打了回去。在进攻敌人集结最多的大院时,日军从院里面扔出了毒气弹,熏得战士们直打喷嚏、直流眼泪。战士们随即用蘸上水、撒上尿或沾上草木灰的毛巾捂住鼻子、嘴巴,继续奋力冲锋。部队首长怕战士们受毒气熏染影响健康,便下令撤出战斗,离开了镇子。

战斗进行了一夜,这时已到拂晓的时候。

第二天,敌人小股部队拉着伤兵和死尸往掖城送,并报信求援。埋伏在苗埠河村旁路边山上的 14 团干部战士,出其不意进行了伏击,打死打伤一批敌人。

7 日和 8 日两天,掖县的地方武装反复对郭家店的敌人进行袭扰,搅得他们昼夜不得安宁。

9 日夜间,我军集中火力向郭家店发起总攻。14 团 3 营 8 连在营长赵敏的带领下率先从东面攻入镇里,吸引了敌人的注意力。13 团分头从西、西南、西北冲了进去，打得敌人晕头转向，到处乱窜，摸着黑不知道哪里能够突围，哪里可以逃命。一小队日军死守在镇东北角的一个院落，14团3营7连的战士接连甩进手榴弹，炸得敌人一座房子一座房子地躲藏，每座房子都留下几具日军尸体。最后只剩下一名日军伤兵，乖乖地当了俘虏。

这一夜，郭家店的日、伪军除了突围逃掉的外，近一半被打死打伤。10日上午，增援郭家店的敌人浩浩荡荡从掖城开出来，经过庙埠河又遭到14团1营"青年连"的伏击。"青年连"的战士都是些"小八路"，大的才十七八岁，小的只有十四五岁。他们胆子大，作战勇敢，举着小马枪，多次打退敌人的冲锋，给敌人造成了严重伤亡。

遭到连续打击的日伪军终于死了在郭家店建据点的贼心。10日下午，驻守郭家店的敌人与掖城来的援兵一起，放火烧了镇上的大部分房子，抢走了老百姓许多财物，仓皇向掖城逃窜。我军乘胜追击，提前在路旁设了埋伏，追击、伏击四面出击，打得敌人哭爹喊娘，溃不成军，四散夺路逃命，再也不敢有在郭家店建据点的痴心妄想了。

郭家店属掖县八区。区抗日自卫团和许多百姓自始至终参加了保卫郭家店的战斗，他们袭击敌人，破坏公路，传递情报，运输给养，护送伤员，样样都争先恐后冲在前面。一个姓郭的大个子自卫团团员连续三次参加战斗，9日夜间他带领部队把占领了自己家的日军包围起来，自己爬上房顶，把集束的四颗手榴弹投进屋里，随后又把房子点着了火，让自己的安身立命之处与敌人一起化为灰烬。

整个战役，抗日军民打死打伤百余敌人，俘虏日军2人，伪军36人，缴获了3挺机枪，一批步枪和弹药及包括衣被、罐头食品在内的许多军用物资。

缴获的一些机密文件和信札，透露了日军兵力不足，补给困难，不得人心的困窘境遇。

在俘虏口中，还得知日军中的严重厌战情绪。

（四）

保卫郭家店，粉碎敌人"蚕食"战斗的胜利，让根据地人民欢欣鼓舞。

郭家店周围平、莱、招、掖等县的群众纷纷带着鸡蛋、花生、芋头等慰问八路军。掖县八区的百姓抬着七头大肥猪敲锣打鼓送到八路军驻地，当场宰杀拾掇干净，为战士们改善伙食。

郭家店的民众在河滩上搭起戏台子，唱大戏、演小剧，载歌载舞欢庆胜利。部队的"前线剧团""战旗剧团""孩子剧团"也赶来祝贺，演了几出抗战剧目，军民联欢，欢庆胜利。

五天五夜，我抗日军民英勇打击日伪军，誓死保卫根据地，取得了重大胜利。盘踞在莱阳的投降派赵保原又掺和进来，积极配合日寇对郭家店的"蚕食"，从郭家店东部进攻莱阳县西北抗日根据地马连庄、南墅、东馆等村镇。他满以为我主力部队会理他，借以牵制一下我军的力量，以解除日军的郭家店之围，没想到就他那点点羽毛未丰的力量，让当地军民就给打得屁滚尿流了，没等郭家店战斗结束，就带着残兵败将逃回了老窝。

闯荡江湖，这个赵保原还真算是个人物。他生于蓬莱，17岁考入吉林军官讲习所，毕业后在张作霖的东北军先后当过排长、连长、营长，参加过直奉战争和对北伐军的作战。九一八事变后，他投靠伪满当了汉奸，成为攻打东北抗日义勇军的急先锋，被日本人提升为伪满国军第3旅骑兵团团长，1938年入关配合日寇作战，在平度大青扬战斗中被我胶东五支队打败，折损200余人。

作为"伪军元老"的赵保原入关后初战失利，生怕日本主子追究，赶紧寻找机会改换门庭。1938年11月，赵保原部下1600余人在昌邑接受了山东第8专区专员兼保安司令厉文礼的收编，得到了保安第3旅的番号，于1939年1月移驻莱阳，任山东第13区特派员兼保安司令，3月被国民党山东省政府主席沈鸿烈任命为莱阳代理县长。

国民党政府在胶东设山东第13行政区之后，赵保原任专员兼保安司令。1939年4月，八路军山东纵队第五支队与国民革命军胶东游击队共同成立鲁东抗日联军指挥部，赵保原任总指挥。

国民党第一次反共高潮开始后，这个反复无常的小人一点未改变他的反动本性，立刻就从国共联军总指挥变成了"抗八联军"的总头目，不断与八路军发生摩擦，成为日寇在胶东围剿、"蚕食"我根据地的最大帮凶。

郭家店战斗打响后，赵保原急不可待地与日军遥相呼应，配合默契，再一次暴露了他假抗日，真投降，卑鄙无耻的汉奸嘴脸。其后，他依旧沿着那条投降卖国的路子往前走……

一直走向了他的灭亡。

第二十章
一仗打垮一大把顽军司令

远在延安的中共中央对山东抗日战局和山东抗日根据地特别关心，战略的目光始终盯着山东。

在毛泽东眼里，山东是一把尖刀，直接插入侵华日军的腹部。如果说山东是一把尖刀，那么胶东抗日根据地就是这把尖刀的刀刃。一定要加强对那里的领导，多派去一些强有力的干部去。

当延安的领导层考虑指派谁到山东去的时候，毛泽东主席风趣而明确地说："我看还是许和尚吧。给他一方天地，让他开道场。"

猛士的镇守

1941年1月6日，蒋介石制造了震惊中外的"皖南事变"，发动了第二次反共高潮。国民党山东省政府主席沈鸿烈借机大肆叫嚣："一地反共胜利，各地全面进攻。"

胶东国民党嫡系部队和各自独霸一方的地方杂牌军降日的降日，反共的反共，降日和反共的杂七杂八，交互杂陈，沆瀣一气，紧密勾结，组成了臭名昭著的"抗八联军"。这些乌合之众平日里钩心斗角，各存戒备，在反共的立场上却又保持了高度一致。

日寇从1938年开始逐步占领胶东，到此时他们的兵力部署已经完成定型，胶东所有的市、县都有了他们的伪政权，重要城镇都设立了据点，驻扎了军队，时刻都在杀气腾腾地组织对胶东人民和抗日根据地进行扫荡，实行他们的"三光"政策。而那个无恶不作的"抗八联军"则与日寇勾结在一起，公开宣称"配合皇军打八路""皇军驻城里，我们驻乡村，互助互让"，成了日军名副其实的走狗和忠实的帮凶。

第二十章

国民党第 9 区专员蔡晋康趁日寇扫荡我大泽山根据地之际，占领了胶东抗日根据地的中心地带牙山，切断了根据地的东西联系。接着，"抗八联军"兵分三路向我东海区根据地发动全面进攻，狂妄地声称要"把八路军统统淹死在东海里！"

这么一群乌合之众，欺压百姓，搜刮民财，屠杀手无寸铁的人民都是高手，但在久经沙场的战将率领下的这支忠于党、忠于人民、忠于中华民族解放事业、英勇善战的人民军队面前，也不过是一堆透着朽烂的行尸走肉而已。

许世友，这个在长征中担任过红军师长、军长、骑兵司令员的勇猛战将，果然身手不凡。刚到胶东，他就在一次会议上脱口而出说："胶东不太平，太平我不来！"活脱脱就是一个不怒自威的顶天立地的猛士，禁不住就让战士扬眉吐气信心倍增起来。敌人听了，也是不寒而栗。

1905 年 2 月，许世友出生于湖北麻城县（后划归河南新县）一个农民家庭，靠给武术师傅当杂役糊口。后来，他又到少林寺当了俗家弟子练功习武。1928 年，他参加了中国工农红军，历任第 11 军班长、排长、营长、红四方面军第 4 军第 12 师第 34 团团长。1933 年 7 月任红第 9 军副军长兼 25 师师长，后任红四军副军长、军长，红四方面军骑兵司令员。他参加了鄂豫皖苏区的创建和川陕苏区的历次反"围剿"斗争。

许世友曾七次参加敢死队，以军长的身份出任过敢死队队长，打过多场大仗、硬仗、恶仗，自然也都是胜仗。在 1933 年 10 月的川陕苏区反"六路围攻"时，他指挥三个团保卫四川省万源城，运用灵活机动的战术，打垮了数倍于我的敌人。1935 年 3 月至 4 月，他率红四军参加了长征路上规模最大、历时最长的强渡嘉陵江战役。

红四方面军在苍溪、阆中之间西渡嘉陵江之后，近 10 万大军分为左、中、右三路，第 4 军、第 9 军、第 30 军、第 31 军分别由苍溪、阆中等地的多处渡口出发，一举突破敌军防线，拿下天险剑门关，大范围机动作战，分割歼敌，控制了嘉陵江至涪江之间东起嘉陵江，西至北川，南起梓潼，北抵川甘边界的二三十万平方公里的区域。整个战役历时 24 天，攻克 9 座城池，歼敌 12 个团 1 万多人。打通了四方面军西进与中央红军会师的通道，实现了"打过嘉陵江，迎接党中央"的作战目标。

1935 年 8 月，毛泽东、周恩来率红军右路军长征走出草地时，国民党军胡宗南部第49师在甘南的包座"堵剿",许世友奉命率红四方面军第4军和第31军,鏖战两天两夜全歼敌人,打开了向甘南进军的大门。1936年7月,红四方面军第三次过草地,他指挥骑兵部队担任前卫,沿途进行了频繁战斗,为红四方面军渡过艰险、北上甘南创造了有利条件。

在中央批判张国焘错误路线的时候,包括许世友在内的红四方面军一些将领受到不公正的待遇,是毛泽东及时纠正了当时的错误做法,在紧急关头坚持"枪下留人",把许世友解救了出来。之后,他进入延安抗日军政大学担任校务部副部长,后来又随朱德总司令出师太行,投入了抗日战争的滚滚洪流。

1938年10月,许世友担任八路军第129师第386旅副旅长,参加了冀南抗日根据地的创建。1939年2月,他和旅长陈赓在威县香城固地区诱歼日军一个加强步兵中队,毙敌大队长以下200余人,生俘8人。

1940年9月,许世友遵照党中央和毛泽东的指示,打点行装来到山东,担任了山东纵队第3旅旅长,与战士们一起在渤海之滨和清河两岸与日、伪、顽军展开了近半年的艰苦斗争。

1941年3月13日,按照中共山东分局的命令,许世友带着分局关于"统一指挥清河独立一团和在胶东的八路军5旅、军区5支队,以胜利的战斗粉碎投降派的反动进攻,占领以牙山为中心的广大地区,使胶东抗日根据地连成一片,扩大阵地,改变战局,为长期坚持胶东的对敌斗争奠定基础"的指示,率领清河独立一团来到胶东。

吃柿子先拣软的捏

在蓬莱县黄城阳南村,许世友会合了胶东区党委的领导同志,沟通情况,分析形势,研究了落实中共山东分局指示的战略方案。

此时,胶东地区国民党投降派与抗日武装的实力对比是悬殊的。大大小小27个司令麇集在以赵保原为"盟主"的"抗八联军"的"杂巴地"之中,总共5万余人,分别盘踞着各自区域内的平原山区之中的重要村镇和交通要道。

我根据地八路军5旅和军区5支队仅有万余人,两支主要部队被分割在两个区域,一部分在蓬、黄、掖、莱、平、招边境;一部分在文登、牟平

第二十章

的昆嵛山区，一时难以形成拳头。

投降派势力每时每刻都在不停地向我抗日军民发动进攻，抗日根据地随时都处在被"蚕食"的困境之中。

这真正是日、伪、顽群魔乱舞的最得意、最疯狂的时期，魔头们不时在弹冠相庆。

盘踞万第的赵保原依仗手中兵多武器好力量强大，自立门头当起了这群乌合之众的"盟主"。这个"老牌皇协军"阴险狡诈，反复无常。他虽然取得了国民党整编12师的番号，却还挂了伪剿共第7路军的牌子，仍然与日军勾肩搭背。他部队的军服臂章印有阴阳两面的款式：到村里捉丁、派款、抢粮就亮出写着国民党军标志的那一面，恐吓人民群众；遇上日军或配合日军扫荡就翻出伪军的那一面，讨得着日本人欢心。日军为拴住赵保原这条"狗"，就说他们是"配合赵师长专打八路军"。

胶东另一个顽军头目是李先良，公开的名号是国民党山东省党部执行委员、鲁东联军总指挥兼鲁东行署主任，背后却策动他的属下第7区专员郑维屏投敌，成立了"留东支队"，公开宣言拥护大汉奸汪精卫，组织"反共保卫团"，推行"反共保甲"制度。

福山县的那个反复无常的小人陈昱竟然厚颜无耻地公开炫耀："看看我与皇军多么亲善。他们扫荡咱配合，不扫荡咱就专打八路军。"这些人，似乎一个比一个更嚣张。

在这群乌合之众的内部，互相勾结又互存戒心，明争暗斗，笑里藏刀，争权力，争利益，抢地盘，狗咬狗的厮杀一刻也没有停止过。军阀蔡晋康占领了牙山之后，赵保原眼红心急，急忙忙致电蔡晋康说他的部队要到牙山休整。蔡晋康当然也不是傻瓜，他一眼就看出了赵保原的司马昭之心，也便慌不迭地急忙忙复电说："牙山地薄民贫，粮秣缺乏，不宜驻扎，且请转于西方休整……"随后蔡晋康急令部下："赵保原企图进占我们的牙山，大家一定要严加防范，严阵以待。"

国民党第7旅旅长姜黎川部盘踞在海阳，虽然与赵保原反共立场一致，却因利益上的纠纷被赵挤走。

当地被欺压盘剥的人民大众对他们恨之入骨，说这些杂牌军是"活阎王"，是"日本鬼子的干儿子"，朝思暮想盼着八路军赶快来把这些吃人不吐骨头的妖魔鬼怪统统给除屠（胶东方言，意为收拾，消灭——编者注）了。

3月14日，胶东区党委开了一天会，充分研究了党中央、毛主席和山东分局的指示，并根据山东分局的决定成立了胶东反投降指挥部，许世友任司令员，林浩任政委，吴克华任副司令员，成员包括5旅和5支队的主要领导同志。

大家一致认为，胶东的国民党投降派死心塌地坚持防共、限共、反共，有的准备投降日军，有的已经进入了日军的圈子里面。我们一定要坚决贯彻毛主席关于"对于顽固派的军事进攻，必须坚决、彻底、干净消灭之"的指示，绝不能对他们姑息迁就，必须给予迎头痛击，把他们彻底打垮，打出抗日军民的威风，打出中国人民正义力量的气魄，从根本上改变胶东抗日战场的局面。

大家分析，投降派看起来力量强大，但他们内部矛盾重重，各存芥蒂，根本捏不到一起，是完全可以各个击破，逐一粉碎的。只要按照毛主席关于弱军要胜强军，弱军的"一切突击兵力以全部集中为原则"的战法，加上"优良的阵地""优良的人民条件"，就能够在战斗中使弱者变成强者。

大家统一了意见，一致表示趁投降派的气焰嚣张、狂妄不可一世之时，出其不意，攻其不备，立即组织打击，坚决、彻底、干净地把他们消灭。

既然蔡晋康侵占了牙山，就先打这个"菜进糠"。这个军阀有自己的兵工厂，夺取牙山，能够既打击敌人的嚣张气焰，给那些大小喽啰以震慑，又可以缴获大批枪支弹药，装备我们的抗日武装，非常符合毛主席"先拣软的打"的作战方针。这个方针，与胶东"吃柿子先拣软的捏"的民谚大有相似之处。

如果占领牙山，控制胶东的中心位置，就能把从西到东的两个抗日根据地连成一体，然后取得主动，直取赵保原、李先良等投降派反动武装。

许世友、林浩、高纯锦等利用会议间隙察看了地形，进行了实地考察。在当地，他们听了老百姓述说的当年清军在这里围剿于七起义军的故事：于七与清军抗衡被围两个月依然纹丝未动。最后却被清军抄了牙山后路，大寨被袭，被迫仓皇出逃。

指战员相视一笑，遂把这一历史战例引入作战方案一起研究，决定15日准备一天，晚上开始行动。

15日夜间，5旅、5支队和清河独立1团以迅雷不及掩耳之势同时向牙山的蔡晋康、福山的陈昱发起进攻，打响了反投降的战役。指挥部率西路四个团从牙山侧后的山间小路直扑蔡晋康司令部，16日便歼灭了蔡晋康大部，缴获了大批武器、弹药，全部占领了牙山。蔡晋康带领残部东逃桃村，我军乘胜追击，于18日下午拿下桃村。东路的5支队三个团也同时在18日歼灭了陈昱大部，攻取了灌水，控制了福山。

我军取得了重大胜利，区党委和指挥部根据战局变化，迅速决定"背靠牙山，南下海阳"，直取赵保原巢穴。

赵保原也在牙山参与了同我军的作战，失败后惊慌失措，急忙将其主力三个团向西撤至郭城。我军从其侧背迂回，于23日将其包围。26日，赵保原率部逃窜，当即被我军消灭一部，郭城得到了解放。

5支队反击陈昱大获全胜后乘胜前进，向国民党投降派右路部队发起进攻。先是攻取了崖子，歼灭了国民党顽固派第6旅大部，生擒了旅长苗占魁。这个国民党警官出身的苗大麻子当年趁战乱拉起队伍，媚日反共，欺压人民，罪恶昭彰，被俘后连呼"死罪，死罪！"他当即表示，如能得到宽大，再也不敢反共反人民了。

为分化顽固派，也让他们看到我军优待俘虏的政策，5支队指战员对苗占魁进行训诫后予以释放。接着，又连续击退了秦毓堂、郑维屏、安廷庚、赵汉卿等军阀的进攻，控制了午极镇一带。

至此，投降派向我军进攻的三路部队如鸟兽散，大小头目率残部纷纷向海阳方向逃命去了。

让"魔头"趴下

收复牙山，占领郭城，我胶东根据地连成了一片，5旅和5支队胜利会师。我英勇的人民军队没顾得上欢庆这一重大胜利，又投入了新的战斗。

投降派的"盟主"赵保原和顽军各部，这时已经大部困守在海阳的发城、吉格庄和莱阳的万第一带。区委和指挥部的领导认为，赵保原僵而不死，还在向日军和外地国民党投降派求援，只有给他再来一次歼灭性打击，才能彻底浇灭他的反动气焰，也让他的那些"盟友"死了靠他这棵"大树"乘凉的贼心。

指挥部重新调整了战斗部署，以一部分继续围困发城和吉格庄，另一部分坚守榆山阵地，"围城"打援，在运动中消灭敌人。

不出所料，4月27日，国民党第51军从鲁南派了一个营，作为先遣队到达发城；国民党地方反动派李文化、张步云部也开到了莱阳边境。一时间，赵保原狐假虎威，又疯狂至极地嚣张了起来。他们纠集了4000多兵丁，向我军蜂拥扑来，叫嚣着要进行一场"榆山大会战"。

自诩为"正规军"的国民党第51军的那个先遣营，为投降派的大小喽啰张目壮胆，也气焰嚣张得几乎是"高楼万丈"了。

"必须立即干净彻底地消灭这个营，让这里的顽军眼睁睁看着他们的'主力部队'怎样消亡，让他们的'精神支柱'彻底崩溃！"我军指挥部下达了作战命令。

在榆山，我主力部队借地形地物修筑工事，挖掘战壕，居高临下狠狠地打击来犯之敌。当第51军这个倒霉的先遣营来攻时，正好撞上了指挥部所在的阵地。一贯都善打硬仗的许世友司令员亲率战士手端刺刀怒吼着跳出战壕，一个泰山压顶之势杀向敌群，三下五去二，便把这一营兵丁打得落花流水，死的死伤的伤，没死没伤的丢下枪械没命鼠窜，逃回他们的老巢沂蒙山去了。

随即，5旅、5支队、清河独立1团和各县大队全线出击，随军民工和周围农民也拿起铁锹、大镢、抓钩、扁担赶来助战。仅用了几个小时，这个由多股顽军混合搞起的"榆山大会战"就烟消云散了，那些大股小股的投降派势力全部被击溃、歼灭。

狡猾的赵保原眼看大势已去，急忙丢下同伙，退守到发城、万第一线构筑碉堡，建立起自以为牢固的防守体系。他贼心不死，狂妄地放言说："土八路没有炮，攻不破咱们坚固的碉堡。只要皇军下乡扫荡，我们就得救了。"

没有炮，却有办法，有勇敢的军队和英雄的人民！你赵保原不要高兴得太早了。

在敌人的碉堡之间，我军民趁黑夜推着装满泥土的木箱、筐子、偏篓，在他们的碉堡周围一件件堆垒起来，同样是"修筑"起来的"碉堡"，把敌人的防御体系分割得七零八落，将他们所有的碉堡都死死地封锁了起来，让他们进不去，出不来，头也不敢露。

每到晚上，我军的机枪射手和狙击手便进入工事，按分工各自瞄准敌人碉堡的枪眼，只要枪眼火光一闪，战士们抬手一枪，就把开枪的敌人送上了西天。同时，我军加强了政治攻势，醒目的抗日标语贴在草席上竖立在敌人的碉堡前面，老远就能看见；无数的油印传单传发进碉堡，让敌人随捡随读；政工人员和那些被俘的顽军利用晚上对着敌碉堡喊话劝降，晓以民族大义，述说家国利害，劝他们幡然醒悟，改恶从善。喊着喊着，就有顽军士兵逃出碉堡向我军投诚。为防士兵逃跑，他们把士兵一个个如捕螃蟹那样拴成一串。结果便由原来的一个一个地逃变成了一串一串地逃。

赵保原成了瓮中之鳖，上天无路，入地无门。无奈之下，他便于7月27日趁夜率残部突围逃跑。突围的士兵依旧是六个一串用绳子拴在一起，被我军一捉一串，俘虏了2000余人。

遭到重创的赵保原一下子被打趴下了。他们那些"抗八联军"大大小小的"盟友"司令有的被击毙，有的带领残兵败将逃出了海莱地区，只有赵保原自己还龟缩在万第，却也不敢再扬言"抗八"了。

然而，江山易改，本性难移。他窝在巢穴里一定还会是耿耿于怀，贼心不死的……

第二十一章
把岗村宁次打跑了

胶东半岛是我国的三大半岛之一，也是中华文明悠久的发祥地之一。始建于西周初期的"莱子国"是胶东故地，它于齐灵公十五年（公元前567年）始与齐国疆土一统，前后独立存在约500年。

数千年来，勤劳勇敢的胶东人民就在这里耕耘着、生活着、生息着、守卫着，不断打击和驱赶着侵略者的袭扰和进攻。

这是大中国的一颗明珠，得到世代家国的珍惜和爱护，也不断让那些不怀好意的贼人垂涎和觊觎。近代以来，这样的贼人来的最多的是倭国，抗倭御寇的英雄豪杰也就数度载入胶东史册。近代以来，这些老倭繁衍下来的杂种，大大小小的倭子倭孙更是不断来此骚扰，频繁劫掠。七七事变之后，他们攻城略地，疯狂到了极致。

1942年11月，一个大块头的日酋——日本驻华北派遣军最高司令长官岗村宁次由北平秘密飞往烟台，亲自组织指挥对胶东地区的冬季大扫荡，妄图一举消灭胶东的抗日武装，全面占领抗日根据地，为实现他们"大东亚共荣圈"的野心和白日梦想提供一个稳定的后方。

你有你的围法，我有我的打法

日本侵略者似乎也真拿自己不当外人了，他们那个臭名昭著的所谓"大东亚圣战"竟然肆无忌惮地把胶东也规划在里头，还当作了战略要点。太平洋战争爆发以后，胶东半岛数百里海岸线的地理优势更为他们所看重。我军重新占领牙山，把大泽山、昆嵛山从西到东连在一起，极大改变了胶东抗战的战略局势，这就严重威胁了日寇这一从海上运输兵员、军火和战争物资的重要通道和补给基地。

第二十一章

从1942年春季开始，驻胶东的日酋土桥次郎就指挥日、伪、顽一万多人对抗日根据地多次发动进攻；入秋以后，又分几路、几批对我东海专区、西海专区、南海专区、北海专区逐一进行"扫荡"，也因此被我抗日军民打得遍体鳞伤。

显然，侵华日军最高军事当局对土桥次郎历年来组织指挥的胶东"扫荡"并不满意，所以岗村宁次就亲自出马督阵指挥了。

岗村宁次的到来，除了调动的兵力更多，组织的规模更大，指挥的规格更高，对人民的残害更重之外，"扫荡"的最终结果却不见得会好到哪里去。

秋季，胶东地区所有的农作物已经全部收获，抗日军民可以隐蔽的青纱帐随着季节的到来也都不复存在。进入冬季，漫山遍野除了少量稀疏的树林，深深浅浅的沟壑洞穴，到处都光秃秃的。人可以隐蔽的地方实在没有多少。

岗村宁次在这一点上还是表现得比较聪明，他组织的"扫荡"就选择了这样的季节。

日军进行"冬季大扫荡"风声日紧。一连几天，他们的大批车辆载着辎重频频向胶东发来；各据点的日、伪军纷纷出动，到处捉丁抢粮，强拉牲畜，封锁沟不断延伸，封锁线不断延长，封锁范围不断扩大；往日由伪军驻守的那些据点也换作或掺杂了日军；日、伪派到我根据地刺探情报的特务活动频仍，数量陡增；日军还调拨大批精良武器为赵保原及其他投降派顽军的队伍增加装备。

胶东军区已经接到八路军总部和山东军区密电，指示军民紧急动员，应对日军的"冬季大扫荡"。情况已经万分紧急，日寇组织的这场更大规模的"冬季大扫荡"即将开始。

十万火急，必须针锋相对！

为适应敌后游击战争和日伪扫荡日趋严峻的形势，胶东八路军主力部队、地方部队及民兵实行了统一领导。

1942年7月1日，中共中央军委、八路军总部、山东军政委员会发布命令，撤销山东纵队第五支队，成立胶东军区，许世友任司令员，林浩兼任政委，王彬任副司令员。胶东军区辖第一军分区兼东海独立团；第二军分区兼北海独立团；第三军分区兼西海独立团；第四军分区兼南海独立团以及第13团、14团、16团（其后第一、二、三、四军分区依次改称东海、北海、西海、南海军分区）。

11月上旬，胶东区党委和军区召开营以上干部会议，全面分析和研究部署了反冬季大扫荡的作战方案，进行了战前动员。会议根据战争形势，反复强调了贯彻毛主席关于"敌进我退，敌驻我扰，敌疲我打，敌退我追"的游击战法，确定了"保存有生力量，保卫根据地，分散活动，分区坚持"的反扫荡战略决战方针，强调在区党委的统一领导下，分主力部队和地方武装两个指挥系统；以团、营、连为单位分区作战，避免大部队过分集中，目标太大，影响机动灵活作战优势的发挥；区党委和军区机关也实行精简分散，人员充实到县、区、村和各战斗单位，加强基层反扫荡的力量和对人民群众的保护。

党委和军区要求，一个连，一个营分散坚持，行踪隐蔽，行动快捷，应变迅疾。行动到哪里，就在哪里挺起脊梁，当好主心骨，带领起民兵，组织起群众来展开游击战，打得赢就打，打不赢就走。

日军实行拉网战术，拉出了大兵团、大围剿、"大扫荡"的架势。我军自然不会不跟你拉架子，不跟你对阵拼硬，就跟你来实的、玩现的。分散开来，攥成拳头，铸成榔头，四两千斤，锥尖破网，撕开口子，攻他个趁其不备，打他个出其不意，专找你的漏洞，专戳你的软肋。

军区作战会议结束之后，各部队立即在干部群众中进行了层层传达动员，全面进行部署，使每个层级每个人都充分认识到日寇冬季大扫荡的紧迫性、复杂性和残酷性以及情况的不确定性，一定要以最快的速度做好各方面的充分准备，坚决夺取"冬季反扫荡"的最终胜利。

各村庄普遍实行了坚壁清野，以"三空"（搬空、藏空、躲空）应对日军的"三光"（抢光、杀光、烧光）。人民群众积极配合抗日部队作战，当向导、传情报、送给养、挖地洞，掩藏军用物资，疏散和保护伤病员，表现了极高的智慧和伟大的牺牲精神。

为对付日军牵着狼狗搜寻隐藏物资或藏匿伤病员的地洞，群众结合给农作物杀虫的经验琢磨出用辣椒面拌黄烟梗子末撒在洞口四围的方法，让狼狗闻了便会被呛得失去嗅觉，迅速逃掉。为防敌人用"揪发簪"的手段查找隐蔽在群众中的党委机关和部队里的女干部，各级妇救会动员村妇都剪成短发，让敌人无法辨认。

广大抗日军民义愤填膺，同仇敌忾，在胶东区党委的领导和军区的统一指挥下，目标一致，行动一齐，团结一心，共同对敌，对反扫荡的胜利充满了坚定的信心。

魔高一尺，道高一丈

11月17日，六七百辆军车满载日本兵分别从青岛、高密出发沿烟青公路、烟潍公路向莱阳、栖霞、福山方向开来。胶东东部地区日军陡增，黑云压境。

根据胶东半岛群山逶迤，地形复杂，三面环海的特点，日军采取步兵从西向东推进，海军在沿海严密警戒，空军在天上轰炸扫射，"三军"相互密切配合的战法，企图将胶东八路军和地方抗日武装压缩到半岛东部加以聚歼。

21日清晨，1.5万多日军在顽军赵保原、秦玉堂等部5000多兵丁配合下，2万多敌军多路并进，密集平推，蜂拥着向莱阳、海阳、栖霞、牟平边区奔袭，对以牙山、马石山为中心的抗日根据地进行拉网式的立体合围。

穷凶极恶的敌人耀武扬威，步步进逼。

白天，敌人无山不搜，无村不查，烧草垛，挖新坟，掘地堰，清山洞，荒庵、野寺、土地庙也梳篦式地一一搜寻；夜间，敌人便就地露营，周围燃起堆堆篝火，放出岗哨，在山口要隘拉起了铁丝网，拴上了响铃，防守得铁桶一般。

天上飞机侦探、轰炸、扫射，海上兵舰游弋封锁，敌人叫嚣："进了圈子的共产党、八路军，就是插翅也逃不掉！"日、伪、顽军拉网式大举"扫荡"，每日推进约20里，所到之处壮丁被捉走，东西被抢光，妇女被奸淫，房屋被烧掉……滔天罪行罄竹难书。

我军区指挥机关与许世友司令员率17团1营一开始就与扫荡的敌人逆向而行，隐蔽穿插在日伪军的合围圈里，一直进到日、伪据点附近，接着东去冯家绕到棘子圈，等敌人回师向东拉网之际，迅速转向西北，飞插到了敌人"扫荡"的土通道旁边，靠近了日军的指挥大本营——紧靠烟台的鹊山。

最危险的地方往往就是最安全的地方。

敌人做梦也不会想到胶东军区偌大的指挥机关能在他们的眼皮子底下神出鬼没。

摸清了敌人的行踪和动向，军区指挥机关继续向西进发，到达烟青公路，遇上了大批从莱阳、栖霞东向烟台开进的日伪部队，随即在离公路只有几百米的柳家庄，安然无恙地躲过敌人，胜利返回了海阳的战场泊根据地。

军区机关面对强大的敌人，穿插行军200多公里未损一兵一卒，有效地保存了有生力量，毫不间断地实施了对整个反扫荡战斗的精准指挥。

活跃在海、莱边区的17团一部被敌人围困在朱吴北山，夜幕笼罩，寒风凛冽，敌人在四周山梁上燃起大火，如同张着血盆大口的毒蛇，似乎随时都要把整座山峰吞到肚子里去。黎明时分，火堆旁的日军人困马乏，横躺竖卧，昏然入睡。我军将士隐蔽行动，迅速接近敌人的封锁线，猛然朝着火堆甩出一排集束手榴弹，把昏睡中的日军炸得晕头转向。战士们一跃而起冲出包围圈，除一名战士负伤外，其余毫发无损。

副司令王彬和区军政委员会主席林一山带领区党委机关人员向东海地区转移，一路上来回穿插，多次与敌人遭遇，多次突围脱险，多次击溃敌人，保存了有生力量，保护了人民群众。

区委机关人员的队伍出发后不久，便由乳山口过海进入乳山半岛，准备乘民船登上陆地，不想一夜过后形势大变，敌人把半岛封锁了。海上兵舰穿梭，空中飞机盘旋，陆上的敌人集中扑来。在这万分危急的时刻，隐蔽在山头的地方武装打退了进攻的敌人，掩护区委和随来的群众脱离险境。

队伍继续向东进发。进入荣成境内，大批日军在后面尾随追击。离海边越来越近，再往前就上了"岛尖尖"无路可走了，必须立即回返，突出重围才能有开阔的余地与敌人周旋。党委及时研究调整了作战方案，决定队伍贴近敌人的包围圈，与日伪军近距离相向行进，以便随时掌握详细敌情，随时采取应变对策。

入夜，敌人包围的圈子已经生起火来，我军队伍却沿着母猪河边悄无声息地运动。下半夜，海潮涨起，母猪河水声隆隆，干部战士蹚着冰冷的河水在敌人的酣梦里穿越了封锁线。队伍在昆嵛山区稍稍做了休整，被敌人通过电台发现了踪迹，很快就分九路包围过来。区委领导和警卫连在一个村庄与敌人遭遇，经过顽强的阻击和白刃的拼杀撕开口子，才转移到了安全地带。

日、伪、顽军集结重兵对昆嵛山区和文登、荣成进行疯狂攻击，5000余兵力严密封锁烟青公路，实施了罪恶的"铁壁合围"。敌人在南、北海岸连成一线拉网推进，6艘兵舰、20余艘汽艇分别在渤海、黄海游弋封锁，天上20余架飞机低空盘旋侦探，不时进行着扫射……

我军干部战士多是胶东土生土长的当地人，地熟、人熟、语言熟，与千千万万拥护中国共产党、拥护抗日的广大民众亲如一家，沿途与人民群众融为一体，尽得天时地利人和之益。16团、17团化整为零，横穿竖插，选隙捡漏，破敌突围，与抗日的群众并肩战斗。

在荣成，日、伪军围住了大批群众，我军驻崂山村兵工厂的警卫排为保护群众英勇抗击，在杀死杀伤100多日、伪军之后弹药用尽，全排的同志高呼"中国共产党万岁！"抱枪投海，壮烈殉国。

沧海横流，方显出英雄本色……

惨无人道的日、伪、顽军制造了血腥的"崂山惨案"，300多被围的群众被全部杀害。

日本侵略者又欠下了胶东人民一笔血债。

把生命献给人民

11月23日傍晚，数路"大扫荡"的日、伪、顽军从四面八方集中到马石山区。

马石山在牟海县（1945年改称乳山县）境内，海拔高度为467.4米，山势陡峭险峻，群峰林立，方圆20余平方公里。山前坡有一道半人高的石墙。石墙围着的一块平地叫平顶寨，寨上立着一株平顶松，属于地方的一个地理性标志。一般情况下，在这里躲避匪患兵祸也是当地人恰到好处的一个选择。

这里是胶东抗日根据地的重要组成部分。

马石山正西方向是据点林立的烟青公路，西南方向是顽军头目赵保原部的巢穴——万第。胶东区党委、行署等党政军机关，军区指挥机关和群众团体，也经常驻扎在马石山周边的村庄。在日、伪、顽军的"冬季大扫荡"中，马石山便与牙山一样，成为他们的主要进攻目标。

数千避祸逃难的群众被敌人一路围追赶到了马石山区。这些人一部分是从莱阳、海阳、牟平、文登、栖霞、福山等地逃过来的，多数则是马石山周边村庄的人。恐惧、寒冷、饥饿和疲惫不堪让被围困的男女老幼病弱残疾在凛冽的寒风里索索战栗……被围着的人群中，还有部分地方干部、八路军伤病员和部队中派来的干部、战士。

在日、伪、顽军的"大扫荡"中保护人民，这是中共胶东区委、行署和军区的重要部署。由胶东区公安局干部和警卫部队组成的战时戒严指挥部，一直坚持在中心根据地展开反扫荡斗争，与地方武装和区、村民兵组织一起防奸反特，维持治安，保护群众，牵制敌人扫荡的兵力，伺机打击敌人。

八路军干部战士和党委、行署的同志也随机在百姓中组织领导，做好保护群众的工作。

在马石山南麓，公安局警卫连政治指导员王殿元和公安局三科科长唐慈带领警卫连第3排已在这个地区活动一段时间了。此刻的这里，还有八路军山东军区第5旅、胶东军区后勤处警卫连、东海军分区独立团以及牟海县独立营、军区兵工厂、胶东行署等单位的部分同志，正沸腾着忠诚于人民的血液，大睁着保护人民群众的眼睛。

这些人，对党对人民忠心耿耿，对马石山地区的地理非常熟悉，对敌人"扫荡"包围的规律摸得清楚。每一个人，都是带领群众突围，与敌人展开血战的铮铮铁骨。

23日夜里，他们与地方干部、民兵一起，带领群众分批次顺着敌人包围力量薄弱的山峦沟壑悄然突围，先后有七批1000多名群众安全脱离险境。24日拂晓，为了牵制敌人的兵力，让被围的群众和地方干部有更多机会冲出虎口，王殿元把部队带到马石山主峰，准备和敌人决一死战。

天亮之后，敌人开始从南坡向山上进攻，公安警卫连3排的干部战士以山顶的古石墙为掩体，居高临下，顽强抵抗，连续打退了敌人多次进攻。3排战士子弹打光了，就用石头砸，始终没让敌人攻到山顶。之后，敌人在大炮、飞机掩护下，从山北坡进行包抄，攻上了主峰。

王殿元和3排的干部战士终因寡不敌众，全部壮烈牺牲。

胶东军区5旅16团7连，由刘指导员带领赴东海军分区执行任务，在返回途中遇上大扫荡的日军。为帮助群众逃离敌人的包围，刘指导员安排各班分散行动，寻找战机。按照当时的情况，7连2排6班10名战士看到被围的广大人民群众，听到那么多老人的哀号，孩子的哭喊，妇女的抽泣，在尚有突围时间和可能的情况下，毅然决然地留下来会同地方干部、民兵，组织群众连夜突围。10名战士分成三个战斗小组，在敌人燃起的火堆间小

第二十一章

心翼翼地悄然穿行，往返三次，掩护上千名群众安全转移到包围圈外。

一位老大娘带着两个孩子来到刘指导员面前说："这两个孩子的爹妈都为打鬼子牺牲了，上级把他们交给了我，我死了也就死了，可一定要救出这两个孩子，让他们长大成人好给爹妈报仇！"旁边的大个子机枪手立刻抱起孩子向突围的沟口跑去，另一个战士则背起老大娘也跟随着去了，又一批群众乘机冲了出去了。战士刚把孩子交给老大娘，给她指了指去路便被敌人发觉，密集的子弹雨点般射了过来。战士们一齐向敌人开火，掩护群众继续往外冲。

再次突围显然是不可能了，飞机低空盘旋，日、伪、顽军蜂拥而上，嗷嗷叫着从山下围来。战士们且战且退，上到马石山主峰南侧，依托着一道石墙和几处断崖巨石顽强坚守。大家已经两顿没吃饭了，几个人依着掩体刚刚分吃了仅有的冻得如石头般硬的玉米饼子，敌人飞机的炸弹就扔了下来。在炸弹的硝烟弥漫之中，密密麻麻的敌人押着被围的群众向山顶冲来。

正在战士们担心伤到群众无法开枪的时候，被押的群众突然挣开绳索，搬起石头砸向了敌人。敌人的机枪猛烈地向人群扫射起来……

战士们看着一片片被杀害的父老乡亲，强忍着泪水举枪瞄准了向山顶进攻的敌人，等着他们进入射程，一阵枪响便打死一批，打退了一批。敌人又从另外两个侧面攻来，战士们分头予以抵抗，反复多次打退他们的进攻。飞机又来轰炸，迫击炮弹落在了眼前。四面八方，已聚集了黑压压的敌群。子弹打没了，战士们搬起石头砸向了敌人……一个班，十名战士已经有七名壮烈牺牲，最后的班长和两名战士在敌人再次冲上来的时候抱在一起，拉响了最后一颗手榴弹……

青松为之落泪，群山为之默哀！

胶东军区 16 团 1 营在马石山南坡掩护千余群众顺利突围。1 营 3 连 1 排在马石山北麓组织了三批群众数百人脱离险境。24 日拂晓，全排战士与敌人英勇搏斗，以身殉国。

17 团 3 营 7 连百余名指战员在马石山东坡打退日军五次冲锋，弹药用尽之后，连长丛培露、指导员黎光率部与敌展开肉搏，全部牺牲在战斗之中。

东海军分区独立团 2 连 2 排，在排长许书礼带领下，乘黑夜连续两次冲进包围圈，救出数百名群众，再度冲进包围圈与敌人拼杀救护群众的时候，全部献出了宝贵的生命。

日、伪、顽军攻占了马石山，惨无人道地杀害了 500 多名手无寸铁的群众，老弱妇孺无一幸免……

人民子弟兵和公安战士、党政机关干部豁出生命没能救出的父老乡亲，就这样被敌人全部残杀了。

在日军组织的"冬季大扫荡"中，我胶东军区主力部队灵活机动地从侧翼狠狠地打击了敌人，炮击平度，袭扰招远，连克下甸、驿道、朱桥、日庄等日伪据点。在地方武装的密切配合下主力部队还对南海、北海、西海区的日、伪军据点进行大破袭，炸桥毁路，阻遏伏击，打得敌人损兵折将，首尾难顾。最终，日伪军的"冬季大扫荡"不得不于 12 月底草草收兵。

侵华日军华北派遣军最高司令长官岗村宁次亲自组织、亲自指挥、亲自督阵，在胶东抗战史上规模最大、规格最高、时间最长的"扫荡"，就这样被胶东抗日军民彻底粉碎了。

岗村宁次被打跑了，抗日军民付出了巨大牺牲，取得了"冬季反扫荡"的最终胜利。

第二十二章
千方百计减少人民群众的负担

善良正直的胶东人民，一个个真心实意拥护中国共产党的领导，真心实意支持中国革命，支持抗击日本侵略者。

人活一口气，树活一张皮。共产党来了人民群众不再受欺负，不再受压迫，可以扬眉吐气了。胶东人最清楚善恶，最明白亲疏，最知道感恩，最懂得报答。

共产党、八路军给他们撑了腰，壮了胆，报了仇，他们认准了共产党的好，就对共产党坚信不疑，共产党号召什么听什么，八路军需要什么供什么，就是自己不吃不喝也要供应自己的军队，自己不用不花也要保证八路军的军需。

胶东区党委和胶东军区深感人民群众的深情厚谊，时时处处对人民群众更加爱护扶持，千方百计把老百姓对抗日战争的负担控制在适度之中，保证人民的休养生息、安居乐业。

在抗日战争的战略相持阶段，日、伪、顽军对抗日根据地进行大规模军事进攻和严厉的经济封锁，使根据地和抗日武装力量的发展更加困难。在这种情况下，胶东区党委、行署和军区对减轻人民群众的负担更加重视了。

精兵简政

中共胶东区委、行署和军区机关根据抗日战争不同阶段的不同情况，按照中共中央和山东分局的指示精神，通过精兵简政，认真做好减轻根据地群众负担的工作。1943年，区领导机关两度作出有关精兵简政的决定，成立了精兵简政委员会，曹漫之为主任，贾若瑜为副主任，按照山东分局和胶东区实际，做好精兵简政的工作。

胶东抗日根据地按照职能特点减少部门，合并机构；按照职责兼容的原则减少干部职数，党政机关脱产人员在原有基础上减少1/4到1/3，精简了的人员大都充实到了基层。游击区党政军民组织的干部实行兼职，县委书记、县长分别兼任大队政委和县大队大队长，党政军民组织的干部随军队活动，坚持工作。党校、党训班培训减少期数和人数，地委培训每期保持在40~60人，县委培训每期保持在20~30人，不得超过。

违反精兵简政的规定要受党纪的处分。

各级党委的供给改由军队负责，以减少党委在供给方面的事务性，提高工作效率。各级党政民机关的警卫武装一部分充实到主力部队，留下的警卫部队需要的给养和装备等方面的供给也分别由军区、军分区和县大队负责。

为更好地实施对部队的集中统一领导，适应残酷复杂的战争局面，胶东军区根据上级要求，在1942年部队两次精简整编的基础上，于1943年初又进行了第三次整编，取消了5旅番号。胶东军区主力团保留了13团、14团、16团；15团、17团则转为地方武装部队；18团并入13团。

军队各级领导机关人员按编制实行精简，领导干部全部取消勤务员，干部出发自背行李，吃饭一律集体起灶；军区司政机关的马匹减少30%；提倡干部降级任职，团长当营长，营长当连长，充实基层，强化基础。

精简整编之后，各部队按照反扫荡、反"蚕食"的斗争重点，对活动区域进行了统一部署：13团坚持栖（霞）、海（阳）边区，以一个营活动于栖霞城南至榆科顶之间；14团坚持在栖（霞）、招（远）、莱（阳）、掖（县）边区；16团以榆山为基点，坚持在海、莱边区，以一个营活动于榆科顶至前瓮头之间。

东海独立1团一部控制昆嵛山、鹊山地区，大部力量用于开辟牟平、福山边区。以一个营活动于文（登）、荣（成）之间；北海军分区部队一部坚持艾崮山区，大部向蓬（莱）、烟（台）一带发展；西海军分区部队一部坚持大泽山区，大部活动于掖西、平北一带；南海军分区部队以开辟莱阳、即墨边区为主，相机向崂山发展。

抗大胶东分校设在牙山区的东夼，与部队一样按班、排、连、营的建制设置，学员边学习边打仗，也属于战斗部队，部署在栖霞以北地区。

精简之后的党政军各级，活力更加旺盛，战斗力更强了。

第二十二章

从实际出发开展大生产运动

"胶东军分区开荒达37.6万亩,其中东海区30.4万亩;机关开荒7.8万亩,种熟地883亩。"这个数字,被作为山东抗日根据地大生产运动的典型,展现了当时的情景。

1939年2月,毛泽东在延安生产动员大会上提出,要解决陕甘宁边区204万人的穿衣吃饭问题,就要进行生产运动。1940年12月25日,中共中央指出了根据地建设自给自足经济的长期性和重要性。1943年10月1日,毛泽东亲自起草的《中共中央关于减租、生产、拥政爱民及宣传十大政策的指示》发表,明确提出:"党委、政府和军队,必须于今年秋冬准备好明年在全根据地内实行自己动手、克服困难的大规模生产运动,包括农业、工业、手工业、运输业、畜牧业和商业,而以农业为主体。"[①]

根据中共山东分局的统一安排,胶东抗日根据地从1943年开始,组织开展了大生产运动。分局要求各单位通过大生产运动,实现政府机关的办公费、杂支费、菜金、保健费等全部自给,严格执行供给制度,改善粮食管理,厉行节约,反对浪费,养成艰苦朴素的作风,坚持生产与节约并重的方针,不断巩固和发展大生产运动的成果,保障战争供给。

在大生产运动中,许多党政机关和军队连、营很快就开办起了生产日用品特别是食品的手工业作坊,如油坊、粉坊、豆腐坊、酱菜加工坊等。因为干部战士多数是当地人,这些作坊产品的加工技术许多人在参军之前就掌握了,在部队进行大生产也就成了熟门熟路。在大生产过程中,部队还同驻地群众互帮互学,在技艺上相互借鉴,在工具上相互借用,在生产原料和产品上互通有无。

胶东物产丰富,生产这些日用品的原料比较多,如榨油用的花生、大豆,漏粉条用的绿豆、地瓜,做豆腐用的大豆、卤水等都是胶东特产,生产也是就地取材的。胶东地区也产棉花,有的单位开办了轧花厂,弹棉花、纺纱线、织布,为军区被服厂供应原料。

开展大生产运动,更多的还是开展垦荒种地,这更是干部战士的拿手活。那些年轻力壮的小伙子,干地里活样样在行,一个个生龙活虎,干得

---

① 中共中央毛泽东选集出版委员会:《毛泽东选集》第三卷,人民出版社,1966年版,第866页。

热火朝天。

胶东的荒山野坡，那时候都归在各不相同的所有者名下，抗日根据地的土地也一样，可以任意开垦种植的并不很多。胶东区党委、行署和军区领导从实际出发，便把开展大生产运动的重点放在了帮助农民进行农田基本建设，改良土壤，选用良种，增加水浇地面积，建设稳产高产田，提高单位面积产量上。

许世友司令员带头实施，亲自带领干部战士在滩坡上垒土造地，用马粪和人粪做肥料种了一大片水稻，从河里提水灌溉。到秋后收了稻谷碾成米分了一下，让大家过年美美地吃了一顿大米干饭。

在胶东，土地一般是怕旱不怕涝。因为这里三面环海，河流不长，流程较短。最长的大沽河曲里拐弯流经八九个县也只有179.9公里，而且落差较大，排水系统畅通，河水很快就流入了大海。这里除了中部的一个盆地型的姜山大洼外，一般年景是没有内涝的。河流流得快积水和蓄水就少，整个地区水浇地就少。所以，解决水的问题才能抓住农作物高产稳产的关键。

区党委的机关干部便到农民的田间去"开荒"，这个"开荒"就是通过改善水利条件，改进耕作方法，更新良种，合理施肥等措施，让低产的土地变为高产，其增产幅度就远远大于新开出的荒地的产量。

为帮助农民改变对传统耕作方式的依赖，大家通过谈现状，讲实际，算账对比的方法使农民相信通过改善水肥条件，改良农作物品种和改革耕作制度，增加农作物穗数和粒数，可以实现高产的道理。谈到精耕细作，人们又说了当地"一亩园，十亩田"的俗话，"开荒"增产的信心更足了。为了让农民放心，大家一起把工作做扎实，又组织农民成立合作社，签订了"开荒"合同，把各方的责任和义务固定了下来。

这种"开荒"，第一位的是在地里打井增加水源，改善土地的水浇条件——这是把"田"改造成"园"的根本前提。

"开荒"打的这种井不是原来农家开菜园用的只能浇三五分地的小井，而是一下子就要浇几十亩、上百亩的大井。为打一个井，机关干部和警卫部队没日没夜地连轴干，兵工厂还按照需要研制出水车，及时把打井渗出的水排出去，以保证正常施工。

胶东半岛是一种丘陵和小平原相容相间的地形，地面坡降较大，水的压力也大，井壁容易坍塌，所以打井的时候需要特别小心，特别要注意防备塌方冒水发生意外。有一次，井下土层感觉有些弹性，战士往下只刨了一镐头，水就突突地冒了出来，一丈多深的井筒子很快就灌满了。因为井壁还要砌筑，便赶紧架起水车排水。

经过几个月的紧赶慢赶，终于赶在麦收前完成了打井任务。麦收一结束，就立即车水泼地播种了夏玉米，一下子就把往年等雨"晒茬子"的时间抢了过来。

"春争日，夏争时"，由于夏玉米及时"抢茬子"下了种，玉米苗长得又肥又壮，生长期间缺水了又得到了及时浇灌。政府还发放农业贷款给农民购买饼肥，实行水利、肥料和耕作制度改革相结合，使一季夏玉米亩产就达到七八百斤。玉米地倒出茬来又按时种上了冬小麦。墒情好，肥料充足，麦苗长得也茁壮。第二年麦收，小麦亩产达到了五六百斤。小麦、玉米一年两作两收，合计亩产1000多斤，比以往亩产量的两倍都多。

世世代代种地的农民，谁也没有想到地里会打出这么多粮食。后来，农民也开始积极打井了。无声无息，打井的事就在根据地开展起来了，土地保持稳定的丰产丰收就有了基本保障。

说到井，说到水，农民就会高兴地说："今后就靠这个吃饭啦！"

根据地的人民高兴，就是共产党人的高兴，就是党领导下人民政府的高兴，就是人民军队的高兴！

胶东抗日根据地农业大增产的经验得到了中共山东分局和分局书记、军区司令员兼政委罗荣桓的充分肯定。负责大生产运动的胶东区委常委、宣传部部长林一山就此接受了新华社记者采访。经新华社一报道，胶东抗日根据地开展大生产运动的经验就在各个根据地传播开了。

综合1943年胶东抗日根据地开展大生产运动的成就，增收粮食12万斤，收获蔬菜100万斤，节约粮食53万斤，生产节约总计746万元。

根据地群众按每亩平均负担的公粮比上一年减少了20%。

北海银行的贡献

有了银行，就能够发放贷款支持农业、工业和手工业，扶持商贸流通，购买军需物品支援抗日战争。当然，更能够控制货币，整肃金融市场，保护最广大人民群众的利益。

初心千里

1938年，胶东抗日根据地在党的领导下建成了一个抗日军民自己的银行——北海银行。

当时，蓬、黄、掖抗日根据地的货币流通非常混乱，国民党的法币、韩复榘的票子、地方商号的支票，还有日伪"中国联合准备银行"发行的"银联券"等五花八门的币种纷纷登场，搅得货币流通市场乌烟瘴气，民众贸易苦不堪言。

掖县抗日民主政府成立后，为改变货币流通的混乱局面，减少对人民大众的侵害，县委、县政府决定筹建一所银行，在共产党领导下发行货币。

这时，恰好青岛中鲁银行经理张玉田一路逃避追杀回掖县老家避难，被掖县党组织和地方政府救了下来，感激之余他便留在老家帮助筹建银行。县委、县政府经过募股筹集了25万元本金，发行了1元、5角、2角、1角四种票面共计9500元。由此，根据地银行开始起步，命名为"北海银行"，当年秋天正式开业。

由于共产党、八路军的群众威信高，北海币发行不久就在流通领域赢得了较高信誉。

抗日战争时期的情况是瞬息万变的。为了在战火中生存下去，北海银行不得不随时带着账册、票版和尚未发放的票子跟着党委、行署分散转移到山区，有时也不得不暂停了业务。1939年8月，银行随军转移到莱阳西北山区的张格庄村，区党委为取信于社会，取信于人民，决定恢复银行业务。

恢复后的北海银行由陈文其为行长，由同时转移到这里的《大众报》社印刷厂负责印钞。1939年冬季，银行建起了自己的印钞厂，机器逐步从"脚蹬子"到"四页机"到胶印机，有了自己的票版制作设备，钞票印刷质量不断得到提高。

一个时期，日军依仗占领者的权势从各方面推行所谓的"总力战"，利用各种强制手段迫使民众使用伪钞，不允许使用北海币和法币。

为粉碎敌人在货币领域的进攻，抗日民主政府布告了抗日根据地禁止使用伪钞的通令，党政军民联合起来采取措施保护群众的正当交易和北海币的正常流通，保护交易各方的利益，使北海币得到了社会各界的普遍信任，不仅抗日根据地流通活跃，连敌占区的商人也宁可存货也不积存伪币。有的商人不敢公开收北海币，交易时便说只收"屋里钱"。"屋里钱"就是人们对北海币的昵称。

因为北海币信誉高，有时连日伪据点也偷偷用北海币进行交易。

敌人为损坏北海币的声誉，便制作假北海币抛向市场。敌人用假币到根据地大量套购粮、油、棉等物资，又让不法商人贩卖假币到根据地，专找那些不识字的农民买东西，扰乱市场，坑害百姓。对此，抗日民主政府及时发布了查禁假币的法令，依法打击伪造、贩卖和使用假币的罪犯。抗日民主政府还在市集上挂出真假票样让群众识别，在农民识字班和夜校里进行讲解。群众有了鉴别真假币的能力，警惕性高了，敌人的阴谋慢慢也就得不了逞了。

太平洋战争爆发之后，日军掠夺了英、美在华银行的大量法币并大批次流向抗日根据地，法币很快贬值，群众蒙受了极大损失。为保护群众利益，北海银行立即宣布北海币与法币脱钩，原来1:1的比值不再有效。这样一来，不仅阻止了法币流入，根据地的物资也免遭了敌人的掠夺。

当时，国民党各投降派也纷纷自立门户，发行纸币（俗称"投钞"即投降派的钞票）。一时间，胶东的这种"投钞"不下十种。有的以商会的名义发行，实际上依然是军阀操纵，其实就是公开拿废纸欺骗老百姓。他们用自己发行的票子"买"了东西，老百姓再花给他们却又不要了，用来交捐交税都不行。盘踞万第的赵保原发行的"投币"多达20亿元以上，当地小麦的价格因此涨到7000元一斗。买卖交易时老百姓嫌数票子太麻烦，竟用秤来称着计算。

1941年胶东抗日军民反投降取得阶段性胜利后，抗日民主政府除明令禁止使用"投钞"外，还没收了各种"投钞"的发行基金用来兑现，基金不足的就用其财产抵顶，把群众吃了"投钞"的亏给补回来。

1940年秋天，中共山东分局设立了北海银行总行，胶东的北海银行就成了山东总行的分支机构，一样行使银行职责。按照区党委的安排，北海银行胶东支行在各区设立了贷款所，及时向群众发放生产贷款，让农民购买种子、肥料、农具和耕牛等生产资料。在根据地大生产运动中，北海银行又发放了水利贷款、植棉贷款、渔业贷款等，扶持农村建设水利工程，发展纺织业和振兴渔业。

贷款以贫苦农民、变工组、合作社为重点发放对象，对敌占区逃难到根据地的人民也根据实际情况给予贷款资助。

从1941年到1945年抗战胜利，北海银行共发放各类贷款20388万元，有力地扶持了生产，支持了地方经济发展，支持了抗日根据地的各项建设事业。

艰难的采金

胶东是富有黄金矿藏的。

素有"金城天府"之称的招远有着悠久的黄金开采历史。宋景德年间朝廷就在玲珑督办金矿田。《宋史·食货志》记载："天圣中登莱采金岁益数千两。"

党领导的蓬、黄、掖抗日根据地初步形成后，为筹集经费，增加补给，抗日军民就开始了采金活动。获取黄金，不仅是胶东党政军民事业发展的需要，也关系中共山东分局和全国、全党革命事业的大局。

1938年7月，根据地在九曲成立了招远采金管理委员会，秘密领导招远及根据地边区采金。1940年8月，采金管理委员会改建为玲珑采金局，设立武装护矿队，保卫黄金生产。9月，又成立了灵山采金委员会。这几个机构一面组织根据地、游击区和敌占区的群众及金矿商人发展黄金生产，一面带领抗日民众展开反掠夺斗争，从日伪手里夺回黄金。

为加快采挖黄金，我党领导下的采金机构在根据地和敌占区加紧筹建金矿，组织采金，矿点很快发展到200多个。玲珑、蚕庄等主要矿田和富矿田实行租赁，采取优惠政策调动个体采金的积极性，高峰时采金人数达3万多人。除个体生产外，根据地还成立了多种所有制形式的黄金生产组织，如由采金局出资兴办的公营金矿；由采金局和矿商联合兴办的公私合营金矿；由矿工集资兴办的合作金矿以及矿商自办的私营金矿等。这些组织形式能够利用各种条件，发挥各种优势，适合各方面发展，可以调动多种积极因素促进黄金生产发展。采金局每年收取的黄金达数万两。

对国民党地方势力控制的金矿，根据地也想尽千方百计进行控制。

1939年，胶东区委安排区职救会主任苏继光化装成矿工进入蚕庄金矿，在矿工队伍中开展活动，与工人商讨有效办法带出黄金。不久，他又以第五战区司令官李宗仁"特派员"的名义前来传达"军令部指示"，要求矿上配合胶东作战，遏制日军掠夺黄金，迫使孙务本的杂牌军撤离蚕庄矿区，随即由八路军14团1营进驻控制。

后来，区委又拨款1.5万元兴办了金钱沟矿；以5万元租赁了隆兴矿，采用招标办法对外出租采矿权，月产达3000多两。

到1944年，仅灵山采矿办事处所辖矿洞就发展到220多个，公营金矿发展到5个。

对被日军强占的金矿，区委则采取各种方法从中获取黄金。

1939年2月27日，日军占领招远县城，第二天就派重兵占领了玲珑金矿。为强化控制，他们在不足两平方公里的矿区内屯驻了一个日军中队、七个伪军中队共千余人，在四周山顶修上炮楼，架了电网和铁丝网，把离矿区最近的大蒋家、小蒋家村的居民全部赶走驻上了军队。稍远一点的大园、九曲、台上和欧家夼等村，也成了日伪军的据点。

面对日本侵略者的罪恶行径，区委和地方党组织向敌人占领的金矿派遣了地下工作人员，团结采金工人和爱国资本家与金矿当局展开斗争，组织矿工智取黄金。1941年6月，区委夺金小组秘密潜入玲珑金矿，组织矿工罢工或"磨洋工"，破坏敌人的生产设备，惩罚日本人的监工和把头，秘密收集黄金和水银、雷管、炸药等军需物资。

在玲珑金矿的矿井里，夺金小组发动矿工从日军的生产材料中取得炸药、雷管、导火索和钢材等重要军需物资秘密随身携带，冒着生命危险闯过敌人的道道岗哨，把炸药、雷管等送到八路军的秘密收购站。

为方便矿工送出携带的金矿砂，北海银行西海支行每五天一次派人去玲珑金矿的杨家沟分矿收取汇集，熔铸成金条，有时一次能铸成20多根。根据地采金局还在矿区设立了地下黄金收购站收取群众手中的黄金。招远收购站在玲珑一带每星期可收购黄金五六十两，1942年一年就收了3188两。

从日军的"虎口"里淘金，困难很多危险也很大。带金外出被查出来轻则要遭受酷刑，重则会被杀害。为获取黄金，夺金小组成员和矿工有的因此付出了生命的代价。为了不被发现，大家采用了许多让日军意想不到的办法，如把金粉搓进头发里回家再洗下来；揉进棉衣的破棉絮中，穿出去抖搓出来；把吸了金粉的"汞膏"塞入窝头里，边啃着吃边往外走；等等，巧妙地躲过日军的检查而免遭毒手。

日军掠夺的黄金都要定期运走，发往日本本土。抗日武装便寻机在通往龙口港的运金通道设伏，武装夺取黄金。从1939年到1944年春，沿线军民密切配合，先后在沙埠、小李家、张星、槐树庄、黄山馆、张华山头等多地多次伏击日军的黄金运输车队，炸毁敌汽车 30 余辆，消灭日伪军 200 多名，缴获了大量富矿石、金精矿及军需和生产物资。

胶东抗日军民通过各条渠道、各种方式取得的黄金，又通过专道密送、银行密转、专人密带等多种方法运出。

1940 年，苏继光筹集了黄金 2 万两，鲁南区领导到延安开会，先后三次将黄金送到延安。朱德、周恩来感叹道，以后有机会让苏继光到延安见见面。

9 月，北海行署专员曹漫之带 800 人的精干团将约 6000 两黄金和一宗北海币、法币装在战士衣袋里，历尽艰险，安全送达山东分局。

冬天，八路军第一纵队教导团团长贾若瑜又带领两个营的兵力长途跋涉，护送近 3 万两黄金到了山东分局。

胶东抗日军民在抗战时期上缴山东分局和党中央的黄金数量因为是绝密管理，一直不被人所知。据当年从事黄金采运的老同志估算，招远共筹集上缴黄金 13 万多两，占同期招远所产黄金总量的 1/3 还多。

胶东党政军民从实际出发组织开展大生产运动，减少人民群众在抗战中的负担，从实际出发走出了一条实事求是、卓有成效的路子，受到了人民群众的热情支持和拥护，得到了党中央和山东分局的充分肯定和赞扬。

第二十三章
不全靠敌人给我们造

1937年冬天，音乐家贺绿汀在山西抗日前线创作了一首《游击队之歌》，其中的歌词写道："没有吃，没有穿，自有那敌人送上前；没有枪，没有炮，敌人给我们造……"

歌词慷慨激昂，唱起来也铿锵有力。可艺术毕竟是艺术，是当不得现实的。"敌人送"也好，"敌人造"也好，归根结底还要靠自己来解决。

这道理当然谁都知道，胶东抗日根据地的党政军民也知道。

胶东有句俗话说："爹有娘有不如自己有，老婆孩子又还差道手。"

让战士冬有棉夏有单

在抗日战争的艰难岁月里，中国共产党领导的抗日武装是非常艰苦的。

八路军总司令朱德在他的《寄语蜀中父老》里写道："伫马太行侧，十月雪飞白。战士仍衣单，夜夜杀倭贼。"朱总司令的这首诗，真实地写出了抗日战场的艰难困苦。

当时，八路军已经属国民革命军的编制，全称为"国民革命军第八路军"。按国民政府的供给标准，八路军战士的配给要有军帽、军衣、军鞋、绑腿、子弹带、手榴弹包、腰带、棉被和干粮袋等，但国民党当局只保证他们的嫡系中央军供应，而对于八路军，1939年前还或多或少地给点，待到他们发动了反共高潮之后就越来越少了。八路的军服、装具基本上只能靠根据地民众支援和从党政军大生产取得以及在战场上从敌人那里缴获。还有的就是靠各根据地自行解决和互通有无，相互支持补给加以解决，并没有统一的供给制度和固定体系。

胶东抗日根据地党政军的被服装具，自然也是根据胶东地方的实际情况自力更生进行解决的。"山东抗日救国军第三军"建立初期，部队多着便装，有部分是旧军队的服装，根本就达不到那种"武装整齐"的要求。

1938年，蓬、黄、掖抗日根据地形成时期，为解决军队的着装，抗日民主政权在恢复经济，发展生产中建起了自己的被服厂，统一为干部战士缝制服装、铺盖和一应行军作战的装束。

创建于掖县的"胶东抗日游击队第三支队"坚持"兵马未动，粮草先行"的现实理念，在初创时期就把建立服装厂、兵工厂等作为保证军需、服务抗战的重要方面来把握，较好地装备了军队。1938年4月，八路军鲁东第七、第八支队东进途中经过掖县，第三支队赠送了2000多套新军装及部分款项和所需的粮秣，换下了支队战士原来穿的破衣烂衫，精神焕发地走上了西返之路。

9月，整编后的第五支队在黄县建立了被服厂，但生产能力还不能完全保证需求，不足部分仍要由当地百姓支援。1942年，胶东军区被服厂规模进一步扩大，不仅生产被服，还有了鞣制皮革生产皮鞋、皮带的能力。军分区也先后有了各自的被服厂，按照统一制式生产军装，装备部队。

到抗日战争结束时期的1946年，胶东军区后勤部直属的被服厂已有三家，另有织布厂、制革厂和军鞋厂，人员达到440多人，有缝纫机95台，织布机103台，其他辅助机具完全齐备。各军分区服装厂生产的服装除自给自足外，还支援了其他根据地的部队。全区的被服、鞋袜厂年产量达到棉被2.5万余床，军服13.7万套，棉大衣5.6万件，鞋子26.7万双，袜子80余万双。

在严酷的战争中，服装生产也一样经历了战火的洗礼，生产工人经过了不计其数的出生入死的考验。天崮山区的黄城阳村是胶东军区司令部和蓬、黄、栖三县党政机关的所在地，军区兵工厂、被服厂、鞋厂等也都设在这里。

1942年在日伪大扫荡中，日军从正月16日大清早就摸到村口进行袭击。军区被服厂厂长孙桂芳迅速组织工人转移，自己和护厂的民兵连连长姜厚山带领民兵断后掩护。就在厂里的员工大多转移到山里隐蔽了的时候，孙桂芳被敌人的重机枪射中屁股、大腿，重伤倒地。姜厚山同民兵赶紧搀扶着她起来，凭着地理地形熟悉躲进一个山洞，躲过了敌人的追杀。然而，虽经同志们及其家人的精心治疗护理，孙厂长却终因伤势过重，失血过多，献出了年轻的生命。

为保证服装生产有足够的原料,区委和军区的妇女干部在大生产运动中开始学习纺纱织布,各县、区妇救会会长都成了纺织组织的负责人。1942年,胶东区妇联在文登埠西头村举办新式手拉梭机操作训练班,培训了一批新的技术骨干,接着便在乡村推广、普及了织宽幅布的技术。1943年到1945年上半年,全区妇女纺纱总量达到1872万斤,织布468万匹,参加纺织的妇女达到23万人,总收入9.97万元,纺纱的每人年收入500~800元,织布的每人年收入1500~2000元。如此一来,既保证了服装生产的原料供应,又增加了根据地群众的收入。

因战争的诸多不确定因素造成的影响,有时候军队所属服装厂的产出不能足量满足战时需要,也得临时从地方的妇女中抽调部分能工巧匠帮助手工制作一部分。1944年夏秋之交,军区后勤部门从周围几十里的范围内选调年富力强、针线活好的抗日军属百余人到轻工业中心给八路军做冬装,为即将在冬季展开的一场大战做准备。女工们分排编班,精工细作,严格质量,经过50多个日日夜夜的劳作,按预期完成了任务,及时保证了军队作战所需。

千方百计,千针万线,就是要让干部战士穿着舒适,不冷、不热、不受罪,走路行军威武雄壮。

兵工厂的精良制造

抗击日军必须有武器,这是最基本的前提。作为白手起家,平地拉起队伍的胶东抗日武装,武器从哪里来?

买吗?没有钱不说,敌人到处严密封锁,还要处处受制于商人、线人,即使有了钱也不容易买得到,买到了也难以运得来。向敌人缴获当然是一个方面,那终究也靠不住,不可能作为常规列入"计划"之内。

还是自己造牢靠,不仅省钱,还用着放心,使着顺手,供应及时。

胶东抗日根据地的兵工厂,是1938年3月在"山东人民抗日救国军第三军"修械所的基础上建立起来的。当时只有六名工人,部队开到哪里工人就挑着红炉担子跟到哪里,武器在哪里坏了就在哪里修。

"三军"开到黄县时修械所已经达到了20多人,不久就研制成功了便于携带且杀伤力极强的手榴弹。5月,建成了由"三军"总部直属的50多人的圈杨家兵工厂，开始试制步枪。经过铁铲抠、手钻钻、锉刀挫等"全手工"作业，兵工厂制造出了第一支步枪。到下半年，兵工厂工人达到了300多名，拥有大小车床、钻床20多台，还有了动力机和发电设备，每月可生产步枪60多支、子弹和迫击炮弹1000多发，手榴弹1万多枚。兵工厂还造出了4门迫击炮。

战争是残酷的，兵工厂在战争的环境里坚持生产也是异常艰难的。

1939年春节刚过，日军大举进攻蓬、黄、掖根据地，兵工厂的工人们仅仅带上了能够拿得动的设备、工具和半成品及零部件，含着热泪炸毁了工厂，随部队辗转200多里进入大泽山东北缘的夏甸，刚落下脚又要向牙山里的高家沟转移，还没有完全铺开摊子进行生产，年底又迁到了一条被称为"老庙后"的大山夼里，工人们自己动手盖起厂房才算恢复了正常生产。这之后，生产规模扩大了，产品品种也增加了。

"老庙后"山高林密，人迹罕至，本就是军工生产最理想的地方，但经不住军阀蔡晋康顽军的不断袭扰，搅得生产无法进行。无奈，兵工厂又搬到了蓬、黄、栖、招交界的前后寨、曹高家等几个山村，借民房坚持生产。

在那残酷的战斗岁月里，包括抗日根据地在内的胶东大地，实在也找不到一块安宁的地方能够稳定下来进行军工生产。兵工厂新安顿下来的这个地方，四围都有日伪据点，相距最近的只有25华里，最远的也不过40华里。在这有限的范围内，大大小小的据点就有五六个。

"敌人来了就隐藏，敌人走了就生产"，全体工人硬是靠着这样坚定的革命意志，靠着一心抗日的群众掩护，顽强地坚持生产。

在这段时间里，兵工厂全体干部工人时刻高度警惕，严加戒备，群众岗哨和军区侦察员一报告有敌人动静，工厂马上就紧急隐蔽转移。为保卫工厂，为坚持生产，有许许多多干部工人光荣地牺牲了。1940年日寇的"六一大扫荡"，1941年5月敌人的偷袭，每次都有几名职工献出生命。

1941年春季反投降，八路军打垮了一大批"胡传魁式"的草包司令，也夺取了他们的兵工厂和兵工厂的先进设备。利用他们的兵工厂原地改造，建起了我军的几个新厂，抗日根据地的军工生产能力迅速壮大了起来。

在原来的基础上，兵工厂又研究试制出了轻机枪、平射炮、"九二"步兵炮、新式步枪等。1944年初，第一门"九二"步兵炮试制成功，正赶上攻打日伪的水道据点，战士们一炮揭顶，二炮撮窝，"九二"步兵炮显示了巨大的威力。因此，兵工厂得到军区司令部的通令嘉奖。

这年冬季的"扫荡"，敌人进入昆嵛山区，在山里坚持生产的兵工厂工人在暴风雪中翻山越岭，把沉重的机器抬到十几里外的沙河，砸开坚硬的冰凌，赤裸着腿脚下到水里，挖开河底沉沙把机器埋在下面。工人们腿脚冻紫了，冻肿了，冻木了，不知道疼了，机器埋好了人却走不动了，有的因此落下了病根。敌情一解除，工人们又赶紧跳下冰河，挖出机器，把设备安装起来开始生产。

经年累月，兵工厂就这么艰难着，困苦着，险恶着，搬迁着，周而复始，无止无休……

敌人不仅反复"扫荡"，频繁袭扰，还对军工生产所需的铜、铁、焦炭、硝、硫黄等原料和机械、模具、工装等严加封锁，造成了兵工生产的极大困难。为搞到原材料，采购人员冒着风险到处托关系，找门路，买通关节，打入内线，千方百计保证生产需要。根据地人民知道了兵工厂原料紧缺，主动把铜铁钢料集中起来送到厂里。有的把家里的铜盆、铜勺、铜把手也拿出来，经冶炼成为兵工厂的生产原料。

在实际生产中，工人们更是特别珍惜物料，总是想方设法厉行节约，综合利用。圆钢型号不一，就量材使用，随大就小制造出了"八五""八二""七五""六五"等不同口径的迫击炮；轨道钢因质量不适合，造出来的机枪筒子不耐热，工人就发明出了双筒枪，在战场上一个枪筒打热了就换着另一个枪筒接着打；捡来敌人打过来未响的炮弹，就冒着随时可能爆炸或使人中毒的危险，拆出里面的苦味酸碾压细了重新使用……兵工厂还自己制造了硫黄、丙酮、焦油、无烟火药、甘油炸药等，凡能想到的诀窍，能使用的方法都用了起来，让敌人封不住，锁不死。

1945年秋，军区成立了兵工总厂，下辖有五个分厂和兵工研究室，增加了制造100毫米迫击炮和炮弹，修理火炮及制造大型设备和零件、化工原料、电木引信等生产项目，生产规模随着战争的需要不断扩大。

到1948年，军区军工部所辖的制造厂和制造部、研究室、工业学校及制酸厂等单位已发展到九个，生产工人达到8000多名，月产迫击炮60多门，掷弹筒400多件，步枪和机枪500多支（挺），各种子弹30余万发，炸药8万多公斤，无烟火药5000多公斤和其他军需物品，不断流地源源送到战争第一线。

医生与医院的生命奉献

抗战方起，队伍始建，一切都在初创。

为了战争，为了伤病员，第三军于1938年7月在黄县文基姜家建起了可收容伤病员100余人的第一所后方医院。尽管条件非常简陋，但伤病员总算有了个较为固定的疗救地方，不再仅仅依靠随机救治，土法包扎了。

9月，这所后方医院整编为八路军山东纵队5支队后方医院，编为三个卫生所，每个卫生所分住三个疏散区，散居在三到五个村庄，每个村庄安排一名护士和一两名看护员负责，可收容20~30名伤病员，疗伤养伤就暂时借住在农家的土炕上。医生驻在疏散区的中心村，各处巡回治疗，间或也为群众看病。随着抗日部队扩大，治疗任务增加，医院规模也扩大，医疗条件逐步改善，医疗水平不断提高，对野战救护的适应能力也渐渐增强了。

后方医院分内科、外科、总务三个科，初创时药品和医疗器械非常短缺。由于敌人严密封锁，派到敌占区的采购人员就是买到药品和相关医疗用品也很难顺利运到根据地。在极端困难的情况下，医护人员只好因陋就简，用长桌和门板支起来做手术台，用煮沸的盐水代作消毒水，注射器代作输液器，胶管、竹管代作吸痰器，"七七菜"（小蓟）代作止血药，苦菜代作健胃剂，阳光代作紫外线消毒，等等。医院的院长、政委也与医护人员一起深入民间收集土单验方，到田野、山中采集中草药，用于疗伤和治病。

后方医院的医护人员特别注意在实践中摸索经验，找到实际有效的方法及时用于疗伤治病上来。如治疗"贯通伤"，尝试用换药疗法取代了原来用纱布穿过伤口来回拉扯，处理伤口里面灼伤的软组织的办法；用视伤情实际需要及时换药代替原来规定机械地每天换药的疗法；用阳光暴晒治疗经久不愈的伤口。这些方法都收到了立竿见影的效果。

后方医院的医护人员多数没有受过专业训练，后来才陆续有了部分从敌占区投奔过来的受过正规化教育和较多临床经验的专业人员。这些专业人员一个个就都成了老师，一有空，就结合医疗实际开展全员专业培训。有不少人就是通过这样的培养训练成了医生，成了护士，有的还能做难度较大、技术要求较高的手术，成为医术高明的专家，使战时医疗和护理水平逐步得到提高。

比治疗和护理难度更大、危险更多的是避开敌人掩护伤员。在抗日战争中，后方医院一直是敌人扫荡和袭击的重点目标。1941年，在不到三个月的时间里，北海军分区后方医院一所就遭受了敌人四次袭击，每次都要迅速转移、紧急疏散伤病员。有一次，医护人员刚刚掩藏好了伤员就被敌人包围，全所六个人有三个壮烈牺牲。

"有我们在，就有伤病员在。"这是后方医院医护人员的心声和誓言。

1942年冬季的日军"大扫荡"，一所的女护士李云霞一个人带着十几名伤病员转移。当她把两个因耳朵受伤失聪而听不见枪炮声的伤员刚藏匿起来，回头再找其他伤病员却找不到了。情急之中，她身穿破棉袄，腰扎破草绳，头戴破毡帽，手抹松油粘上土装扮成一个哑巴，背着个破粪篓子骗过盘查的敌人，费尽周折聚齐伤员，才松了一口气。

她搀扶着重伤员，引领着轻伤员，凭地形熟悉迅速进入了隐蔽的山洞，自己则紧守着洞口警惕地听着外面的动静，心还是一直在嗓子眼上悬着。

有医疗，就得有药品

缺少药品的问题一直困扰着后方医院的发展与提高，根据地采购人员千方百计购进的几剂西药，却总归是杯水车薪难以为继。

在战争中，胶东区党委、政府和军区一直在不断地研究，不断地解决医药缺乏的问题。大家一致认为，为了伤病员，为了人民群众，为了胶东大地的救死扶伤，一定要把医药生产发展起来。

1943年冬天，党委和军区抽调了十几位责任心强的同志在牙前县（1945年由山东抗日根据地设置，1950年撤销，分别并入海阳、栖东、乳山、牟平等县——编者注）后垂柳村成立了制药小组，翌年迁往井口村，并把制药小组命名为"新华制药厂"，产品商标取作"曙光"，标志着制药厂如初升的旭日放射出光芒。

药厂的牌子亮出来，开始了白手起家生产医药品的艰难历程。

与后方医院缺少专业的医生护士一样，制药厂也缺少专业技术人员。组织起来的十几个人，文化程度最高的是高小毕业，其余便是文盲、半文盲。为了制药，大家就在仅有的《中华新药本草》和《药物制造化学》两本书里面寻找相关知识，可大家都只是看得似懂非懂。为读懂书本，唯一的一位高小毕业生就反复跑十几里路到军区卫生所找军医求教，弄懂了再回来教给大家。

制药厂的生产是从做肥皂开始的。经过多次试验，制药厂终于做出了正品肥皂，发给医生洗手消毒，这便成了制药厂员工引为自豪的事情。接着，厂里又开始生产酒精。做酒精需要先烧制高粱酒，这在胶东几乎每个村庄都有几个人会烧制。药厂就近请来酿酒师傅先烧出高粱酒，然后土法上马做出蒸馏塔，遭遇了几次起火烧伤的危险，终于蒸馏出了纯度在95%以上的医用酒精。

每一种药品，都是经过了员工在学习中试验，在试验中制作，成功后投产的过程。初创阶段，他们密切配合医院治疗病人的实际需要，试制出工序比较简单的治腹泻的"单那尔平"，治疗疥疮和杀灭虱子的"疥疮膏"以及健胃丸、止咳丸、止痢丸、鱼肝油等。后来，制药厂职工自己采药、进料，研制出了大量酊剂、粉剂、浸膏以及麻醉乙醚、氯仿、水杨酸钠、硫酸亚铁、硫酸钠、硫酸银、氯化钙、苯甲酸、吗啡和治疗黑热病的斯锑姆霜等多种药品，为打破敌人封锁，保证战争需要作出了艰苦努力，付出了英勇牺牲。

制药厂用的原料和设备许多要到敌占区采购，采购过程中经常会遭遇凶残的敌人盘查拷问。共产党员、劳动模范姜铁民在采购原料时被捕，敌人施以百般利诱和多种酷刑，始终没有让他吐出一点秘密，也没有露出一丝破绽，终于骗过敌人被放了回来。1946年7月，姜铁民在与另一位采购员于敏忠越过敌人道道封锁线去大连购买物资，两个人始终守在船舱里保护物品安全。返回途中，遇到大风浪打翻了货船，两个人因此双双以身殉职。

像姜铁民一样，许多采购人员克服种种艰难险阻，成功地购进了发动机、电动机、打片机、印刷机、电解棒、真空泵和各种化验仪器、技术资料等制药厂急需的物品。

随着设备不断更新、科技人员不断增加，制药技术也不断增强，产品研制开发不断加快，质量不断提高。制药厂相继生产出了抗菌药物——破伤风血清、牛痘疫苗、霍乱疫苗、亚砒酸钠注射液等，不仅及时供应了军队，也为当地群众扑灭流行的天花、回归热等疾病送去了及时疗救的有效药剂。

为了战斗的需要，为了战争的胜利，制药厂紧急研制生产出了用于战地救护的手术刀、手术剪、血管钳、钩镊子、探针、药匙和消毒器、听诊器等，还突击生产出了战场急需的敷料和急救包，源源输送到各大战区。

一位在制药厂帮助研制产品的外国友人说："共产党不仅仗打得好，科学制药也是一流的！"

"自己动手，丰衣足食。"这是毛泽东 1939 年 2 月在延安生产动员大会发出的伟大号召。胶东抗日军民在这一伟大号召指引下，走出了一条自力更生，艰苦奋斗的道路，扎扎实实地努力前进，一步一步实现了新的发展，达到了新的水平。

第二十四章
扬眉吐气的战略反攻

日本驻华北派遣军最高司令官冈村宁次于1942年来了一趟胶东，组织了一次最终失败了的"冬季大扫荡"。他在恼羞成怒之下，露出了凶残本性，屠杀了无数手无寸铁的胶东百姓，又灰溜溜悄无声息地走掉了。

让这个凶残的魔酋万万没有想到的是，胶东抗日军民经过那个冬季大扫荡的战斗洗礼，却是越战越强、越杀越勇了。他走后留下的那些"大鬼子""二鬼子"，让抗日军民一批批，一个个砍瓜切菜般慢慢都给消灭了。

1943年以来，我反"扫荡"、反"蚕食"、反封锁的战斗消耗了日伪大量的有生力量，日军又不断从胶东抽调部队补充其他战场，驻胶东的兵力日渐减少了。我军则乘胜前进，大仗小仗一齐打，接二连三地向日、伪、顽军发起进攻，就如同提前进入了战略反攻。

不用歇了，接着打

粉碎了日伪的"冬季大扫荡"之后，胶东抗日军民怀着满腔复仇的怒火，毫不停歇也毫不留情地打击敌人，保卫抗日根据地，保卫人民的政权，为牺牲的战友和被屠杀的乡亲们报仇雪恨。

战局进入新的阶段，胶东区党委和军区乘胜前进，采取了把军事斗争和政治攻势结合起来的对敌斗争策略，向敌人展开了全面打击。抗日根据地主力部队分区行动，不断反击扫荡之敌，开辟新区和扩大抗日政权。同时，安排一部分主力部队与地方武装及民兵一起，在根据地边沿区发动群众，打击小股敌人，镇压汉奸特务，封锁、围困和拔除日伪据点，粉碎他们的"伪化""蚕食"活动。在敌区，则组织精明强干的武工队，采取机动灵活的战略战术对敌人进行精确打击，扩大我军的政治、军事影响。

先从西海和南海区开始打吧,那里敌人的"蚕食""囚笼"铺排得挺闹呢。区党委和军区就这样决定了。

胶东日伪据点密布,全区多达300余处。西海区的平、莱、招、掖边区平均5平方公里就有一个。1943年上半年,敌人又在西海区、南海区新增了17个。敌人还在烟青公路两侧挖了深和宽各5米的封锁沟,大泽山根据地被挤压得只剩下南北一条山脊,东西不到5里地,成了"一枪就能打透"的区域。此外,南海区根据地则被"蚕食"得只剩下平度以南的4个和莱阳以西的13个村庄。

经过精简整编,我八路军主力和军分区部队更加精锐干练了。

1943年一开年,抗日军民便开始了拔除店子、纸房、古岘等据点的战役,很快就逼近平度城。设在崮山后村边的一个据点有八九个碉堡,还挖了壕沟。敌人本以为平安无事,没想到我西海军分区的一个营趁深夜潜入村里潜伏下来,第二天黄昏的时候突然向正在开饭的敌人发起进攻,五分钟冲进围墙,一晚上完全捣毁了据点,歼灭伪军100多人。

半年来的连战连捷,西海区连续拔据点、拆围子,建起了400多个村庄的抗日政权,新开辟了莱阳西部的旌顶山区,使掖县南部大部分敌占区成为游击区,80%的敌区人民逃脱了日、伪、顽的残酷压榨和横征暴敛。

南海区抗日武装严厉打击顽固派投日反共的罪恶活动,接连驱逐了隋永胥,重创了姜黎川,恢复了烟青路西、胶济路北的大片区域,新开辟了水泊、上河头、院后一带,建立了四个区的抗日政权,还截获了伪军押送的10万多斤小麦的400多辆车子,活捉了包括伪军中队长在内的全部伪军,让驻平度城日寇的军粮悉数落空,日军也只好无可奈何地饿起了肚子。

北海区和东海区对日伪的打击也取得了辉煌战果。

北海区军民1月攻克了沐浴店、马家、砣矶岛,4月占领了十里沟。5月,军区决定拔除敌人赖以袭扰抗日根据地,扼制东海区、西海区交通的咽喉要地——栖霞县的蛇窝泊据点。这个据点的碉堡高13米,号称"鲁东第一大碉堡",工事坚固,防守严密。守卫的敌人狂妄地叫嚣:"八路不用说打,就是来拆,两个月也拆不完!"这样的大话就搁在了那里,却没搁过5月23日的那个晚上。那天夜里,我13团3营摸黑靠近碉堡,放上炸药,一下子就给炸毁了,并全歼了里面的敌人。敌人那句大话随即便成了空话,连自己的脑袋也被一起给"拆掉"了。

为了把四个"海区"的抗日根据地联结起来，胶东区党委发动各级武装组织15万多人，开展了五个月的烟青公路大破袭，填平封锁沟440多公里，打破了敌人对烟青公路两侧的封锁，沟通了抗日根据地的联结。

1943年间，抗日军民机动灵活，奋勇作战，歼灭日、伪、顽军如同砍瓜切菜，许多据点、碉堡、鹿砦顷刻间就灰飞烟灭了。12月，军区司令员许世友带领抗日军民在东海区开辟了30多个村庄之后，又率16团去攻打旺远据点。

旺远在烟台南面，离烟台只有十几公里，碉堡筑得有四层楼高，里面住了日、伪军的一个连。那天夜里，许世友命令部队向据点发起攻击，自己则在指挥部里读他那本刚借来的《三国演义》。一节"关云长温酒斩华雄"还没有读完就传来捷报：50斤炸药送进据点门里面点燃爆炸，大碉堡被炸了个通天透，日、伪军统统坐了"土飞机"。

胶东军民并肩作战的鱼水之情，展示了人民战争的无穷威力。

在胶东，人民群众在直接配合八路军行动的同时，也全面展开了"人自为战、村自为战、村村联防"的战略作战。基干自卫团、"青抗先"、游击小组等地方武装和民兵组织发展到了24.1万多人，普通自卫团则发展到了48.3万多人。这些民兵组织活跃在山区平原、村边地头，采取各种不同方式随机对日、伪、顽军进行灵活多样的精准打击，创造了"地雷战""麻雀战"等许多战法。

以"时时枪声响，处处地雷炸"而闻名一时的大泽山根据地，在一次反击日伪军1500余人的入侵中，用地雷炸得敌人人仰马翻、血肉横飞。在不到1平方公里的范围内，敌人踏响了30余处地雷，炸死炸伤70余人，吓得他们寸步不敢挪动，战马只好窝在原地兜圈。日本兵连连哀叹着"不长铁脑袋，就别去大泽山"，随即屁滚尿流，草草退兵。大泽山区那个只有100多户的杏庙村与日寇据点只有一河之隔，民兵以500多颗地雷布阵，使敌人眼睁睁近在咫尺却始终不敢来犯。

英雄的海阳民兵创造了铁雷、石雷、拉雷、绊雷、飞行雷、马尾雷、防潮雷、子母连环雷、慢性自燃雷等十几种种地雷和三十几种埋雷及布雷方法。从单一的沿路埋雷发展到门上挂雷、草堆藏雷、人人布雷、户户有雷，村村设下地雷宴，炸得敌人鬼哭狼嚎，寸步难行。日寇无奈地哀号道："海阳的石头，大大的厉害！"

海阳一县，涌现出"模范爆炸村"3个，"爆炸英雄""地雷大王"11名。海、莱边区以小纪为中心的五个村庄，村连村，雷连雷，敌人屡屡遭炸，叫苦不迭，成为威震敌胆的"五虎村"。

总结1943年的辉煌战果，胶东抗日军民对敌作战共计975次，攻占日伪据点23处，歼敌1.03万余人，占盘踞胶东的日伪总数33%以上，扩大抗日根据地400多平方公里。

展开了"秋季攻势"

抗日武装一年多来的英勇作战，大量消灭了敌人的有生力量，四个"海区"打通了联系，抗日根据地逐渐连成一片，迂回穿插打击敌人的回旋余地不断扩大，不仅可以展开富有活力的游击战，而且已经具备了集中优势兵力歼灭大股敌人的优势和条件。

虽然，敌强我弱的战略格局还没有从根本上得到改变，但整个战局却在一步一步朝着有利于我而不利于敌的方向发展。

大自然当然不可能理会人间的苦与不苦、乱与不乱，它依然该生生，该长长，该成熟就成熟，该衰萎就衰萎。

秋天的胶东，谷子黄了，高粱红了，玉米缨子干了，花生果子成了，羊肥鹅壮，瓜脆果香……这虽然是农人一年辛苦理所当然的成果，而那个时候却完全是一种"几家欢乐几家愁"情景。

1944年八九月间，日、伪、顽军又在虎视眈眈盯着农民丰收的果实，准备实施一年一度的秋季抢粮行动。此刻，胶东区党委和军区司令部不失时机地作出决定：为保卫秋收，保护群众，打击日寇，策应滨海、鲁中地区军民的反扫荡，即刻展开大规模的对日伪的秋季攻势。

八路军以13团全部，14团、16团各一个营，军区特务营和军分区四个独立团为主攻部队，各地方武装及民兵组织5万多人配合作战，14团、16团的大部作为预备队——这便是胶东抗日军民秋季攻势兵力的总部署。

战斗实行统一指挥、分区作战的原则，选择日伪的要害部位集中打击。各军分区按照各自的作战任务实施战前动员和演练，从各方面为全面进攻做了充分准备。

秋季攻势首先从南海区打响，并且旗开得胜。

8月初，13团两个连和南海军分区一部一举攻克平度南部兰底、万家的日寇据点，歼敌两个营。19日，南海军分区独立团五个连配合即墨大队、平度独立营突袭平度东部重镇古岘。赵保原、李德元、隋永胥等投降派3000余人驰援来救，被打得落花流水，古岘遂克，威震敌胆。南海地区各部乘胜前进，连克张格庄、麻岚、移风店、闸子、贾家营等据点，越过胶河直逼胶济铁路。

23日，作战的重点转至西海地区，13团与西海独立团各一部向大泽山区敌伪盘踞多年的旧店、大田发起攻势，全歼守敌五个连。接着，部队横扫大泽山周边的七十里铺、下甸、小庙后、驿道等敌据点，连战皆捷。29日，13团一部配合军区特务营攻克了日寇在招、莱、栖边区的重要据点马连庄，歼灭18名日军和伪军一部。至此，大泽山区完全获得解放。

西海战犹酣，东海捷报传。

东海区首战以攻打水道据点为突破口。水道据点突入我根据地，钳制着昆嵛山和堕山区的前沿，有碉堡、炮台11座，工事非常坚固，是敌人扫荡、"蚕食"烟青公路以东地区的前沿。

任何庞大都有它的弱点，水道据点也是这样。它既然突入根据地，自然也就在我根据地的包围之中；南海、西海区的节节胜利已经让日、伪军惶惶不可终日，了无心思守卫；水道据点驻扎有日军38人和伪军两个中队，兵力相对薄弱；如水道被攻，牟平城日军远路驰援则正好进入我军的埋伏打击之中。这是日伪虽守坚固却也十分顾忌的方面。

诚然，水道据点坚固，攻打也比较困难，但它也终究是经不起攻势的凌厉。

24日晚上，16团一个营和东海军分区独立团发起进攻，一个奇袭打进了据点，负隅顽抗的日军被全部歼灭，伪军乖乖地缴了械。第二天，80余日军兵士和300余伪军从烟台、牟平一路开来，妄图挽回败局。区中队和民兵沿途节节阻击，军分区独立团2营和牟平独立营在尺坎设伏，消灭了敌军大部，余者狼狈地逃了回去。

水道一战，威震敌胆。我军随即扩大政治攻势，加强军力宣示，攻势凌厉，势如破竹。军区抗日武装沿牟平、水道公路向北推进，所到之处，集后、玉林两个据点的守敌悉数缴械投降，高岭据点伪军望风而逃。文登、荣成、威海独立营在广大民兵配合下围困文登城，一个中队的伪军宣布反正，余者弃城逃跑，文登城遂告解放。随即，我军兵分两路，东攻荣成，北逼威海，文、威路和烟、威路沿线守敌望风而逃。9月2日，荣成县城解放，伪军副大队长率六个中队及其他伪职人员670余人反正，威海周围20多个据点在四天之内被一扫而光。

9月上旬，秋季攻势的作战重心转到北海地区。2日到10日，北海军分区独立团连克据点十余处，恢复了蓬莱、黄县的山区根据地。随即，14团、16团、北海军分区独立团各一部及部分地方武装南北两路对烟青公路展开总破袭，5日1日晚上，拔除了榆科顶、齐家沟等五处据点。

至此，烟青公路沿路各据点守敌风声鹤唳，狼奔豕突，犹如困兽。我军所向披靡，经常一天连续攻克多个据点。到9月下旬，我军已全部控制了烟青路莱阳至福山近百公里的路段，胶东抗日根据地完全连成了一片。

胶东区对日寇作战的秋季攻势，历时一个多月，歼灭日伪军5000多人，攻克和迫退日伪据点138处，扩大根据地5000余平方公里。

捣毁了赵保原的巢穴

对残害人民的罪魁，就要严厉惩处，就要狠狠打击，就要彻底地加以消灭。

在胶东，赵保原集伪军、顽军、投降派于一身，是官衔最高，势力最强，作恶最多，人民群众最痛恨的军阀、汉奸和流氓恶棍。

1939年1月赵保原进驻莱阳，便开始了在胶东的罪恶生涯。其公然下令禁止供给八路军给养；发现八路和通八路的人一律逮捕；损毁、涂刷八路军的标语；不准参加八路军，违者剿其家属。成千上万的共产党员、八路军战士、"民先队"队员、进步青年、妇救会员、儿童团团员、进步人士和无辜群众先后被他以"抗日罪"枪杀、活埋、刀铡、沉水。他还组成"抗八联军"，自任司令，残酷镇压抗日军民；向抗日根据地派遣特务，刺探情报，暗杀干部；与日军勾结策划了一次又一次对抗日根据地的清剿和扫荡。

赵保原在他统治的村镇，强制推行了保甲制度，组织"抗八小组"，大搞特务活动，凡有抗日嫌疑的人全都被逮捕杀害。在河源北沟，他一次就活埋了200多人；大野头村泥塘化冻，露出被杀害的弃尸70多具；五龙河、潴河和大沽河畔，到处都是赵保原杀害抗日军民的屠场。

在赵保原黑暗统治下的莱阳县，人民长年处在水深火热之中。青壮年几乎全被捉了壮丁，仅1944年秋到1945年他们被歼灭前就捉了4000余人，一半以上送给日本人做了伪军。乔家草泊据点的兵丁洗劫山前店、后店、崖后、思格庄等村，一次就抢去粮食1.3万余斤，牲口116头，绑去村民142名。

每家每户，每年要分别给日军、伪署和赵保原缴纳捐税，人民被搜刮得十室九空，连种子都不给留下。砖瓦、木料、谷草、咸菜、破布都在征收之列。团旺镇周围30里内，十之七八的人家没有种子下地，1/3的人家连地瓜叶也吃不上。捐和税都按地亩摊，地里打7斗麦子要交1石，打1石4斗小米要全部交上。农民种不起地也不敢种地了，土地也不值钱，十个鸡蛋的价钱就能买一亩地，甚至有的白白送人也没有要的。如狼似虎的兵丁三天两头到各村催粮催款，催不来就逼，逼不动抢，抢不着就打人杀人。

民不聊生啊。

许多人只好举家外逃，流落他乡。1944年，莱阳一县逃到抗日根据地的难民就达13万多人。

赵保原倒行逆施，残忍毒辣，祸害人民，投敌叛国，寡廉鲜耻，虽多次遭到我抗日军民的严厉打击，却怙恶不悛，变本加厉，继续为非作歹。

胶东军区集中了精锐部队，先从他的西面开始——打河源西沟据点。这是他的一个要害部位，拿下来就是给他的一个致命打击。

河源西沟据点在莱阳城西，是赵保原万第巢穴西北部的重要屏障，修筑得就像一座城池。据点四围有双层围子，双道壕沟，九座长方形大碉堡，内部地道沟通，外围挖了鱼鳞坑，设了鹿砦、铁丝网。据点里面驻了王子绍和栾子超各一个团，另有周围几个县的反动地方武装，共计2000余人。

这个据点如同魔窟，血债累累。那个王子绍凶狠歹毒，杀人如麻。河源北沟的活埋惨案、大野头湾的沉尸惨案都是他一手制造的。这个民族败类严密控制着莱阳西北的广大产粮区和30多万人口，与莱阳、马连庄据点犄角互动，多次进犯我招、莱、栖边区，遏阻我中心根据地与南海区的连接。

必须快刀利剑，彻底割除这个毒瘤！

军区把任务交给了攻坚能力强、实战经验丰富的13团。

1944年2月18日晚上，正是胶东"要正月闹二月"的闲散时候，赵保原派剧团到河源西沟据点慰问演出，守敌看完大戏连吊桥也没顾上拉起便

第二十四章

酣然大睡。13团的勇士们从东北方向的水岔村出发,以迅雷不及掩耳之势突入据点,一举爆破了四座碉堡,杀得敌人鬼哭狼嚎,栾子超被当场击毙,王子绍侥幸逃脱。赵保原派五个连前往营救,也都被14团2营击溃;向南逃窜的残敌又遭到了北海军分区独立1团的截击,死伤无数。

黎明时分,战斗结束,河源西沟据点被全部摧毁,守敌被全部歼灭。1座兵工厂,14挺机枪,800余支长短枪和大批粮食物资全被我军缴获。莱阳西北部开辟了新的根据地,彻底改变了我南海区腹背受敌的形势。

此种形势,让困守万第的赵保原顿时孤立了起来。

乘胜前进。

党委和军区接着就发起突击,全力攻打赵保原的巢穴——万第。

死心塌地投靠日军的赵保原,长期以来给我胶东军民抗击日寇制造麻烦,犯下了滔天罪行。1944年秋冬之际,山东军区发布的反攻作战军事斗争方针明确指出:"胶东应以赵保原为主要作战对象。"

毕竟,赵保原在万第经营了多年,不仅自身的防御工事坚固,临近和周围尚存的濯村、莱阳、即墨、南墅、日庄等主要据点也能彼此呼应、配合默契。赵保原所有兵力达1.8万余人,基本全是日式武器装备,每个班都有一挺轻机枪,具有很强的战斗能力。

胶东区党委和军区领导清楚地看到,我军参战部队只有1万多人,与赵保原相比,不仅在数量上不占优势,在装备上更是差距很大。但我军抗日救国师出有名,气势宏伟,士气高昂;我军作战勇敢,具有丰富的战斗经验,又有了迫击炮、钢炮和炸药、地雷等爆破杀伤武器。更重要的是,我军有对赵保原恨之入骨的强大的群众力量。

在全面讨伐赵保原的战前动员中,胶东党政军民各级、各界广泛开展了控诉、声讨赵保原及其帮凶的滔天罪行的活动,新仇旧恨进一步激起广大人民群众的满腔怒火,支持讨赵、参与讨赵的呼声一浪高过一浪。在高昂的控诉声讨中,群众自发组建了"海莱人民联合自卫军",仅一昼夜,自愿参与的人数达到1万多人,人人表示宁肯牺牲也要跟着八路军讨伐赵保原。

1944年2月,胶东临时参议会正式发布《告胶东同胞书》,号召军民团结,奋起讨伐投敌叛国、破坏抗战、反共反人民的罪魁赵保原。胶东军区司令部、政治部联合发出《布告》和《告莱阳同胞书》,郑重声明我军为抗战利益和解放莱阳80万同胞,决心讨伐赵逆,为团结抗日,准备反攻扫清道路。

讨伐赵保原的战役由中共胶东区委书记、胶东军区政委林浩、军区副司令员吴克华统一指挥，集中五个团四个营和一个炮兵营的兵力，在地方武装、民兵和人民群众的大力支援和积极配合下，从 2 月 11 日到 19 日，首克万第，再除潪村，横扫五龙河两岸，歼灭赵保原八个团 1.2 万余人，缴获兵工厂、被服厂、粮库各一座及大量枪炮弹药和其他物资，消灭了赵保原的全部有生力量，剪除了胶东日寇的羽翼。

人民群众欢欣鼓舞，奔走相告，热烈庆祝这一伟大的胜利！

几年来被逼逃亡的劳苦大众陆续回到自己解放了的家乡，妻离子散的家人得以团聚，过上了无忧无虑、安居乐业的生活。

遗憾的是，首恶赵保原溜掉了。

第二十五章
日本投降了，人民胜利了

1945年8月15日，日本宣布无条件投降。

在此之前的7月26日，中、美、英联合发表《波茨坦公告》，敦促日本无条件投降；8月6日和9日，美国分别向日本的广岛、长崎投下了原子弹；8月8日，苏联出兵我国东北；8月10日，日本被迫发出乞降照会。

8月15日当天，朱德总司令向所有解放区武装部队发出就近接受日军投降的命令。

遵照党中央、毛主席的指示和朱总司令的命令，中共山东分局书记、山东军区司令员兼政委罗荣桓亲自指示正在山东军区党校学习的许世友，要他带领正在学习的胶东地区的干部立即返回，迅速展开战略攻势，解放整个胶东。

根据党中央和山东分局的指示，胶东区党委和军区司令部经过对形势和任务的认真分析研究，决定将全部武装力量按四个"海区"组成四路大军，分区负责，协同作战，把握有利的作战时机，向敌占的所有大小城镇和交通要道发起进攻，消灭那些胆敢顽抗之敌。

敌人不投降就叫它灭亡

经过我抗日军民的连续打击，到1945年8月，胶东地区仍然被日伪占领的城镇只有临海的烟台、威海、石岛和几个县城。这些城镇大都在东海区的范围之内，解放这几个城市的任务就由东海军分区扛了起来。

根据胶东军区的命令，东海军分区立即将主力部队分为两路，从根据地出发，一路由军分区司令员刘涌和东海地委书记梁辑卿率领西取烟台市，另一路由军分区参谋长张怀忠和政治部主任张少虹率领北取威海。各县独立营也迅速逼近指定的敌伪据点，紧密配合主力部队作战。

进攻威海的部队首先占领了威海西、南两个方向的山头，居高临下，直逼全城。随即，攻城部队派出人员向守敌送交促降通牒，侦察人员则迅速进入市区侦察和掌握敌情。在我军步步进逼中，威海卫的伪专员徐胡子派他的哥哥乘着马车接去了我军的谈判代表。徐胡子看了朱总司令的命令和我军的通牒表示愿意投降。

日、伪军仍做困兽斗。他们一面龟缩在碉堡里扼守要道，一面用飞机对我军进行轰炸。伪警备司令王述芳死心塌地执行蒋介石"不要缴枪给八路"的指令，死硬坚守，拒不投降，却装成与我军谈判的样子拖延时间，以图苟延残喘。我军揭露了王述芳的阴谋，限其在36小时之内缴械投降。我军一面加紧迫降，一面部署攻城。敌人见势不妙，于8月16日偷偷抢上海船，趁夜匆匆逃跑，遭到我攻城部队的猛烈追杀。

消灭了日、伪军，解放了威海卫，人民群众欢欣鼓舞，奔走相告，市民有的流着悲喜交集的热泪对入城战士说："听到八路军占领了南山，包围了鬼子，我们家家都包了饺子，准备庆祝解放。"

在庆祝解放的热烈气氛中，威海人民积极协助入城部队维持社会治安，清查汉奸特务，清点日伪资财，表现了高度的革命热情和政治觉悟。

港城威海回到了人民的怀抱，山东军区发来贺电，授予解放威海的参战部队以"威海卫兵团"称号。

8月17日，解放烟台的部队在攻克了牟平县城之后，当日便占领了烟台外围的高地，详细侦察了情况，准备发起总攻。

日军宣布投降后，盘踞在蓬莱、福山、牟平的伪军头目及其残余先后逃到了烟台，与烟台的伪军会合在一起，总共有5000余人。当时，日军在烟台还有一个大队，伪军以此狐假虎威，沐猴而冠，还有一群乌合之众可以依仗，又有海上之路可以逃跑，以至在兵临城下的危亡关头仍然负隅顽抗，拒不投降。

胶东军区加强了解放烟台的力量，调动烟台周围所有武装部队集中会战。胜利完成解放威海任务的我军指战员也乘船抄近路紧急驶向烟台，近岸时涉水登陆，加入了攻城行列。在我军强大的军事和政治攻势下，已成亡国之师的日军生怕葬身异国，于8月24日凌晨趁黑从海上逃跑了。

那些死心塌地与人民为敌的伪军头目真是不见棺材不落泪。日本军跑了，他们失去了靠山，又把希望寄托在了蒋介石身上，自以为靠死守就可以待援，依然拒不投降。

24日上午5时，我军分五路发起攻城，3营首战告捷，攻下了南山。伪军贼心不死，竟然把200多"二鬼子"打扮成"大鬼子"模样，头戴钢盔，脚蹬皮鞋，端着大盖枪，扛着"膏药旗"向山上攻来，被我军一阵好打，死的死、伤的伤，没死的便悉数成了俘虏。

整整一天的激烈战斗，迫使敌人龟缩在市内不敢出动。入夜，我军向市内发起总攻。先头部队首先攻占了毓璜顶，接着攻下市政府。有一队百余人的伪军妄图阻拦，却被我军逼得无路可逃，不得已缴械投降。在海边的码头上，一股残敌妄图乘船逃跑，随即被我先头部队全歼。

中共烟台市工委迅速行动起来，动员了工人、教师、学生和各界进步人士及伪军内部的共产党员1300多人，在密切配合部队作战的同时，展开了保护工厂、店铺、公共财物和公用设施的斗争，及时粉碎了敌人的种种破坏活动。

山东军区再一次发出贺电，盛赞解放烟台的广大指战员英勇果敢和连续不断取得的辉煌胜利，授予攻城部队"烟台兵团"的称号。

烟台，这个京津门户，胶（东）辽（东）要冲，出海要道，通商要津，于1945年8月24日正式宣告解放，真正地进入人民的怀抱，真正地属于了人民。

把那些残渣余孽扫除干净

这也是"东边日出西边雨"吗？

我胶东部队在区党委和军区司令部的统一号令下，向各地敢于反抗的日伪军展开了猛烈进攻。

在东边的威海、烟台等港口城市接连收复之后，牟平、福山、蓬莱、掖县、莱阳、招远、胶县等县城和玲珑金矿也被相继攻克，黄县伪军接到我军最后通牒也缴械投降，进攻的主要任务转向了西南方向，把那些还心存幻想，企图负隅顽抗，继续祸害人民的残渣余孽扫除干净。

主力部队在"向青岛进军"的口号声中，兵分三路直下青岛，一路上以破竹之势突破了青岛外围防线，占领了流亭机场、城阳车站、控制了崂山地区的棉花山、抱虎山，于8月26日将即墨城抗拒不降的3000余伪军全部消灭。驻青岛的日军在美蒋指使下拒绝投降，并配合伪军以强大的火力阻止我进军青岛。

为充分利用和争取时间，军区决定先扫清其他地方的日伪残余再集中解放青岛，部队旋即挥师西进。

此刻，胶东内地还剩下伪军王铁相盘踞的平度没有解放。解放平度的军区前敌指挥部设在平度城北的东七里河，参与平度作战的部队有13团和16团3营、西海独立团、南海独立团。北海独立团也布置在了平度城周围。

平度是胶东与内地交通的重要门户，也是日军自1938年进入胶东后一直盘踞经营的重要据点，工事坚固，碉堡林立。常驻平度的有日军的一个中队和伪绥靖第8集团军王铁相的三个团。由于受到日军的长期训练，也算成了精锐。

经过打入敌人内部的胶东军区敌工部副部长辛冠吾的工作，王铁相曾有意投降。可是不久，他接到了蒋介石委任他为第9军中将军长的命令，要他保存力量固守平度，等待"盟军"和"国军"登陆青岛。如果不能支持，便随时可以撤到青岛。

如此，王铁相一下子像打了鸡血似的来了精神。他一面宣布更改番号，一面疯狂地抓捕民夫，扩充兵员，壮大势力。他狂妄地说："倒了大皇军，来了蒋委员长，背后还有美国人撑着腰。这就是我王铁相的天命！"

中国抗战时期的伪军正是托了蒋介石的"齐天洪福"，才始终得以"左右逢源"哦。

日本人来了，一部分"国军"摇身一变成了伪军；日本人投降了，伪军又一下子变了回去，重新成为"国军"，来来回回，却总是有主子、有靠山。

日本投降之后，散落在全国各地的那些可恶的伪军由国民党政府整编成"自新军"的共有23.9万人；保安团及游杂部队被整编的有77.9万人，总共达101.8万人。这样变来变去，就把人变成了魔鬼，变成了长期与人民为敌的禽兽。

这实实在在是蒋介石的"不朽杰作"。

攻城作战是在许世友司令员亲自指挥下进行的。

9月7日晚8点30分，攻城战斗打响。枪炮齐鸣，杀声震天，外围守敌不堪一击，平度城西、东、南三关随即被拿下。还未逃走的城内日军见势不妙，害怕被一起歼灭，遂于8日拂晓由南门夺路向高密方向逃窜。我军一部追击了十余里，限于当时政策，放了他们一马。

第二十五章

从黎明到入夜，又是一个晚8点，我军发起了总攻，炮火雨点般射向城头。军区兵工厂制作的钢炮大显威力，一炮就把城楼给掀翻，一下子消灭了敌人一个排。我13团3连是个尖刀连，在轻、重机枪的掩护下炸开了西门，把敌人坚固的城防撕开了口子，遭到敌人的疯狂反扑。3连枪炮、刺刀、手榴弹并用，打退了从三面围上来的敌人，顽强地坚守着阵地。王铁相亲自督战，拼命向3连阵地进攻，妄图夺回西门，堵住豁口，继续顽抗。

增援西门的13团1营营长王景昆、2营营长牛凤山先后负伤，团长欧阳苏民带着2营冲上去了。部队紧急调整部署，主力集中从西门直插城内，展开了激烈的街战、巷战。丧心病狂的敌人为阻止我军前进，将靠近城墙、城门的所有民房、商铺全部点燃，依靠地堡、矮墙做掩体拼死抵抗。吼声、杀声、火光、血光连成一片，战斗异常激烈。敌人在我愈战愈勇的英雄战士面前，最终失去了战斗的勇气，各自放弃抵抗，四散逃命去了。

天亮了，王铁相的司令部和北城墙的大阁楼还没有攻下来。中海军分区司令员聂凤智亲临战地指挥，坚决执行军区命令：集中全力，拿下了敌军司令部。

13团2营发起强攻，机枪、火炮、手榴弹齐发，一阵疾风暴雨般的打击，捣毁了敌司令部，紧接着跟踪追击。一身狼狈的国民党中将司令王铁相，躲藏在东门内的房子里瑟瑟发抖，"铁相"变成了"泥相"，在我军攻入的顷刻之间，乖乖地做了俘虏。

王铁相见了辛冠吾，瞪着惊恐的眼睛说："早知道这样，何苦那么打得头破血流呢。"辛冠吾冷冷地说："事到如今，你就自作自受吧。"

平度解放了，6000多顽军被全部歼灭，平度人民在战前送给英雄13团的红旗插上了城头，上面绣着"把胜利的旗帜插到平度城上"的大字，迎着东方的日出，闪着耀眼的光。

为人民报仇雪恨。人民子弟兵没有辜负人民的期望。

赵保原在这里覆亡

平度往南就是胶县，平度城离胶县城不过百里。

根据部队新成分增多的实际情况，胶东军区在1945年到1946年冬春季节组织了百日大练兵活动，同时深入开展了思想和形势教育，加强纪律，增强斗志，提高战法和战斗技术，部队的政治和军事素质全面提高，精神面貌焕然一新。

蒋介石加紧准备内战的阴谋活动一刻也没有停止。就在国共《双十协定》公布的第二天，他就发出了内战的密令，11月13日便将李弥的第8军3万余精锐部队由美舰运来青岛，登陆后迅速向胶东解放区进犯。死不改悔的赵保原此刻又让蒋介石打扮成了国民党的暂编12师的师长，跟随李弥窜来胶东，盘踞在即墨、胶县、高密，继续与人民为敌。

真是冤家路窄呢。

这个血债累累的赵保原经胶东抗日军民讨伐多次，竟然成了万第之战的漏网之鱼，不想在这里又与我军相遇。现在，他统领着三个团的兵力，一个团在他的新巢胶县，其余两个团分驻即墨和高密。

必须坚决地消灭这个恶贯满盈的家伙，为民除害，让军心民心振奋，也为"迎接"新来青岛的李弥送上一个不大不小的见面礼。

1946年6月8日夜里，我军各部按部署进入阵地，打响了进攻胶县县城的战斗。13团2营首先突破城垣，其他各部紧跟突入，迅速展开了全面打击，敌人被打得七零八落，溃不成军，匪首赵保原在护兵的簇拥下仓皇逃命。

这赵保原也真是诡计多端，临死还忘不了要选个"好地脚"。他带着护兵一路逃窜，待跑到胶县城的"奎光门"下时，被我军战士举枪瞄准，一枪毙命，结束了他罪恶的一生。

对赵保原恨得咬牙切齿的莱阳人民，把他肮脏的头颅取回，告慰被他杀害了的几十万人的不死灵魂。

在歼灭胶县城守敌的同时，南海独立团攻克了蓝村火车站，滨北独立团占领了芝兰庄，完成了军区第一阶段作战计划。紧接着，部队趁热打铁，我5师和滨北独立团与军区炮兵营攻占了高密，歼灭了赵保原的暂编12师3团及其他顽杂军队；4旅8团和南海军分区部队攻占了即墨，歼灭了暂编12师2团。

六天八夜紧张激烈的战斗，我大军解放了胶、高、即3县，歼敌近万人，缴获了大批武器弹药，铲除了胶东内地的心腹大患。

胶东解放区南拒青岛、西阻潍县，战略作战形势转到了更加有利于我的态势。

第二十五章

现在，这里是人民的城市了

"习惯成自然"，这是胶东的一句俗话。

这句话的意思很明白：习惯了就习以为常了，就见怪不怪了，就觉得顺理成章应该这样了，即便违规爽约也被看成了常态。这是中国文化或者说是人类思维的一种常态。就连那些一贯自我标榜"民主法制"的外国人也感觉这样挺顺溜，有时也随手拿过来用用。

不过，胶东还有一句俗话是："上一年的皇历，今年不好用了。"

这话说得也是实在。譬如在近代，帝国主义列强强迫中国开放门户，在中国的土地上爱来就来，爱走就走，爱到哪里就到哪里。"一战"之后，日本接受德国在青岛的特权，以为顺理成章；"二战"，日本投降了，美国的军舰就以为登陆由国民党统治的青岛理所当然，以为这就是惯例，这就是名正言顺，这就是不二法门了。

于是，他们又要"照此办理"登陆烟台了。然而今天，这个"惯例"在烟台用不上了，因为烟台已经成了人民的城市。

1945年10月1日清晨，烟台海面上突然驶来五艘美国军舰，接着又开来了多艘。这是美国海军太平洋舰队的黄海舰队，满载着他们的两栖作战部队，打算在烟台登陆。这个舰队的司令赛特尔少将声称，他们是来查看日本投降情况和美侨财产的，却又企图闯我东炮台，进我军队营房。美国空军的大编队和海军飞机多次在我军事禁区上空盘旋侦察，这自然也是为了形成恐吓，为他们所谓的"顺理成章"铺路。

我军对此提出强烈抗议，那个赛特尔却厚颜无耻地说这是为"烟台解放"特意安排的庆祝活动。

对美军的种种反常活动，人民有了深深的疑惧，我军有了高度的警惕。

我烟台的党政军领导经过分析认为，美军打着"盟邦"的旗号先期到来，目的是要借他们的兵力优势对我进行讹诈，或强行或欺瞒地占领烟台，控制渤海湾，截断山东解放区与东北我军的联系，接着就会有大批国民党军队开来，把我军挤走或吞噬。

为粉碎他们的阴谋，烟台成立了党、政、军、民统一的"行动委员会"，由东海区委书记、烟台警备区政委仲曦东任委员会书记，以随时应付突然的事变。

图穷而匕首见。

当美军几个小花招使过而并不见有效之后，便露出了其"庐山真面目"。10月4日，美国军舰的副官送来了"通牒"，要我军撤离烟台并向他们办理移交。

癞蛤蟆吞天——真是好大的口气哦！你美国舰队有这个权力吗？

必须明白：这里是中国的土地，中国的城市，中国的解放区。现在，这里的一切已经属于了人民。人民不答应，你还能通得了什么牒！

自然，美军的行为受到我严正拒绝。6日，大批美国兵舰泊在了烟台港，小艇载着来人请我外事办公厅特派员兼烟台市代市长于谷莺到他们的舰上商谈。于谷莺回来之后立即向"行动委员会"做了汇报说，美军司令要过来同我驻军当局协商划分防区和登陆地点及时间的安排问题。

天底下怎么还会有这么样的厚颜无耻的呢？自说自话，异想天开，你想怎么的就怎么的了么！

胶东军区部队紧急进行了动员，做好了一切应变准备，并立即命令海港码头警备部队"热情迎接"即将来访的"客人"：只允许他们的司令官和必要的随员上岸；要严格检查，在他们上岸时不准任何人携带任何武器。

于谷莺9点回来，"客人"10点就到了。

"客人"中有海军中将巴尔贝、少将罗克、赛特尔和海、陆、空军的几个校官以及新闻记者。仲曦东以烟台驻军政委的身份，礼貌地接待了他们。寒暄过后，罗克将军开门见山，直奔主题："请问仲将军，你打算让我们什么时候在什么地点登陆，驻扎在什么地方？"巴尔贝插话说："在地图上研究明白，就可以明确地定下来的。这让参谋人员做就行了。"

听口气，似乎他们是这里的主人，这是在他们的家里。

接着，那些将军一会儿夸张，一会儿威胁，一会儿要共同驻防，一会儿要我军撤出，俨然一副顾命大臣的模样，随心所欲，颐指气使。

仲曦东强压着心头怒火，虽然仍以"盟邦"客人之礼相待，却也是绵里藏针，寸步不让："说来说去，你们就是来给我下命令让我们撤出去，你们驻进来是吧？这种行为说到底只能是一种解释，就是强占我军已经解放了的烟台，对中国的土地和中国人民明目张胆赤裸裸地侵略就是了。不过请问，这是'盟邦'的作为还是侵略者的行径？"

罗克见仲曦东政委寸步不让，竟然迫不及待地蛮横起来："我奉金盖德

第二十五章

上将的命令前来进驻烟台，请贵军撤到市郊去。我是军人，我的天职是服从命令！"

面对剑拔弩张的局势，仲曦东政委霍然站起，义正词严地说："我也是军人，我完全懂得怎样履行我的职责。我奉命警备烟台，懂得怎样保卫烟台不受任何侵犯。我正告你罗克将军，如果你们胆敢侵犯烟台，后果完全由你们自己负责！"

巴尔贝急忙圆场说："慢慢协商，慢慢协商。""客人"没话找话地又周旋了一下，第一个回合就结束了。他们告辞了，我军开始了紧急准备。为防止美军可能的强行登陆，部队迅速部署和加强了海岸工事，进行了战斗动员。

"行动委员会"立即决定，下午4时召开市民大会，举行反侵略游行示威，把群众进一步发动起来。

群情激昂。市民大会在市体育场进行，仲曦东讲话，于谷莺介绍了谈判情况。美国海军的飞机在会场上空盘旋，人们不以为然，也不为其所惊恐。游行队伍分几路出发，"坚决反对美军侵略！""侵略者滚出去"的口号响彻全市，从傍晚持续到夜间，飘荡在海空，也撒落到了美国军舰……

党政军在各方面都进行了充分准备，主要领导正着急地等待着上级的指示。毕竟，这牵涉到全党和全国的大局，不可贸然行动。

7日凌晨1点，电报传来叶剑英参谋长关于"拒绝美军在烟台登陆"的声明。接着，区党委和军区按照声明要求，下达了坚决执行叶参谋长的指示，坚决拒绝美军登陆的指令。"行动委员会"随即把叶剑英的声明译成英文，与中文文本一起转给了巴尔贝中将。

7日7点1刻，巴尔贝来到外事办公厅辞行，讨好地对仲曦东政委说："根据我的有力建议，金盖德上将已批准不在此登陆，特来辞别。"

美国舰队不久便起锚开拔，赛特尔和他的分舰队却留了下来。在蒋军一个营侵占崆峒岛洗劫过往船只的事件中，充当了极不光彩的角色。

蒋匪被我军击溃了，赛特尔也消匿了。

……

中国的土地，人民的城市，再也不能任人宰割了。

第二十六章
解放区的天是明朗的天

解放区的天是明朗的天，
解放区的人民好喜欢，
民主政府爱人民呀，
共产党的恩情说不完……

这是刘西林所作《解放区的天》的歌词。真挚的情感，优美的旋律，欢快的节奏，热烈的场景，奔放着人民的心声，真实地唱出了解放区人民的豪迈与激扬。

日本投降之后，胶东解放区到处载歌载舞，勃发着的生机就是这样的场面。

分田分地时正忙

让耕者有其田，是中国共产党带领人民闹革命，为人民谋幸福，建立新的社会制度的重要目标。

早在江西苏区，党就把土地革命与武装斗争和根据地建设放在同等重要位置上，强调没有土地革命，就不能充分发动群众发展经济，也不能有效地支持武装斗争。

在抗日战争时期，中国共产党实行革命统一战线的土地政策，在各抗日根据地和解放区全面实行了减租减息，在不改变地主土地所有制的基础上，减轻农民所受地租和高利贷的剥削，使农民和地主富农之间的利益关系得到相应调节，让紧张、对立的情绪得到缓解。这个政策贯彻在胶东抗日战争的全过程。

第二十六章

1945年8月，抗日战争胜利结束，胶东区党委遵照党中央和华东局的指示，开展了反奸诉苦和减租减息运动，全区有400余万亩土地分给了无地和少地的农民。

1946年5月4日，中共中央发出《关于土地问题的指示》（以下简称《五四指示》），决定将抗战以来的减租减息政策转变为实现"耕者有其田"的政策。《五四指示》明确提出："解决解放区的土地问题是我党目前最基本的历史任务，是目前一切工作的最基本环节。"[①]《五四指示》的基本精神是支持和引导广大农民群众，采取适当方法，让地主阶级剥削农民的土地回归到农民手中。

这一指示的发出，标志着解放区的土地改革正式开始。

在国民党军队加紧调集兵力向解放区进攻，我军奋起自卫的情况下，胶东全区开始了轰轰烈烈的土地改革运动。

7月，胶东区党委在莱阳县的吴格庄召开了有县委书记、县长和各救会会长参加的土改工作会议，认真传达学习中央《五四指示》和华东局会议精神，对贯彻执行中央《五四指示》做了全面部署。区委书记林浩、副书记金明、各救总会会长张修己分别做了《关于当前国际国内形势》《如何贯彻"五四指示"》和《深入地大胆放手发动群众》的报告。会后，各级党委采取诉苦和算账对比等各种方式，深入发动群众，提高了贫苦农民的阶级觉悟，土地改革运动在全区陆续展开。

8月下旬，中共华东局根据党中央指示，在总结各地试点经验的基础上召开了土地工作会议，结合山东解放区的情况，具体制定了华东地区土地改革的原则、政策、方法和步骤，于9月1日发出了《关于彻底实现土地改革的指示》（以下简称《九一指示》）。《九一指示》的主要内容是通过没收、清算、献田等方法，实现"耕者有其田"。

9月10日，胶东区行政公署就贯彻执行华东局《九一指示》做了具体规定，坚决支持农民从地主手中获得土地的正当要求和正义行动，决不侵犯中农的土地，一般不变动富农的土地，对中、小地主的生活应予适当考虑。对一般中、小地主应采取调解、仲裁与献田等方式解决土地问题。强

---

① 中共山东省委党史研究室：《山东的土地改革》，山东人民出版社，1993年版，第73页。

调土地改革的主要对象是那些代表封建势力的大汉奸、大恶霸和大地主及土豪劣绅，对他们必须进行坚决的斗争。

9月21日，中央发出《对山东地区土地改革的指示》，明确提出："保障地主在土地改革后的必需生活"①"一般不动富农的土地"②"中农必须使之在土地改革中得到利益"③，并特别强调："目前当山东的群众运动已经发动起来，有些地区已经基本上解决了土地问题之时，领导机关对上面三个问题，更须加紧注意。"④"关于分配土地问题，必须适当处理，务使贫农、雇农得到应有的土地，发地照解决贫雇农的耕畜、农具、种子，提高群众生产热忱，准备明年生产等问题，应迅速解决。"⑤中央的这一系列指示在胶东地区的土改工作中都得到了正确的贯彻落实。

胶东各地的土改大都是经过试点，在取得基本经验和做法的基础上逐步推开的。北海专区由地委书记任队长，与黄县县委共同组成土改工作队，在遇家村和单家村进行试点。通过发动群众，建立农会，根据上级指示精神对农民进行土地还家教育，使农民认识到封建剥削制度的罪恶。在农会的领导下，召开大会斗争地主，依据党的政策没收地主多余的土地、房屋、牲畜、农具和粮食，征收富农多余的土地，分给无地和少地的农民。试点结束后，北海地委在单家村召开了有各县委书记、县长、各救会长参加的会议，推广了试点经验，在全县普遍展开了土地改革运动。经过三四个月的工作，到11月底，便基本结束了土改。黄县全县共向地主要回土地232万亩，房屋4000余间。

海阳县委组织工作队深入各村，发动贫雇农向地主、富农清算出土地2.88万亩、山峦地2847亩、房屋1100间，经农会讨论分给了无地无房和少地少房农民。

招远县委抽调大批县直机关干部组成工作队深入农户开展工作，组织农民诉苦算账，对地主、富农按不同政策进行斗争和思想教育。到土改基本结束时，地主、富农共拿出土地5.03万亩、山峦地1.21万亩，工作队根

---

① 中共山东省委党史研究室：《山东的土地改革》，山东人民出版社，1993年版，第82页。
② 同上。
③ 同上。
④ 同上。
⑤ 同上。

据实际情况给贫苦农民进行了分配。

10月13日,莱东县在西亭山村召开城关等5个区有5000多名群众参加的说理斗争大会,50多名佃户申冤诉苦,揭露大地主租重利高、敲诈勒索、霸占房田的罪行。会后将大地主王仁斋、王少甫的9000多亩耕地和山峦地、300多间房子分给了农民。

长山岛特区在土改工作中斗争了66户地主、118户富农,将地主、富农献出的2627亩土地,除留173亩作公田外,全部分给了贫雇农和少地中农。另外,还没收了封建船主、渔霸的大部分船网,分给了贫苦渔民。

土地改革革除了几千年的封建土地制度,充分调动了广大农民发展生产的积极性,解放区到处洋溢着欢乐的气氛,人民群众的革命热情一片高涨。

12月26日,胶东区党委召开地、县委书记会议,对半年来的土改工作进行了总结,全区农民在土改中获得土地90多万亩,建立党支部1488个,发展党员4.1万余人,原有的1084个党员空白村有了党员。

《大众日报》1947年1月18日以《胶东百万亩土地回家农民生活引起巨人变化》[①]为题报道:"轰动全胶东地区的土地改革运动,伴随着1947年的来临已有百万亩土地回到农民手里。去年8月,胶东始着手进行土改的思想酝酿与教育,10、11两个月乃全面展开。""截至去年12月20日前,土改已大体完成。仅据东海区七个县的统计,分得土地的农民即有99965户,乳山县兜庄村每人平均能分2亩地。""牟平县院格庄土改后,12户地主的封建剥削被消灭,富农由56户升至68户,中农由166户升至206户,贫农由132户减少到98户,6户赤贫成了下中农。""牟平西村地主田曰明对他儿子说:'给咱留了30余亩地,牲口农具都没动,应该使劲生产,大家有饭吃,咱也有饭吃。'""目前,胶东农民在'不让蒋介石砸饭碗,保住命根子'的口号下,到处掀起了保田反蒋立功运动,并酝酿今春的大生产。"

1947年2月之后,胶东地区根据中共华东局的指示进行了大规模的土改复查,但此次复查背离中央关于土地改革的基本政策,造成了严重危害,留下了许多隐患。

1948年夏季,胶东地区党委召开会议,贯彻学习中共中央1947年在陕

---

① 中共山东省委党史研究室:《山东的土地改革》,山东人民出版社,1993年版,第527—528页。

北召开的"12月会议"精神和《中国土地法大纲》，对胶东地区的土改工作进行回顾总结，对土改复查中的极"左"倾向进行了批评，对工作中的严重"左"倾错误做了纠正。

参军报国保家乡

从长期的军阀地主和封建势力欺压下解放出来的胶东人民，得到了共产党和共产党领导下民主政府的无与伦比的关爱和信任，人们发自肺腑感恩共产党，内心充满着无限的当家做主人的自信心和自豪感。

当国民党反动派挑起内战，妄图夺回人民获得的胜利果实，破坏人民幸福生活的时候，人民群众踊跃报名参军，坚决地投入到了"反蒋保田保家乡"的伟大斗争中来了。1945年8月到1949年春天的五次大参军，胶东有28.5万青年入伍（加之抗战时期参军入伍的人数共计40余万），分别补充了华东、中原、东北、西北四大野战军和华东、中原、华北和东北四大军区，为解放战争的全面胜利立下了不朽功勋。

我胶东军队解放平度之后，1945年九十月间接受了上级命令，主力部队由军区副司令员吴克华率领渡过渤海，开赴东北战场，组建新的部队，投入了新的战斗。继续留驻胶东的只有一个13团。

在内战危机日趋严重的情况下，胶东地区党委、军区司令部于8月20日作出了动员参军补充兵员的指示。很快，共产党员和民兵带头，在短短两个多月的时间里，就有3万余名青年积极报名参军，远远超过了预计数量。

根据提高战斗力以迅速适应战争要求的实际，部队加强了对新增兵员的训练。经过集训整编，组建了5师、6师和4旅作为军区部队的主力；各军分区分别组建了一到三个独立团；县、区武装力量也得到相应扩充和加强。

在胶东，每一次号召都形成一次大参军的热潮。那热烈的场面感人至深，那迫切的心情难以言表。送子参军，送郎参军，叔侄参军，组队参军，那激动人心的事迹不胜枚举。

莱阳县（抗日战争时期先后分为莱阳、莱东、五龙和莱西南四县，同属胶东行署南海专区。解放战争时期仍是四县分治）人民深受赵保原祸害之苦，在中国共产党领导下，英勇的人民军队消灭了赵保原，救人民出了苦海，人民群众自然更加深深地爱着共产党，自然也更怕随蒋军而来再出现

第二十六章

李保原、王保原、张保原……所以，广大青年报名参军十分踊跃。

曾在赵保原河源据点所在地小院村（原称为"河源西沟"）当兵的董保利在1947年2月的参军动员大会上，咬破手指写下"不打倒蒋介石不回家"的血书，带头报名参军；全村30名青年紧随其后，争先恐后地报了名。该村后来获得了莱阳县委授予的"参军模范村"称号。2月6日，莱西南县三教村一次报名参军达75人，被胶东军区命名为"三教连"。李伯颜烈士的家乡双山村，100多名青年报名参军，高举莱西南县政府授予的"双山连"战旗，在连长张咸海的带领下经过集训，雄赳赳气昂昂地投入了解放战争的战场。莱东县赤山区32个村庄有800余名青年报名参军，经审查有500人获得批准，编成了一个营。区党委随即任命了营、连、排干部，整建制组成"赤山营"参加了主力部队。赤山村妇救会副会长顾桂花结婚第六天就让丈夫吕翠典带着娘家的弟弟一起入伍；女民兵于凤兰结婚第三天就送丈夫参了军……

自古以来，胶东地区都把结婚看成人生最大的事情，结婚仪式操办得非常隆重，一言一行都不能"失点"。结婚当天，大花轿把新娘子抬进门，一对新人拜天拜地拜父母，晚上入洞房、闹洞房；第二天娘家人来"开箱"，新亲戚欢聚；第三天新媳妇"过三日"，请族里本家"喝面汤（面条），给街坊邻居分面汤"；第四天"望四"，新妇偕新婿回娘家拜会岳父母。各样程式都有板有眼，非常规范。这些必不可少的程序进行完了，才能慢慢安下心开始新的生活。

但是，为了参军，为了上前线打老蒋，眼下的这些礼仪全都省去了。难舍难分的新婚夫妇舍了，恪守礼俗的各方老人让了，亲戚朋友、街坊邻舍完完全全地理解，完完全全地支持了。

为给"赤山营"做一面旗帜，梁家夼村妇救会会长于凤兰拆了结婚时未舍得盖的被子，用红绸子被面做了旗面，白布被里子做了锯齿形的飞边。村里的妇女连夜赶制，在旗上绣了"莱东赤山营"五个大字。第二天清晨，当458名青年在赤山区后瓦马村集结的时候，于凤兰等三人走上主席台把饱含着乡亲们心愿和期望的大旗交给了区委书记刘玉纯，刘玉纯又把红旗郑重地交到营长梁凤臣手里。雄赳赳的队伍高举红旗加入了八路军第九纵队，转战南北，奋勇杀敌立功。

所有都为参军让路，所有都为了打倒蒋介石，解放全中国，保卫人民的胜利果实。

在胶东早期的抗日根据地、山东第一个行政专员公署诞生地的黄县，1947年3月全县有1000多人报名参军。东营曹家是个210户不足900人的村子，干部群众写了决心书，村长在参军动员大会上表态发言，全村120名青年当场报名，成为远近闻名的"参军状元村"。报名之后，曹氏长辈将参军的青年带进家庙祭祖，80多岁的族长曹文行语重心长地说："好男儿志在疆场。曹氏家族历来只出好汉，不出孬种。你们参军入伍，反蒋保田，就一定要英勇杀敌，为祖宗积德争光。"

1947年6月，掖县、掖南两县在干部群众中普遍开展了"反蒋诉苦""反蒋保田"和"人人立功"的教育，一个月内就有4000余名青年参了军。这些新兵有的编入主力部队，有的进入胶东军区或西海军分区，有的留在县警卫营或区中队，一个个都是热血男儿，一个个都是英雄好汉。

过去，胶东人曾流传"人当兵，铁打钉""养儿当兵，不如攒粪填坑"的旧说法。现在，响应党的号召参军参战，大家的观念就成了"一人当兵，全家光荣"了。

这也是新旧社会两重天吧！

踊跃支前打老蒋

淮海战役胜利后，华东野战军司令员陈毅满怀深情地说："淮海战役的胜利，是人民群众用小车推出来的。"

在淮海战役的战场上，543万余支前民工，88万余辆小车，76万余头牲畜，30余万副担架，构成了激烈战争之外的另一壮观场景。这一连串数字，有许许多多是胶东人民组成的。

不只是淮海战役，人民军队所取得的每一个胜利，无一不是广大人民群众大力支援的结果。

抗战时期，每次战役和战斗，都有地方组织的支前队伍跟随支援。1945年2月，胶东军区集中兵力讨伐顽军赵保原，随军到前线运输粮草、弹药和各种作战物资以及抢救、护送伤员的民兵和民工达5万余人，青年民兵组成了7万人的"子弟兵团"配合主力部队作战。1945年9月，胶东军区主力部队开往东北，沿海民兵摇橹划桨，大批船只从龙口、蓬莱等海港出发，分三次运送了十个团横渡渤海，进军东北。

1947年3月8日，胶东地区行政公署建立了支前司令部，行署主任曹漫之任司令员，各救总会会长张修己任政委。同时，各"海区"也都成立了支前司令部，各县成立了支前指挥部，各区、村成立了支前委员会，具体负责人民群众支前的组织动员工作。

支前司令部还按区域在交通要道设立"兵站"和"民站"，具体实施民兵和民工及粮食、担架、草料等的及时调遣、储备和派送。全地区上下，"一切为了前线，一切为了胜利"，要人有人，要物有物，部队打到哪里，人民群众就支援到哪里。

从1946年到1949年，胶东地区组织常备民工、临时民工计221万人次。1947年，全地区组织7000余副担架，1.5万余辆小车，20余万民兵随军支前。连筑路、架桥、修工事在内，出动民工共计达到50多万人次。

莱阳战役，随军民工1.52万人，服务六个月，二线常备民工3.6万人，服务三个月，临时民工5000人，服务一个月。莱阳、莱东、五龙、莱西南四个县磨面100余万斤供应部队。其间，四县妇女突击五天五夜赶做军鞋2万余双。海阳县7万余人帮助攻城部队挖工事，县长亲自带领民兵架桥12座。部队攻打海阳城时，全县群众每天供应白面、柴草各十余万斤。1947年，掖县妇女半个月做军袜22万双；乳山县浪暖区六个乡村妇女五天为部队缝制棉大衣1000余件。

1947年3月，为了支援鲁南大会战，黄县组织支前民工1360人，大车588辆，骡驮子1220头（副）。其中，龙口镇出动880名民工组成大车队同去鲁南，担负着转运粮食、运送弹药、转移物资和配合战地医院运送伤员等任务。运粮的口袋不够用，他们就用棉被改制，脱下长裤代用。为避开敌人飞机空袭，大车夜间穿行在崎岖、陡峭、弯曲的山路上，三个月完成300万公斤的运粮任务。

一天夜里，大车队往摩天岭运送炮弹遇上沂河洪水暴涨。民工们冒着被山洪冲走的危险，采用骡子驮、人头顶等办法，往返数十趟，按时把炮弹运到了前线。随部队转移的车队因连降大雨道路泥泞，有20多辆深陷泥浆，民工们便改用担架，抬着军需物资随军转移。有一次他们夜间奉命到沂水河岸畔把掩埋的汽油桶挖出来运往前线，民工们在部队掩护下冒着敌人的枪林弹雨，挖的挖装的装，把300大桶汽油全部装车运走，在蒋军的追击中冒死完成了任务。

4月初，掖县、掖南两县各组成一支担架队共550副参加西海支前大队，干部、民工1300余人在参加了临朐战役后，又随部队转移到豫东西华县。5月初，掖南县又和昌邑县、平度县共同集中了手推车1500辆，民工7700人，组成山东支前第一支队，随华东野战军第九纵队运送粮食、弹药。4月中旬，掖县又调集700辆手推车，2411名民工组成掖县支前小车运输大队，担任往南麻、临朐运送白面、小米的任务。南麻、临朐战役结束后，一部分支前民工随华东野战军第六纵队参加了沙土集战役，后来又过陇海路南下。

胶东支前民工在参加支援淮海战役之后，接着随解放大军渡江参加了支援解放沪宁杭的战役。运输队、担架队紧随部队行动，哪里有任务就往哪里去。他们各人随身带着一张狗皮（胶东人对狗皮情有独钟，感觉这东西可以保温，可以隔潮，可以暖身子），一扇小瓢（随时用来盛饭吃舀水喝），夜以继日，任劳任怨地穿梭在烽火连天的战场上。

招远县纪山曹家16人的担架队在淮海战役碾庄战斗中，连续几夜每夜抬担架运送伤员，因表现突出，荣获了华东支前委员会授予的"快速小队"称号。他们说："宁肯自己多流汗，也要让战士少流血。"莱东县万第西陡山村民兵唐和恩担任支前小队长，他率领的小车队多装快跑，经过4省27个县，行程4000余公里，全队人人立功，自己立了特等功，获得"华东支前英雄"称号。他随身带着过去讨饭用的打狗棍，每到一地就在棍子上刻下地名，到支前结束时共刻了山东、江苏、安徽等省的88个城镇的名字。

在胶东人民的支前队伍中，还有一支是由青年民兵为主体组成的"子弟兵团"。1946年9月，华东局在《关于目前人民武装工作的决定》中指出：子弟兵团按"三三制"组建，以县为单位编成团或若干团，配属野战兵团的师或旅以上单位，担负各种次要战斗任务。如外围游击爆炸、战区警备、打扫战场、押解俘虏、维持新解放地区社会治安等战勤任务。

解放战争时期，胶东共组织出动"子弟兵团"129个，30多万人次，先后参加了莱芜、济南、淮海、渡江、沪宁杭等重大战役，发挥了极大的作用。胶东担运8团6营，支前路上共获得奖励锦旗180余面，返回时获得华东区"红旗营"称号。1营在一次押送3200余名俘虏时，一些战俘用金钱、物品进行贿赂，都被支前民工严词拒绝。俘虏中的那些敌人军官说："共产党领导的民兵都这样守纪律，怎么能不打胜仗！"

支前民工到了南方，有的改成工作队，帮助当地政府做开辟新区的工作。一部分干部在渡江战役之后，又跟随解放军主力部队去了四川开展工作。

1950年2月，胶东区又派出300余船只组成13个船队，浩浩荡荡驶往南方，支援解放舟山群岛的战役。

来一个"蒙太奇"吧。

硝烟弥漫的战场，连天的炮火，英雄的军队，无畏的战士，猛虎般扑向敌阵……

敌人如同疾风中的枯枝败叶，纷纷溃散……

四围，是人民群众排山倒海的支前大军……

画外音：真正的铜墙铁壁是什么？是群众，是千百万真心实意拥护革命的群众。这是真正的铜墙铁壁，是什么力量也打不破的，完全打不破的。反革命打不破我们，我们却要打破反革命……[①]

解放区的天是明朗的天，

解放区的人民好喜欢……

可是，那个被称为"人民公敌"的蒋介石，总不时地耍花招，闹摩擦，搞战乱，每每让人扫兴。

[①] 毛泽东著作选读编辑委员会：《毛泽东著作选读（乙种本）》，中国青年出版社，1965年版，第28页。

第二十七章
粉碎了国民党的重点进攻（一）

1947年6月，解放战争进行了整整一年，人民解放军在全国战场上歼灭国民党正规军已达78万人，加上其他杂牌军队共计112万人，为夺取全国胜利奠定了坚实的基础。

在这样的新形势下，党中央、毛主席及时调整战略重点，指示全党、全军"举行全国性的反攻，即以主力打到外线去，将战争引向国民党区域……以一部分主力和广大地方部队继续在内线作战，歼灭内线敌人，收复失地"。

这是一个伟大的历史性转折——

蒋介石的如意算盘

面对解放大军的全面打击，蒋介石制定了进犯胶东的"九月计划"，拼凑起他们在胶济铁路沿线的8师、54师、9师、25师、64师、45师等6个整编师20个旅组成"胶东兵团"，由陆军副总司令范汉杰任总指挥，调集海军、空军配合，由青岛、即墨、潍县分东西两路向胶东地区大举进犯。

蒋介石打着自己的如意算盘：打通胶济铁路东段，攻占平度、莱阳，然后夺取烟台、威海，消灭胶东共军主力，占领整个胶东，切断山东共军与东北战场的联系，结束东部战事，抽出兵力去增援其他战场……

然而，他这个这如意算盘却打得有点过早。

胶东地区有我军的医院、兵工厂和大量军用物资，是华东局的总后方，也是我军军用物资供应的重要基地之一。

中共华东局机关此时也驻扎在胶东。

根据形势需要，中共中央军委和华东野战军东线兵团决定由政委谭震林率2纵、7纵和1纵独立师、4纵第10师及滨海军分区武装集结在诸城地区作战,对进攻胶东之敌的侧背造成威胁;由许世友司令员率9纵返回胶东内地,会同13纵一部,由地方武装密切配合,在运动中待机歼敌。

抗日战争结束之后,9纵奉命打出胶东而今又奉命返回,深知肩负的粉碎敌人重点进攻,保家保田保乡亲的责任天大。干部战士士气高昂,在秋雨连绵中相互关心照顾,在日夜行军中哼着自编的顺口溜:"雨淋精神爽,脚疼斗志强。官兵如兄弟,齐心打老蒋。"充分体现着坚定,体现着乐观,体现着同仇敌忾和亲密无间的战斗友谊。

8月下旬,西路蒋军在昌邑、潍县和胶县地区集结,完成了进攻准备,于9月1日分四路密集平推大举进犯胶东。飞机、坦克、大炮和黑压压的军队后面还跟着一群群鹰犬般张牙舞爪的还乡团,如同一股腐臭的污泥浊流,在我军的重重阻击中自西向东滚滚而来。

我西海独立团于潍河东岸阻敌前进,毙、伤其300余人;胶东军区特务团在亭口歼敌一部,为我主力部队集中歼敌赢得了时间。9月5日,我13纵39师在平度区域严阵以待,准备迎击来犯之敌。6日,敌三路人马向平度城发起攻击,数次都被击退。7日,敌25师、54师在密集的炮火掩护下蜂拥而上,虽突破了阻击部队的部分阵地,但是最终也被击退。敌9师分三路向武王山、文王山包抄,我115团指战员英勇奋战,连续击退超过我军10倍以上敌人的8次冲锋,尔后转至二线继续阻击。8日,敌25师集中主力猛攻平度城,我117团守城的两个连给予其重创之后主动撤离。敌人占领了平度城,即向我阻击部队二线发起进攻,激战16小时后我军主动撤出战斗。平度一战历时5天,毙、伤敌1790人。我军随即按原计划移至水沟头再行阻击。

13纵39师到达水沟头即部署军力,构筑工事,在南海军分区独立团和民兵配合下做好了迎头痛击来敌的准备。15日,敌25师到达大沽河西岸的前、后庄扶和东、西沙埠村,恰遇敌54师到达孙受镇一带,进入了我39师的阻击范围。16日,气势汹汹的敌人从大沽河西岸东犯,我115团和莱西南警卫营给予大量杀伤后即行转移。敌54师198旅分两路向我小马格庄、新安阵地进攻,南海军分区独立团与之激战12小时转移了阵地;敌再攻焦格庄、院庄的阻击阵地,均被击退。敌人在飞机配合下,集中炮火轰击我水沟头阻击主阵地,步兵从三面密集攻来。我军打退敌人几次进攻后撤至太平庄一带，再度进行阻击。

蒋军占领平度城、水沟头和夏甸、道头之后，我东进的9纵决定回过头来杀一杀敌人的嚣张气焰，与13纵37师向道头镇发起了攻击。

我38师早已在道头西南的高山、勾山、鸵山准备迎击来援的敌人。17日午后，敌9师连续几次攻击我灵雀山阵地。18日，敌9师在炮火掩护下分三路多次向我高山、鸵山阵地进攻均被击退，1200余敌被我军毙、伤。18日14时，我9纵在37师配合下向占据道头的敌人发起进攻，激战到19日拂晓歼敌1786人，按计划撤出战斗。

敌25、54师占领水沟头之后，17日在杨格庄、太平庄再遭阻遏，18日在李家疃、莱阳城遭我39师117团和南海独立团阻击。

在我主力部队阻击敌人的同时，我人民群众怀着复仇的怒火，勇敢地拿起武器，在主力部队接应下同敌人作坚决的斗争。敌人每到一地，敌后武工队和民兵就一面掩护群众转移，一面在敌人可能经过的路口、田埂、场院、大门埋上地雷，挂上手榴弹，把敌人炸得死的死伤的伤。

牙前县武工队与地方基干武装相互配合，在榆科顶布阵，一次歼敌百余人，焚毁汽车4辆，夺回了群众被抢去的物资。南海区基干武装、武工队和民兵向烟青、烟潍公路沿线的敌据点发起进攻，战斗7日，歼敌1200余人，打击了还乡团，收复了广大农村。敌人从青岛征集了大批汽车欲装备198旅，在运送途中抵达凹子丘、张格庄，遭我南海军分区独立团和民兵伏击，毙、俘敌140余人，焚毁汽车75辆。

经过半个月阻击作战，我军共歼敌1.4万余人；在外线的2纵、7纵进攻诸城，歼敌1700余人，狠狠打击了敌人的嚣张气焰。

敌总指挥范汉杰虽然凭着极端优势于我的兵力和装备，却仍然只能采取"密笆战术"，小心翼翼地向胶东腹地推进。在付出沉重代价之后，敌军于9月中旬占领了胶县、高密、昌邑、掖县、莱阳等15座县城。

此时，我胶东解放区只剩下了东西不到150里、南北不到80里的狭小地带。聚集在这里的华东局机关和胶东区党政军机关、部队、伤病员和随军撤退的群众以及大量军用物资命悬一线，处于极度危险之中。

遵照党中央、毛主席的指示，我人民解放军胶东作战部队在许世友司令员的指挥下，采取灵活机动的战略战术，制定了新的作战方案，迅速驱散乌云，解除了胶东腹地的作战压力，化险为夷，扭转了战局。

第二十七章

丧家犬的秋后算账

蒋介石为什么不得民心？因为他一直让人闹心、寒心，处心积虑地与人民为敌。

他和他的那一帮子最高统治者和维护他们统治的军队，吃的、穿的、用的、乐的，等等一应用度都是从人民中间搜刮盘剥、强取豪夺来的。没有了人民，他们到哪里搜刮盘剥、强取，又能豪夺些什么呢！

他们吃了人民的，穿了人民的，用了人民的，挥霍了人民的，不仅没有一点感恩之心，反而回过头来对人民大加欺压杀戮，没有一点人性人味，还指望人民拥护，世界上哪有这样的道理！

"有社稷者而不能爱民，不能利民，而求民之亲爱己，不可得也。"这是生于2000多年前的荀子的话。蒋介石是读书之人，这哲人的话你没读过还是读过了没有理解，抑或是理解了置若罔闻？你手捧《圣经》，满口的仁义道德，怎么在实际的行动上就如此这般，天良无存呢！

被许世友司令员称为"中国最腐朽、最黑暗势力的反动武装"的那帮子国民党军队，在范汉杰率领进犯胶东时，尾随着的还有一大帮子在土地改革中被斗争、被清算而逃到青岛等敌占区的恶霸地主、丧失权位的敌伪官吏、一时逃脱了镇压的反革命分子。如此一群丧家之犬组合而成的还乡团，他们依仗这"最腐朽、最黑暗势力的反动武装"的威势，丧心病狂地行凶作恶，一张张狰狞的嘴脸，一场场魔鬼的盛宴，所到之处，一片血海，一片尸身。

阶级的报复，是人世间最残酷最凶狠的报复！

人，一旦丧失人性，就连禽兽也不如了。

范汉杰的军队和紧紧跟随着他的还乡团所到之处，抢粮抓丁，烧杀掳掠，无所不用其极。敌人窜到潍北县，全县的粮食便被抢光，鸡鸭被捉尽，牲口被拉去2000余头，捉去的壮丁难以计数。还乡团凶残歹毒，杀人如麻，残忍之极。枪杀、刀砍、水烫、火烧、钉墙、吊梁、剖腹挖心掏肠子、腰铡铁烙零点割，连片地活埋还把人头露出地面，然后再残忍地齐刷刷铲掉，狂妄地叫嚷这是"平均地权"……歹毒凶残，心狠手辣，种种酷刑，般般折磨，无所不用其极。

潍北县被还乡团残杀了千余人，仅李家营一带就被杀害数百人。被害的人中有的先被割去耳朵、舌头，然后活埋；有的被拔去头发后铡死；有的被割开肚皮灌进油去点上火，活活烧死；有的被丢在水里没顶而亡；有的妇女被裸体绑着轮奸后用烧红的枪条插入阴道翻搅致死；有的被剥光衣服用开水烫，全身烫起水泡再用扫帚扫，称作"扫八路毛"；把哺乳的婴儿丢在烧红的铁锅里叫作"穷小子翻身"；用剪刀剪破人的全身皮肉称作"剪刺猬"……

在纸房区邢家东庄街口，匪徒安下三口铡刀后便挨户去捉人，捉来了就铡，前前后后铡了21人。纸房村贫农韩在林弟兄3家14口人被一起活埋，剩下年迈的老母上吊而死……当时的潍北尸横遍野，被野狗撕咬的断尸碎肉到处可见。

在莱阳县和莱西南县，敌军烧毁房屋1388间，抢去粮食545万多斤，拉去牲口4005头，捉去壮丁1683人。以原莱阳县县长葛子明为头子的莱阳还乡团，在城外一次就枪杀了3000多人。那些凶残的地主恶霸窜回村子，大肆叫嚷："穷小子分了我的地要给我退回来，住了我的房要给我倒出来，吃了我的粮食要给我吐出来，穿了我的衣服要给我扒下来！"在一片号叫之中开始了惨绝人寰的反攻倒算。在不到一个月的时间里，还乡团残杀党员、干部和普通民众3807人。姜山村一口井被填入121人；中三都河村刀铡、锨劈、镢头砸，一天杀了74人；仰岭村两天杀害70多人，村民吕士风不满周岁的孩子被扯着双腿刀劈而死；只有73户的朱家庄村被杀害了32人；30户的小朱东村除3户地主外其余27户的人被全部杀光。

面对敌军和还乡团的屠刀，共产党员、革命干部和人民群众坚贞不屈，视死如归。

10月4日，国民党匪军连长刘学青带百余匪徒突袭了前保驾山村，23岁的女村长、1944年入党的共产党员孙瑞兰因叛徒出卖落于敌手。在多次威逼利诱面前，孙瑞兰不为所动。恼羞成怒的匪徒便对她吊打、火燎，在她身上拴了8个40多斤重的方礓，把浑身的筋骨全都拽断拉散妄图让她屈服，说出党的秘密。孙瑞兰宁死不屈，在铡死党支部组织委员、莱西南县参议员孙凯山的14岁儿子、13岁女儿的铡刀面前，被生生扒出心脏，壮烈牺牲。

临近水沟头的义疃店村共产党员、妇救会会长解文卿被还乡团吊在梁上用带刺的荆条毒打，向她逼问本村共产党员的下落，在得不到任何口供之后，还乡团剥光了她的衣服，在她身下架起木柴，燃起了熊熊大火。

这个英雄的共产党员就这样在烈火中英勇就义。

藕湾头村民兵姜文在被活埋前挣脱绳索夺过还乡团手中的铁锨将匪徒徐植义砍倒，在被打断了双腿之后依然抓起地上的石头砸向匪徒……

在敌军的进攻和还乡团的凶残面前，胶东各县区地方武装、民兵和干部群众在党的领导下进行了英勇的斗争。敌人进攻之前，他们带领和组织群众做好全面空舍清野，藏匿财物，转移群众的工作；敌人进来之后，干部"县的不离县，区的不离区"，就地坚持斗争，为保护人民群众进行殊死的战斗。

平东县山西村党支部书记刘宝名与村干部、民兵一起，趁晚上一连三趟转移群众，最后一趟天亮了，被还乡团包围。他把身上仅有的三颗手榴弹两颗投向敌群，剩下的一颗在对村民说了句"我没有完成保护大家任务，对不起没转移的乡亲"之后，拉响自尽。平南县窝铺村农会主席留在村中坚持斗争被还乡团捉住，在被杀前说要回家喝了酒再死，未被允许。还乡团的四个强盗把他枪毙了，便跑到他家搜出酒来争着喝了，结果都被毒死。

李元区各救会会长刘宝良带着两名区干部负责荆格庄一带四五个村庄的群众安全。这几个村庄周围数里内就有敌人的乡队，他们却千方百计机智地保护群众。

白天，他们打扮成农民，一边同村里群众一起干农活，一边搜集还乡团的情报，晚上神出鬼没，声东击西，变着方法，换着方向打冷枪搅扰敌人。敌人只知道这个地方有一支武工队活动却不知道在哪里，也不知道有多少人。群众说有时十几人，有时三四十人，今天从东来，说不定明天就从西来了。

刘宝良他们晚上开群众会，让群众放心，告诉大家有共产党在就有大家的安全；他们也开地主恶霸的会，随时对这些人教育敲打。刘宝良对地主恶霸们说："村里的军工烈属和干部如果有一个被杀了，我回来捞着谁杀谁；如果被捉去，你们看着办，愿立功在这时，愿掉脑袋也在这时。"地主恶霸满口应承："是是是，捉了他们俺就去破命担保。"

村儿童团团长崔文彩被还乡团崔麻子捉住要枪毙，恶霸崔珍璞领着全村地主恶霸跪着求情，最终把崔文彩保了下来。刘宝良多方对地主恶霸训导警告，分化瓦解，让他们一个个不敢乱说乱动，不敢反攻倒算，扎扎实实震慑了敌人，妥妥帖帖保护了群众。

坚定地执行不离县，不离区的指示，就地坚持斗争的各级干部，积极配合主力部队保护群众，打击敌人，不断消灭小股武装匪徒，搜捕和镇压地主恶霸还乡团及各类恶贯满盈的反革命分子。

莱西南县夏格庄区党委书记曲百里带领区中队，一面进村发动群众反拉驴、反抢粮，保卫土改胜利果实，一面沿着烟青公路两侧神出鬼没地打击敌人。当得悉还乡团头子张云海一伙在狼埠村捉了我30多名干部群众的时候，他随即带领6名队员化装成国民党兵趁夜赶在敌人下毒手之前进了村，在还乡团的点头哈腰中消灭了敌人，救出了被捉的干部群众。

水沟头据点的还乡团150多人窜到小院村抢粮捉人，扬言要血洗村庄。当晚，我潴河区区长张玉兰带领区中队紧急赶到，村东面敲铁桶，村西面放鞭炮，两翼佯攻，正面出击，打退了还乡团，救出了被捉的80多名群众。逃跑的敌人绑走了7名村民，区中队随即扣了还乡团的30多名亲属，逼得他们只好乖乖地放了人。

蒋介石的军队带着还乡团向人民反攻倒算，在人民战争的汪洋大海里兴风作浪，天良丧尽，道义灭失，还能扑棱得太久吗？

多行不义必自毙呢！

范汉杰错打了定盘星

跳出圈外调动敌人，争取主动；集中优势兵力各个击破，打回圈里。这是胶东我军随机应变扭转战局的绝妙之策。

党中央、毛主席电示：你们一部应位于胶东内线阻击，主力位于外线，待机歼敌。只要你们打一两个胜仗，敌人就不敢深入胶东，胶东大部至少一部可以保全。

许世友司令员主导着研究部署：各军分区独立团等地方武装继续坚持内线作战，兵团率9纵、13纵掩护华东局机关向外穿插。

经过动员，各部立即按照部署展开行动。

9月22日夜，9纵、13纵浩浩荡荡的队伍穿插在敌9师与8师接合部的中间地带，几万人马在崎岖的山路上逶迤而行，恰似刘禹锡那"不闻号令，但闻人马之行声"的生动写照。

部队一夜行军百余里，拂晓时先头部队在大泽山东北方向与敌一部遭遇便即刻将其击溃，大部队安然通过。13纵随即留在大泽山牵制敌人，9纵继续向西南跃进，10月1日，与谭震林政委率领的2纵、7纵会师于朱阳地区。

范汉杰聚歼我胶东部队的算盘打错了。

蒋介石结束东部战事的美梦破碎了。

我人民解放军总部发言人说：这一英勇行动，扭转了胶东的战局。

我军由胶东内线转身西行，被范汉杰妄断为不堪一击，避战而逃。

见笑了，范大司令。用胶东人的话说："你这可真是不见死尸不落泪哦。"

目光短浅的范汉杰并不把我军放在眼里，他即令其9师、64师向西尾追我军。

在运动中消灭敌人是我军得心应手的习惯战法，我兵团顺势而行，借机诱使敌64师进入胶河以西饮马一带，集中2纵、9纵对其进行包围；以7纵和4纵10师、独立师阻击敌9师和潍县、诸城、高密方向的可能来援之敌；13纵则北攻掖县以为策应。

胶东地面，到这里就渐渐开阔起来，可以拉开打大仗的架势了。

10月2日，敌先头部队进入饮马附近，64师主力到达胶河东岸的三户山、范家集一带。我军迅速出击攻下三户山包围了范家集，敌64师师长黄国梁由主动"追击"转为被动自保，打也不敢打，跑又跑不掉，只好拼命固守待援。

还得意扬扬沉浸在对胜利幻想中的范汉杰，做梦也没有想到我军的"回马枪"会如此厉害，这才意识到形势的严峻，急匆匆调兵遣将返身救援。他的9师由亭口向北进攻我红石山阵地；45师611旅由潍县渡潍河增援三户山；64师的156旅和45师的212旅沿铁路西犯。

我军围点打援，适逢其时。

2纵和9纵的一个团率先包围了敌611旅，激战一天结束战斗，俘虏旅长以下8000余人；我7纵在张家庄和穆屯附近分割包围了自高密西援的敌156旅和212旅，歼其一个团；7纵19师、9纵27师阻敌整9师于红石山一带。

这是一场残酷的战役，一场智慧与意志的较量。

敌人依然把飞机、大炮都用上了，成束的炸弹投向我军阵地，成批的士兵轮番攻来。我军指战员英勇顽强，愈战愈勇，坚守阵地四天四夜，不让敌人前进半步。敌 64 师盼星星盼月亮，望眼欲穿，却也毫无指望，只剩下徒叹无奈的份儿了。

范汉杰焦头烂额，急躁异常，又从胶东内地增调了 8 师、54 师火速驰援。

我军"调敌西来"的目的已经达到；13 纵连续作战，在攻克掖县，全歼守敌 2700 余人后，继续追击逃敌于五龙县的曲格庄，一仗歼敌 700 余人。接着受命直下莱西南，拔除烟青公路重镇夏格庄的敌人据点，激战两天结束战斗，歼敌 2300 余人，切断了青岛北向的出路。

4 纵 10 师及滨北地方武装乘势南攻诸城，歼敌 3000 余人。

10 月 10 日，胶河战役胜利结束。

至此，敌人进攻胶东以来，共被我军歼灭了 3.5 万多人，胶东战局从根本上得到了扭转，中共华东局下令对参战部队进行嘉奖。

……

人民解放军总部发言人：

在这个战场上，我军已转入反攻。

第二十八章
粉碎了国民党的重点进攻（二）

人民解放军总部发言人已经说了："在这个战场上，我军已转入反攻。"那就赶紧行动吧，别让蒋介石和范汉杰等急了。

蒋介石还真有点急。

范汉杰正在为胶河战役的失利而不知所措之时，蒋介石便匆匆忙忙飞临青岛，要范汉杰趁华野主力西去之机，赶快派兵剿灭胶东地区共产党党政军后方机关和所属的人民武装，以稳固国军在胶东的根基。

也真是，整天忙忙碌碌的蒋介石，总是还有那么多时间拿出来做白日梦。

面对蒋介石的命令，范汉杰无可奈何，只好强打精神予以服从。

他从四个师里各调一个旅于10月下旬分别向我艾崮山，旌旗山和大泽山解放区进行"围剿"。

其下场当然也是可想而知的。

各县区武装、民兵和子弟兵团迅速展开了游击战争，麻雀战、地雷战、运动战大显了身手。敌人所到之处，挨枪、挨弹、挨地雷，进村村炸，依树树响，走路路轰，进山遇埋伏，宿营被包抄，每天都有死有伤，时刻都处在心惊胆战之中。

在发城、榆山等地，敌军三天死伤150多人。在青烟、平莱公路沿线，南海军分区独立团和各县独立营、武工队、民兵在13纵支援下作战七天，切断了交通，歼敌1270余人。范汉杰的"扫荡"勉强支持了九天，以死伤1600余人的代价悄无声息地结束了。

穷途末路了哦。

国民党四个旅被胶东解放区的地方武装和人民群众打得落花流水，轻而易举地给拾掇掉了，实在是丢尽了范大司令的颜面。

如此，就做本章的一个小插曲吧。

既然来了，就多留些日子吧

这个蒋介石真是有点意思。9月他刚把军队派来进攻胶东，11月又要把占领烟台的25师海运上海转到大别山区，把在胶州、高密的9师空运到徐州。

这也是无可奈何之举啊。他的那些被困在大别山区和徐州地面与我军作战的不力之师正在等着救援哦。

中共中央军委指示，胶东作战部队尽可能以歼敌一部的方法延阻敌9师他调，以配合中原战场。

中央指示了，那就"留客"吧！

胶东军民历来好客，一定以"礼"相待。"客人"既然来了，中央也有指示，那就要留住些日子了。

对胶东我军来说，1947年真是十分忙碌的一年。军队频繁征战，没有得到全面休整，各项供应尤其是粮食和其他食品供应十分艰难。秋天，老百姓那遍地庄稼的收获都被国民党、还乡团的那场疯狂的进攻给搅黄了，冒着枪林弹雨舍死奔命抢回来的那点东西，也被进攻来的国民党军队和还乡团洗劫一空。

虽然，地方政府和人民群众节衣缩食把吃的东西节省下来供应自己的军队，却依然是杯水车薪，难以为继。

为了减轻人民群众的负担，照顾好群众生活和救济灾民，参战部队有两个多月每天只吃两顿饭，有时候还要到荒山野地里挖些野菜来加以补充。立冬已过，天气转冷，冬衣还没有着落。

单衣薄被，风餐露宿，战士们杀敌的决心却始终坚定着，复仇的烈火一直在熊熊燃烧。

胶河战役之后，部队经过短期休整，调整了组织，补充了连队，开展了较系统的攻坚学习，干部战士的政治和军事素质有了很大提高。一听说要打仗，军队上下马上就来了精神。

不就是那么几撮撮国民党兵吗？我们打过多少次了，也就那么回事儿，现在要打要拖还不是咱们说了算！

11月4日，我2纵、7纵、9纵从安丘、诸城向北部署于潍河两岸，绝不让敌9师到达潍县和坊子，进入他们那里的飞机场得以空运出去。

6日，敌9师从高密出发进入老匙沟和丈岭一带，我军迅速截击，封锁了其西进之路，范汉杰连忙调64师和198旅驰援施救。敌9师奉蒋介石"不吃亏就是胜利"之命，掉转方向欲与援军会合，但在我军穷追猛打之下丢盔卸甲，溃不成军，辎重弹药悉数丢弃，一派狼狈。15日，敌9师改变路线，匆匆过了高密向胶县、城阳退却，准备南下改海运出走。随即，我2纵留下来包围了高密，歼敌2200多人。7纵、9纵马不停蹄，继续追击逃敌，绝不让其趁机溜走。

胶东内地，13纵将敌58师围困在了海阳。

为解海阳之围，范汉杰又紧急命令198旅东援。鉴于敌9师仓皇奔逃已近青岛，而198旅孤军西来，我7纵、9纵随即北上向198旅发起攻击，以此调动敌9师回援。当198旅进入上、下仙游和岘子湾一带时，便被我9纵围住了。

范汉杰似乎很"听从"我军的号令，除开速调9师的76旅来援之外，又从灵山调了74师的57旅北上。

我军打敌之援的力量等候已久，随即将76旅包围在南阡地区，将57旅阻于灵山脚下。处于危机之中的敌军惊慌失措，到处突围，到处呼救。范汉杰无奈之下，只得再一次挖肉补疮，调动在城阳掩护9师海运的64师北进，调烟台的8师三个团从海上赶来救援。

在范汉杰指挥下，蒋军使出吃奶之力，花了三个团的代价才突出重围。

"客人"执意要走，那就走吧。"客不走主不安"呢，不过就是晚了点而已。

解放军一个月的追击作战，歼敌1万余人，迟滞了敌9师的西援行动，收复了高密、胶县、海阳、平度，把敌人分割得七零八落。

走你说了不算，来你说了也不算

胶东人好客，但对不速之客却要问明来路，并不是所有的"客"都好。如同歌里唱的那样"朋友来了有好酒，豺狼来了有猎枪"。对那些来了还要赖着不走的无赖之"客"，那就要施以重典，丝毫不留情面地"请"他们出去。

1947年12月，曾经疯狂进攻胶东的国民党军队被我军消灭了一部分，"送"走了一部分，剩下的除落荒向青岛逃走的那一部分外，再一部分便龟缩于威海、烟台、福山、蓬莱、龙口等几个沿海城镇。胶东内地，就只剩下了一个莱阳城还由他们盘踞着。这时的国民党军虽然也没有什么大的作为，却在打着他们坚固腹地（莱阳），背靠港口，以俟卷土重来，东山再起的如意算盘。

莱阳城位于胶东半岛的中心位置，三面都是低山丘陵，只有东南方向的蚬河、五龙河流域是一片冲积而成的平原滩地。这里虽然是山丘平原交互，凹凸不平，却也还算是膏腴肥美之地。烟青公路在莱阳擦城而过，与青岛、烟台成西南东北向口，来去十分便利，是战略要冲之地。日本投降之后，胶东党政军机关便移此办公，1947年9月18日，为避敌锋芒即时转移。之后，这里就被国民党军当成左右胶东局势的重要枢纽盘踞了下来。

现在，应该到了交还的时候了。

12月初，刚刚结束胶、高追击战的我东线兵团主力不顾连续作战的疲劳，一鼓作气挥师北上，直逼莱阳城下。此刻，据守莱阳城的是敌54师的106团与108团的1营和榴炮、山炮各一个连组成的加强团。此外，还有胶东各地逃来的地主恶霸还乡团和一大批杂七杂八的伪、土、顽匪加在一起，有上万人。麇集于此的兵丁匪类在城墙和南北东西四关修了工事，建了明碉暗堡，构成了密集的火力网络，把一个城池经营得如铁桶一般。

为拖住和歼灭胶东之敌，让其上上下下别再指望还可以增援其他战场，巩固我党政军后方基地，为一大批被蒋军和还乡团杀害的胶东人民报仇雪恨，兵团迅疾发起莱阳战役，决心围歼莱阳守敌，夺回莱阳城，也借机消灭来援的敌军。

在我军安排地方武装、民兵和游击队化装成主力部队拉开进攻的架势虚张声势，对莱阳守敌反复造势佯作进攻，逐渐让敌人产生麻痹情绪之后，兵团主力于12月3日靠近莱阳外围，以7纵担任攻城主力；2纵于水沟头一带沿烟青公路构筑工事，迎击自青岛方向来的增援之敌；9纵、13纵分别集结于五龙河两岸的瞿村、团旺以北地区，相机参与打援和攻城战斗。

范汉杰还是很"听话"的。

当我7纵于4日黄昏出敌不意展开攻城之后，他便急匆匆抽调54师、64师、8师等共8个旅由青岛、即墨分批北援，其中64师156旅、159旅，54师198旅、74师57旅先期出发，一路上历经层层阻遏，拼命加速前进，于6日经灵山进入姜山镇；7日清晨进入解家泽口、刘家埠子一线，遭南海军分区部队阻击被歼一部；8日抵达石城、马家泊一带；10日终于逼近了水沟头。

水沟头是胶东地区东进西出的咽喉要地。国民党进攻胶东四个月来，这次在水沟头的大规模阻击已是第二次了，只不过上一次是在敌人气势汹汹势在必得的嚣张之时，这一次是在其无可奈何地奔来救援之时。

在水沟头待机歼敌的我2纵和西海部队早已经严密部署：6师在水沟头、李家疃一线据守险要；5师、4师分别在东、西方向防守侧翼。当天，敌198旅五个营的兵力在六辆坦克掩护下由大泊、小泊、石城分三路向我5师凤凰岭阵地发起攻击。因为我军缺乏歼敌坦克的武器和经验，防御工事几被摧毁。11日，坐镇青岛的范汉杰严令援军前线总指挥、64师师长黄国梁：12日必须攻下水沟头进入莱阳城。黄国梁似乎真把自己当成"国梁"了，他对范汉杰发下狠话："攻不下水沟头愿将头颅送青岛！"

从10日到15日整整六天，敌人在十余架飞机、数十辆坦克和几十门重炮配合下，以炮弹、燃烧弹、机关枪连续向我军各阵地狂轰滥炸，猛烈进攻。成吨的炸弹、炮弹倾注而来。我军工事筑了被毁，毁了又筑；战壕挖了又填，填了又挖；阵地丧失了又夺回，夺回了又丧失，丧失了再夺回。时我时敌，时敌时我，倏忽交替，瞬息变幻，战斗万分激烈，异常残酷。我方固守不撤，敌方猛攻不止，反复厮杀，双方频频过招。

虽如此，我军阻击的阵地固若金汤，稳如泰山，敌人得不到丝毫推进。

范汉杰的军队真是急了眼了。所有的武器，所有的兵力，所有的计谋都使用和发挥得淋漓尽致；炮火、枪弹、肉搏，所有的战斗方式方法都在随机应变地交互使用。我军的任务就是阻击，就是寸步不让。指战员们用勇敢，用智慧，用坚韧，用血肉之躯，用"小米加步枪"对美式装备的敌精锐之师，进行着一场场惨烈的战斗、一次次血肉的拼搏。我军英勇的指战员前赴后继，英勇顽强，死死拖住敌人，绝不让他们前进半步。

莱阳攻城很激烈，水沟头阻敌也很激烈。两个战场，多场战斗，各有各的任务，各有各的阵地，各有各的辉煌战绩。我英勇的人民军队为了信念，为了人民，为了打败蒋介石，解放全中国履行着伟大的使命……

范汉杰们大约是真正领教了：胶东，并不是任什么人都可以来去自由的。

莱阳是人民的，赖着不走也不行

北风凛冽，寒气逼人，解放军解放莱阳城的战斗激烈地进行着。

火光冲天，子弹纷飞，枪炮声、喊杀声响彻夜空。城内城外，敌人惊恐万状，仓促应战，在我战士的英勇追杀之下，不是抱头鼠窜，便是缴械投降。很快，7纵72师全部控制了南关，21师占领了东关，19师插入了西关。城外的马山、亭儿山也被拿下，外围据点之敌全部清理结束。

9日凌晨，在激烈的炮火掩护下，攻城部队竞相冲入城内，同守敌展开激烈巷战，相继占领了敌榴炮、山炮阵地，残敌在敌106团团长带领下全部退入城隍庙核心堡垒中负隅顽抗。

莱阳的城隍庙是一座飞檐斗拱的大型建筑，气派壮观，华丽异常。整座庙宇坐北朝南，背依北城墙，西边是一片开阔地，东边有一个水塘，南面是一条宽街。敌人占领莱阳之后，便对此进行了改造加筑，其核心工事坚固复杂，外壕设了暗堡，有盖沟，有水井，储有大量食品和武器弹药。防弹壕相互贯通，有夜间射击装置，各种火器可以相互作用，火力组织严密。躲藏于此的大都是负有累累血债、与人民有着不共戴天之仇的家伙，一个个都心存妄想，企图凭借这坚固的工事死守待援。

范汉杰知道莱阳危在旦夕，援兵被阻不能前进，急令派出的部队拿下水沟头进逼莱阳城，却也是有令难行，只能徒叹无奈。城内，我7纵先后对城隍庙发动了两次攻击，虽曾突入敌阵，却因工事复杂，火力凶猛未能奏效。敌人见此情形，反倒更加嚣张起来。

真是岂有此理！

我军从城外到城里，各个地方都拿下了，就剩下这孤堡一个，难道还想借城隍老爷的庇荫保下来不成！可是他们也不想想，一群作恶多端的家伙还能得到城隍老爷的保佑吗？

我们的许世友司令员将兵如神，量才为用，随即调进了在城南50多里外待机打援的13纵37师进城攻坚。

37师在我胶东地区领导机关驻莱阳城时曾作为卫戍部队执行防卫任务，掌握城内地形地物的详细情况，破城隍庙之敌必然章法纯熟。

许司令员向37师师长高锐交代了任务，命令其率军当晚开始行动。

城隍庙顽劣坚固，加上改建变更，虽高锐也久攻不下。此刻，敌援兵在水沟头的攻势一时紧似一时，必须全速拿下这个堡垒，解放全城，才能取得东、西两个战场的全面主动权。高锐同指战员进一步察看了地形，认真听取了 111 团干部的建议，决定从敌依傍水塘间隔，防御相对薄弱的东北角突破。13 纵周志坚司令员亲率山炮连来到 37 师协同指挥，师部领导直接下到营、连现场指挥，于 13 日黄昏从新的方位发起了新一轮猛攻。

炮声隆隆，火光冲天，城隍庙一片火海。突击队员冒着枪林弹雨勇猛冲锋，奋不顾身地连续向敌堡垒的壕沟投进炸药包，把顽抗的敌人悉数埋葬。敌人的障碍物和围墙被炸开了，后续部队越过水塘，迅速攻入敌人固守的据点……

14 日拂晓，随着冉冉升起的东方红日，城隍庙退去了最后一缕硝烟，莱阳城重归于人民。

莱阳战役结束之后，担任水沟头阻击任务的 2 纵奉命向苏南挺进；9 纵、13 纵随即变更部署，迎接新的战斗。

范汉杰贼心不死，在我水沟头撤出阻击之后，未死的援敌奉命依然继续东进，意欲重新夺回莱阳县城，再温旧梦。随即，我 13 纵在烟青路两侧对敌正面打击；9 纵在配合 13 纵的同时，向北阻击自水沟头经河头店向莱阳迂回的敌人。

敌后，南海军分区部队在 13 纵配合下切断了敌人后退的道路。敌人见势不妙，怕再被强行留下"做客"，赶紧仓皇逃回青岛去了。

莱阳一役，歼敌 1.7 万人。加上其他，四个月的胶东保卫战共歼敌 6.3 万人，彻底粉碎了蒋介石对胶东的重点进攻。

胶东，又是艳阳高照，乾坤朗朗了。

第二十九章
青岛，在爱与恨的交织中获得解放

对于伟大的人民解放战争来说，1948年到1949年的进程显得实在太快了，似乎连日历牌还没有来得及翻，彻底胜利的日子就要到来了。

经过辽沈、淮海、平津三大战役，国民党的主力部队已大部被歼。1949年4月23日，人民解放军渡过长江，占领了南京，降下了那"城头大王旗"，又挥师南下，继续勇追穷寇。

这一时期，胶东军民也取得了辉煌战果。自1947年12月14日解放莱阳、29日结束莱阳战役之后，转过年来到1948年3月28日又解放了龙口、蓬莱；30日解放了威海；10月15日收复了烟台和福山。胶东地区陆上就只剩下了青岛和附近的即墨在等待解放了。

或许，等待自有等待的道理，到了不用再等待的时候也就不再等待了。

1949年春，山东军区遵照中共中央、中央军委的命令，审时度势，开始了解放青岛的行动。

（一）

1949年4月28日，中共中央、中央军委发出了《同意对青岛举行威胁性攻击》的命令，批准山东军区发起青即战役。

命令的电文是毛泽东亲自起草的。电文说："同意对青岛举行威胁性攻击，第一步集十二个团，对若干据点试行攻击，得手后看情形再决第二步行动。其目的是迫使敌人早日撤退，我们早日占领青岛，但又避免与美军作战（此点应与部队干部讲明白）。"命令对青岛的敌我态势，保全青岛城市的重要性和国民党政权与美国的关系等方面都做了充分的考虑和详尽的安排，表达了党中央、中央军委和毛泽东主席对青岛市和青岛人民的深深

第二十九章

关切。

青岛，这个胶东半岛的重要城市，自正式命名以来一直是与中国近代史连在一起的。1897年德军占领青岛，导致了中国近代史上著名的戊戌变法；1919年第一次世界大战之后的"巴黎和会"把青岛划归日本，引发了震惊中外的五四运动。

中国共产党成立之后，中共山东省委几次驻青，几次遭到破坏，几任省委书记在青岛被捕、被害。胶东特委第一任书记张静源曾经在青岛开展党的活动，之后到了莱阳、牟平，遵照上级党的指示先后建立了胶东特委和莱阳中心县委，并任书记。后来，也是由在莱阳和青岛的叛徒合谋杀害。

现在，中国共产党领导的中国人民解放军就要解放青岛了。自然，那些一直在胶东为民族解放和人民幸福浴血奋战的共产党人、革命志士也百感交集，不能不生出许多莫名的感慨。

为适应战争和军事局势变化的要求，中国人民解放军于1949年初进行了统一整编，华东野战军改称为中国人民解放军第三野战军。2月，中共中央决定华东军区领导机关与野战军一起南下。3月，根据中央军委命令另建山东军区，担负解放胶东全境和组织支前的任务。4月，胶东军区第5、第6师组成第三野战军第32军，归山东军区指挥，军长谭希林、政治委员彭林，副军长刘涌，参谋长赵一萍。

解放青岛的任务光荣地落在了32军的肩上。

从军事实力上看，解放青岛依然处于一种敌强我弱的态势。当时，我军主要作战部队是32军和胶东军区警备部队，能够参战的只有12个团3万人左右。而且，这些部队大都是刚刚由地方部队升级为主力部队的，没有经过大的战斗锻炼，武器装备与国民党军队的差距也很大。

当时，青岛和即墨已经是国民党在山东乃至华北所剩的唯一据点了，驻守的国民党军队有第11绥靖区的32军、50军、海军第2军区等海陆空部队，人数在5万人左右。同时，这里还集中了从全省各地逃跑来的几万甚至十几万国民党军政骨干和恶贯满盈的地主恶霸，这些人政治上死心塌地，非常顽固。另外，青岛港口驻有美国海军，不能不考虑其可能进行军事干预的因素。

所以，仅靠32军在军事上彻底歼灭青岛守敌是有困难的。

山东军区和参战部队分析认为，敌强我弱的形势虽然如此，但青岛守敌迫于中国人民解放战争在全国的攻势已成惊弓之鸟，惶惶不可终日；一些情报证实，国民党的青岛市军政当局正加紧筹划撤退。与此同时，我军对外围守敌采取军事行动，稳准狠地进行打击和瓦解，迫使市内敌人加速撤退，在敌逃跑中抓住时机歼灭其一部，是解放青岛、保护青岛应采取的最现实、最有效的政治、军事策略。

按照中共中央和中央军委的指示，山东军区决定兵分三路，以32军95师为西路，以华东警备4旅和警备5旅一个团为东路，以94师为中路，由北向南推进，以迫敌逃跑为目的，集中优势兵力打击分散的守备之敌。在敌撤退时迅速攻入城市，保证人民的安全和城市的完整。

战役发起之前，参战部队进行了总动员，各路人马随即投入了战前的各项准备。胶东地区、滨北地区也在广泛发动群众的基础上为支援前线，配合作战进行了人力、物力的充分准备。

（二）

1949年5月3日，人民解放军三路大军直指青即前线。

东路部队首战灵山。由警备4旅一部，沿灵山东北侧迅速迂回到灵山南侧，对国民党军队形成南北夹击。国民党守军在人民解放军强大火力打击之下临阵南逃。我军乘胜追击，在林格庄迎战从即墨城赶来接应的国民党32军704团和绥靖区一部，激战一个小时，敌军被大部歼灭。我军首战告捷。

5月4日，人民解放军32军向上疃守敌发起进攻。

上疃是青即外围的战略要地，由国民党主力部队32军255师763团驻守。战斗开始，解放军94师280团主攻，95师284团打援。国民党军队分几路攻击我阵地，敌255师一个营从盟旺山出发，支援国民党上疃守军，被我警备4旅截击歼灭。次日拂晓，敌军又组织四个团分两路向我军反扑，企图营救被围的上疃守军，也遭到我东路大军的狙击。激战五个小时，两路国民党军队均被击溃。即墨城西至马山一线守敌以三个营的兵力增援上疃，被我西路大军95师285团3营在狙击中歼灭。

上疃防御工事坚固，敌人依靠明碉暗堡负隅顽抗，我军虽英勇进击了两天一夜仍未攻克，遂撤出战斗休整总结。5月11日，我以95师284团为主力再次对上疃发起进攻。2营5连攻占了宋花泉，开辟了攻克上疃的道路。

284团攻坚和扰袭并用，使被困上瞳的敌军只能龟缩在据点不断呼救，但其增援部队在我军强力的阻击下难进半步。敌军挣扎四个昼夜待援无望，不得不于19日弃守南逃。

另外，国民党军固守阴岛、营上的两个团和一个营则分别于5月24日、25日向我军投诚。

至此，国民党军的即墨城的外围据点已被全部拔除，我解放大军一路向南，于5月26日开始向国民党军守卫青岛的三道防线发起全面进攻。

东路部队连夜行军，于26日拂晓向窝洛子据点发起攻击。这是敌第一道防线的中心，守军在逃窜中被迅速歼灭。周围据点的守敌因"中心"失去，惊慌失措，逃窜的逃窜，投降的投降，顷刻之间全部瓦解。鳌山卫守敌拼命组织抵抗，也随即被消灭。

26日一天，我军东从海边西到胶济铁路共拔除国民党守军大小据点20多个，解放了即墨境内百余华里的大片土地，摧毁了国民党军的第一道防线。

27日夜间，中路部队以迅雷不及掩耳之势攻占了驯虎山两个山头，接着向山上敌阵地的纵深发起进攻，遭到了拼命抵抗。我军战士从侧翼搭人梯登上山顶，用手榴弹炸毁了敌人地堡，正面部队接着攻上山顶，占领了驯虎山。在驯虎山南面，我94师281团7连奇袭后旺山，15分钟全歼了守敌一个加强营。

敌军为夺回驯虎山阵地，于30日清晨用十余门大炮向我军阵地猛轰。中午，150余敌人在炮火掩护下分三路向驯虎山蠕动，被我282团2连战士迎头击溃。之后，我军94师280团1营以强大的火力摧毁了蝎子山敌人的地堡，歼灭了全部守军。与此同时，东路大军也先后拿下铁骑山、丹山，敌第二道防线全线崩溃。

随后，我军收复了黄埠水源地和阳城、女姑口车站及北部的广大农村，直逼敌人李村至沧口的最后一道防线。我东路部队由铁骑山方向分两路向青岛方向直插，于6月1日攻占了张村和沙子口，切断了青岛敌人的东退之路。当日，中路部队夺取丹山南部的264高地，大部队经夏庄、石门庙、佛儿崖向李村进军。

西路部队沿铁路线由宋哥庄、后娄山向市区进发，敌军以一个营的兵力据守娄山的四个山头，又从胶州湾调来军舰配合陆地作战。不过，仅仅20分钟，敌人调来的军舰还没来得及用上，娄山据点就被攻克。老虎山的敌人阵地也被突破，守敌向设在小清河的团指挥部溃逃。我283团2营4连迅猛攻击，连他们的指挥部也一起给端了，又乘机攻克了板桥坊。敌军在沧口"北日钢"一带拼命阻击，与我炮兵部队激战一天，于6月2日拂晓向大港码头和团岛方向溃逃。至此，青岛外围三道防线全面崩溃。

6月2日上午8时，人民解放军先遣部队攻克水清沟南山国民党军据点，大部队连续向市区挺进。在四方火车站，我军截获了敌军一辆满载弹药的卡车。停泊在四方港口的三艘汽船挤满了竞相逃命的国民党军队官兵，也在此刻全部被俘。

青岛西海岸的薛家岛扼制着胶州湾出入口，是青岛守备的战略要冲，由敌保安2旅所辖5团、6团两个团近5000兵力驻扎守备。按照既定的作战方案，我滨北军分区两个团担负解放薛家岛的任务。在我地下工作人员的分化瓦解中，薛家岛守军、6团团长蔡晋康率部起义，余敌大部被歼。侥幸活命的则从海上仓皇逃跑，薛家岛随告解放。

在实施解放青岛战略围歼作战一个月的时间里，我军共毙、伤敌2000余人。处在我人民解放军重重军事打击和强大的政治攻势之中，敌军三个团2900余人分别于5月24日、25日、27日起义投诚。

至此，对青岛的军事打击和政治攻势达到了预期目的，取得了全线胜利。

（三）

解放青岛的战役是从1949年5月3日开始的，而保护青岛市的完整，保护青岛人民安全的斗争却在很早就风云迭起，激流涌动了。

1948年6月25日，中共华东局城工部、社会部发出《对青岛工作的指示》，强调要做好秘密工作，加强同群众的联系，加强调查研究，加强情报工作和派遣打入工作，以配合解放战争，配合将来解放青岛；7月27日，中共胶东区委通知青岛等市、县党组织对敌占城市进行调查，把详细情况及时报告区党委；8月，胶东区委集中各"海区"统战工作主力在平度南村成立了青岛市统战工作委员会，组织对青岛市内国民党的党、政、军、警、特等的情报搜集，在上层人士中介绍和宣传党的接管政策；9月下旬，青岛市委根据青岛军政当局酝酿撤退的实际，要求各基层党组织立即在各工厂、学校、码头、邮电等单位成立组织，动员群众，开展护厂、护校和反南迁斗争。

1949年春天，胶东军区委托民主人士刘仲让到青岛，请在青岛的民主人士张公制先生出面，制止国民党军队在撤退前对城市的破坏。张公制冒着生命危险面见国民党驻青第11绥靖区司令刘安祺，劝他"不战善退，切勿毁城堕池，做民族的罪人……"得到积极回应。5月中旬，在国民党军政当局时刻准备撤退的情况下，中共青岛市委组织发动了全市规模的政治攻势，散发传单，张贴标语，宣传党的政策，并对青岛军政当局和首脑人物按不同对象发出警告，对普通公职人员则提出了"为保市做贡献，为人民立功劳"的希望和要求。

在敌人撤退前的疯狂之时，国民党军队和特务机构派出大量人员准备炸毁青岛电厂、水厂、纺织厂以及青岛港等重点企业。针对敌人的行动，驻扎在平度宗家埠的青岛市委根据上级指示，派遣得力人员打入市内水、电、交通等重要企业和管理机构内部收集情报，发动工人开展护厂护路斗争。地下工作者不顾个人安危，冒着各种不可预料的危险，克服各种难以想象的困难，积极慎重地开展活动，千方百计防备城市和人民遭到祸害。

曾是青岛电厂工人的党员赵景业受党组织指派，于1948年潜回青岛。因党员身份此前已经暴露，不宜直接回电厂活动，他便通过熟人介绍，结交并发展了电厂值班员、工会常任理事刘芳亭为中共党员，通过刘芳亭又吸收了厂工会常务理事贾清臣和监事王思臣及台东变电所的进步职工加入了党组织。在此基础上，中共地下党员趁机鼓动改选了厂工会领导班子，把工会的权力掌握在了地下党的手中。

1949年初，国民党特务从外地紧急调运了2万多公斤烈性炸药来青，准备炸电厂、水厂、码头等重要市政设施。得到消息的赵景业立即组织地下党员发动职工保护电厂，派出工人代表向厂长徐一贯请求加强工厂保护，防止流氓无赖进厂破坏，得到了厂长和协理的一致赞同。在采取严密护厂措施的基础上，厂长还告诉工人，在危急时刻要及时拆除发电机和汽轮机的核心部件封存转移，并拨出了部分黄金作为护厂经费。

发电厂购买了枪支弹药，厂四周架起了铁丝网。1000多工人争相报名参与护厂，昼夜轮班巡逻，各项防范措施十分到位。

5月底，国民党绥靖区和军队高层布置了开始炸毁电厂的行动。一天，两个国民党军官带着20多名士兵来到厂里，赵景业连忙安排地下党员十分殷勤地伺候着两名军官，及时给他们塞了金条，让他们不要给砸了饭碗。两个军官本来也不想惹麻烦，但为了向上级有个交代，还是执意要在此架设机关枪。当士兵扛着机枪准备爬上主厂房制高点时，工人们心生一计，谎称主厂房上有特高压电线，人隔着六七米就会被吸过去烧成灰烬，一下子就把他们给吓住了。两名军官赶忙带着队伍离开了电厂。

几天之后，绥靖区又派出大批特务来到电厂实施爆炸，几位地下党员和工人再次拿出准备好的金条进行贿赂，派专人把他们伺候得妥妥帖帖。几天之后，几个特务向工人们询问电厂最关键的设备是什么，工人们对这些啥也不懂的家伙说，最关键的设备就是吊煤的吊车，吊车坏了吊不了煤电厂就不能发电，全城的电马上就会断掉。工人们以此骗过特务，保住了电厂，保证了全市的电力供应。

5月31日，地下工作者孟宪礼得知敌人在大港安放了炸药，准备在撤出青岛的时候炸毁码头。他在迅速报告情况的同时，又冒着生命危险找到技术人员对炸药进行了化学处理，终于在敌人行动之前消除了爆炸的危险。

在护厂、护校、护院和保护各项公共设施的斗争中，青岛市社会各界进步人士和有识之士在各自领域的关键岗位上发挥了不可替代的特殊作用。中纺公司的范澄川经理、李村师范学校的王桂浑校长以及卫生系统的陈志藻、自来水厂的刘汉耀、电厂的徐一贯、爱国民主人士张公制等都做出了宝贵的贡献。

当6月2日中午12时青岛完全解放的时候，全市水电未断，电讯通畅，港口设备和工厂企业完好无损，市民的生产生活井然有序。

晚上8点30分，青岛人民广播电台开始播音，向全世界宣告了人民解放军解放青岛的重大讯息。

《胶东日报》《大众日报》也于当天大幅刊登了青岛解放的消息。

解放青岛的两条战线如同两道明亮的霞光，洒在青岛黎明的天空。

青岛解放了。信号山向着浩瀚的大海，发出了从未有过的庄严信号。

（四）

"政治路线确定之后，干部就是决定的因素。"这是毛泽东在《中国共产党在民族战争中的地位》中的话。

第二十九章

1949年春节刚过的2月，中共山东分局就成立了以区党委宣传部部长薛尚实为首，由宋子龙、李佐长、王卓青、王云九、曲及先、陈超等同志参加的"接管青岛准备工作委员会"，对外称"青岛市教育研究会"，从胶东各地抽调大批干部集中到莱阳城西南的前、后大埠和周围的几个村庄进行集中培训。

对接管干部的集中培训主要是组织学习1949年的新年献词《将革命进行到底》和毛泽东的《在中国共产党七届二中全会上的报告》《向全国进军的命令》以及《中国人民解放军布告》等重要文件，还学习了陈云关于接管沈阳的经验，进行形势与任务教育，提高参训人员对形势和各自所承担任务重要性的认识，提高接管的政策水平和参与热情。

培训期间，结合学习其他文件，还着重学习了《中国人民解放军约法八章》《入城人员守则》和《青岛市概览汇编》等，让大家明确了政治、军事和工作、生活等方面的纪律，了解青岛市各方面的详细情况。

之后，按照进城接管的工作分工，把干部分成了党群、工交、政法、财经、文教、卫生、公安等几个系统，各自根据分工对自己的业务方向做了进一步的详细了解和研讨，为具体接管做好充分准备。

5月24日，中共山东分局、山东军区下达命令，由向明、赖可可、谭希林、彭林、刘涌、贾若瑜、王少庸、马保三、薛尚实、刘坦、冯平等组成青岛市军事管制委员会，中共山东分局副书记向明任主任委员，胶东区委书记兼军区政委赖可可、32军军长谭希林任副主任委员。谭希林并兼任青岛市警备区司令员，刘涌任副司令员，彭林任政委兼政治部主任，赵一萍任参谋长。军管会设16个部，1个厅和1个处。

青岛市委由薛尚实、宋子成、李佐长、马保三、滕景禄五位同志组成，薛尚实为书记，宋子成、李佐长、张铁民分别任组织部部长、宣传部部长和统战部部长，曲及先任秘书长，滕景禄任市总工会主席。

25日，向明来到大埠村，宣布了中共山东分局和军区的决定，要求各部门负责同志按照职责范围和确定的人员，各自铺开摊子，对号入座，做好对口接管前的详细讨论和周密的安排部署。

5月28日，中共山东分局对青岛接管工作发出第1次指示，要求接管工作要有秩序、守纪律，防止任何混乱和违法；青岛解放后要依靠工人阶级，立即恢复和发展生产；要正确执行外交路线和对资产阶级及外侨的政策；要加强请示报告。

人民解放军大军压境，国民党军政当局和驻守部队慌作一团，于6月2日凌晨全部从海上匆忙逃窜。

在国民党军队狼狈逃窜的过程中，青岛消防队队长马元敬按照共产党的指示，及时于6月1日组织消防警携带器械到市政府和市警察局布岗，到自来水厂、电厂、码头等地放哨，出动全部消防车沿城市主要街道进行巡逻，维护社会治安。

6月2日，我人民解放军控制了全市所有军事要地，于中午进入市区。青岛市军管会、青岛市委、市政府和各部门接管干部的集中培训也至此结束，一同随军入城。

青岛全市人民载歌载舞欢庆解放，向人民解放军献上了万人签名的大旗。整个市区沿路贴了"共产党万岁！""毛主席万岁！""春天到了""职工解放了"等五彩缤纷的标语。解放军到达中纺一厂大门口时，一面写有"欢迎人民解放军"的两丈多长的大旗打了出来。"共产党万岁！""毛主席万岁！""欢迎人民解放军！"的口号淹没了市内零落的枪声。

6月2日，山东省人民政府任命马保三为青岛市市长，青岛市人民政府宣告成立，国民党青岛市政府及其所属机构的所有职能随即废止。

6月3日，中共中央和山东分局对青岛的接管工作发出第二次指示，要求对工人群众和愿意继续为青岛人民服务的旧职员、技术人员亲切诚恳；对地下工作人员的功绩要充分估计并予以鼓励；要维护好社会治安，迅速肃清反革命残余、潜伏武装及敌特；接管工作要按轻重缓急的顺序进行，认真注意接管秩序和方式；要争取大部分警察复岗，然后逐步加以审查改造。

指示特别强调，要加强对进城干部的政策、纪律教育。

随军入城的接管干部总计约3000人，主要由胶东地方干部组成，也有省主管部门和一些相关专业的同志，分别从济南、大连等地赶来参加接管。

青岛是纺织大市，对中纺公司的接管工作比较复杂。为加强领导力量，市委决定在中纺公司设立由柳运光同志为书记的党委会，统一领导中纺公司的行政及工会工作，担负起组织工人、教育员工、监督生产的任务。

市委、军管会和市总工会等机关抽调干部与省和全总来的干部一起到各厂开展工作。一些方面的主要领导分别担任驻厂军代表，在各厂分别建立了以军代表为书记的党组织，统一领导接收工作队和工会工作组，负责组织生产，加强保卫工作，打击敌对势力的破坏活动。

接管工作的进程加快了，工人的生产热情提高了，生产迅速得到恢复和发展。

青岛市所有应当接管的工厂、学校和其他应当接管的机关企事业单位都在军管会的统一领导和部署下，按时实现了"原职、原薪、原岗位"的接管，这对于稳定人心，稳定社会秩序，恢复和繁荣城市工商业起到了很好的作用，接管工作取得了极大成功。8月，在青岛市第一次党代会召开之前，全市在各方面的接管工作、秩序恢复和生产发展都正常进行。

许多年之后，一位参加青岛接管的老同志深有感触地说："青岛的接管使我感触最深的是党的政策的伟大力量，真正体会到了'政策和策略是党的生命'的真理意义。我们认真贯彻执行毛主席提出的'必须全心全意依靠工人阶级，团结其他劳动群众，争取知识分子，争取尽可能多的能够同我们合作的民族资产阶级分子'的路线，才使我们在发动和组织工人阶级，调动各级工程技术人员和各级行政管理人员的积极性，共同配合搞好接管，搞好生产方面取得了成功。"

哦，青岛。人民的城市，人民的青岛。

第三十章

八月渤海，正是收秋好时节

"煞尾子了。"

这是胶东人说秋天的最后那点点还没收获的庄稼，弄吧弄吧就结束了地里的全部农活。

青岛解放了，胶东大陆都成了解放区，而撒在滔滔渤海上的那一大把原本明亮的珍珠——长山列岛，还有国民党的军队在盘踞着，蒙上的尘垢还没有得到清洗。

如同收秋一样，解放长山列岛便成了解放全胶东的"煞尾子"工程了。

该收的时候是要收的

长山列岛又称庙岛群岛，由南、北长山等 32 个岛屿和 66 个明礁组成，陆地面积 53.17 平方公里。在南长山的长山尾，一条呈反 S 形的交汇线把黄海、渤海分割开来，"泾渭"分明，蔚为壮观。其地处胶东半岛与辽东半岛之间的渤海海峡，面朝蓬、烟，背依京、津，战略地位十分重要。

1929 年，国民政府在长山岛设立行政区，隶属山东省政府。七七事变之后，国民党不战而退，逃之夭夭，把长山列岛拱手让给了日本侵略者。随即，日本海军的舰船驶来，停泊于岛南、岛北两个方向，虎视地眈眈严密控制着黄海和渤海。

日寇占领长山岛期间，我抗日军民英勇不屈，顽强抵抗，不断给予其沉重打击。

1942 年春，中共蓬莱县委派遣五区区委书记王永利进岛建立海上交通站，在贫苦渔民中发展党员，建立党支部，组织渔会，领导渔民与日寇和封建船主进行斗争。1944 年，中共长山岛特区工委成立，王永利任书记。

翌年8月，建立了长山岛军政办事处，摧毁了部分村的日伪组织，建立了村人民政权，兴办了小学和渔民识字班。

抗日战争胜利前夕，王永利不幸落入敌手，壮烈牺牲。

胶东八路军向东北进军时，长山岛工委、办事处率领地方武装积极安排接待过往部队，补充船只、给养，组织100多艘渔船1000多名渔民，把近万名八路军指战员送到了东北战场。

1945年9月，我军全面收复长山列岛，建立了长山岛特区，隶属胶东行署北海专区。在党的领导下，长山岛人民积极展开减租减息和土地改革斗争，大力恢复和发展生产，重建家园。1947年9月，在国民党军队向胶东解放区大举进攻的时候，我军政机关和驻军主动从岛上撤离。

随国民党军队的进攻一起到来的国民党海军巡防处和警卫营及还乡团共1600余人，配有"美虹""泰山""中权"等大小舰船20余艘，于1947年10月窜进岛上盘踞，横行在黄渤海之间，割裂东北、华北和华东解放区的海上交通，炮击海岸目标，破坏渔业生产，扰乱海上运输，掠夺沿海人民的财产，成为横行海上的一伙"水贼"。

胶东大陆完全解放之后，这伙国民党残敌的活动不仅不收敛，反而变本加厉，疯狂地做垂死挣扎。

不能容许他们继续横行下去了。中共华东分局、山东省和胶东地区党政军各级接连发布命令，决定拔除这个海上毒瘤。

1948年3月，长山岛特区工委指示在东北和胶东的各工作点抓紧对岛上的国民党军队官兵和还乡团展开政治攻势，充分利用宣传品和警告信给他们指明出路，要他们立即停止反共反人民的恶劣行为，认清时局，起义投诚，立功赎罪。同时，加速在国民党军政人员中发展统战对象，建立统战联系。

盘踞长山列岛的国民党残匪孤立无援，自知岌岌可危，终日处在士气低落、军心动摇的悲哀之中。1949年2月17日，轮机兵李云修联合万成岐、工文礼、刘瑾言、侯玉辉和黄四旗等，利用艇长和多数军官上岸过夜的机会，驾驶"201扫雷艇"起义，于17日早晨7时许抵达烟台港。

长山岛驻岛蒋军为首的是海军陆战2团团长何相臣，是国民党海军司令桂永清的小舅子。此人一直顽固不化，不断在主要岛屿构筑阵地，修建堡垒，负隅顽抗，叫嚣"誓与共军决一死战"。

如同安民告示，长山岛特区工委通过各种方式告诉渔民和流落岛外的难民从各方面做好准备，配合人民解放军渡海作战，迎接全岛解放。特区党政人员也在思想认识上、组织结构上、人员选调和物资保障上做好了接收长山岛的充分准备。

沿海各县及烟台市按照胶东区委的指示，从实战要求出发，在船只、船工、水手、粮秣等方面进行周密的安排部署，迎接解放大军的到来。

1949年7月，人民解放军24军72师在完成渡江作战任务之后，接到了北上解放长山列岛的命令，雄师健将登上了开往山东的列车，风驰电掣般向胶东飞驰……部队在潍坊车站下了火车，沿烟潍公路紧急行军，很快到达了战斗前沿。

7月12日，山东省军区做出部署，派第一副司令员、参谋处处长刘云鹏和政治部秘书长孙晓风组成"长山岛战役前方指挥部"进驻蓬莱城南司家庄村，许世友司令员任总指挥；同日，北海专署成立了"解放长山岛北海区支前指挥部"。18日，山东省人民政府成立"长山岛战役支前办事处"，由胶东行署副主任刘仲益任主任。办事处下设船务、粮秣、财政等科及潍县办事处，并在蓬莱县的刘家旺、栾家口和蓬莱县城设立转运站。

万事俱备，只欠东风。

渡海先学做海军

解放长山岛战役，是山东省内最后一次对占领胶东的国民党军作战，也是我军第一次渡海作战。

7月16日，解放长山岛的前方指挥部召开参战部队师、团、营干部会议，分析敌我双方形势，研究作战方案。会议确定了解放长山岛战役的两个步骤：

第一步以华东野战军24军72师两个团和炮团三连攻下南长山岛，然后占领北长山岛；以警备第四旅两个营和山炮、迫击炮各一个连占领大小黑山岛和庙岛；以警备第五旅两个连占领大小竹山岛，保障主攻部队的右翼安全。

第二步，依托已占领的岛屿，攻取北部五个岛。榴炮团两个营集中使用，配置在蓬莱阁左右，掩护攻击部队登陆；警备第四旅八门榴炮配于蓬莱城西黑峰台左右，警备第五旅三门榴炮配于刘家旺风台山，负责封锁珍珠门、庙岛湾以及大小竹山岛以南海面，截击敌舰。

参战部队随即进入阵地，炮兵将大炮拉到蓬莱阁以西的老柏山上，登陆部队进入演练场地。

干部战士第一次海上作战，无经历、无见识、无经验。为适应海上作战，部队各级指挥人员抓紧对敌情、船队调度、登陆地点、地形等情状进行观察、熟悉和研究；战士们抓紧战前时间进行海上练兵，反复演习上船、下船、划船和登陆作战动作，逐步适应了海上环境，克服了晕船呕吐的不舒适感觉。战士们还在水手、船工的指导下学会了游泳和泅渡，拜船老大为师掌握了摇橹、划桨、撑帆、掌舵等使船弄水的技能。

19日，山东军区下达了《长山岛战役政治动员令》，要求全体指战员、水手、民工充分认识解放长山岛战役的重大意义，坚决执行中央军委、华东军区命令，发扬各自为战的英雄主义精神，克服困难，打破封锁，彻底消灭残敌，解放全部岛屿。

22日，中共山东分局对接收长山岛工作给胶东区党委和北海地委发出四点指示：（一）长山岛地处渤海门户，军事地位极为重要，收复后，要加强对敌特的斗争；（二）加强纪律教育，稳定社会秩序；（三）发动群众，发展生产，组织渔业和运输；（四）地委应派一定的负责同志参加该岛的指导工作。

23日，山东军区前方指挥部进行解放长山岛的战前动员，许世友司令员做动员报告，指出：解放长山岛，扫清北面的残敌，配合南进大军解放全中国，指日可望。渡海作战为我军首次，我各方条件优越，一定能以帆船战胜敌人的军舰。

21日至26日，参加长山岛战役的主力部队——第三野战军第24军72师和第三野战军榴炮团陆续到达蓬莱；胶东军区警备4旅、警备5旅及北海地方武装已在蓬莱集结待命；长山岛支前船工和向导编入了战斗序列；146只渔船、500名船工投入战前训练。北海专署的支前指挥部由专员陈耀亭、蓬莱县县长宋有亮亲任指挥、副指挥，根据战时需要调集了汽船53艘、木帆船889只、船工3740余名。福山县民工135名、船只36条也来到蓬莱刘家旺待命。

突发的情况导致战役不得不延期进行。

7月26日至28日，12级强台风突然袭来，浪涛汹涌，地动山摇，蓬莱城周边大范围内屋瓦被掀飞，庄稼被吹倒，合抱的树木有的被拦腰折断，有的连根拔起。集结参战的木船、机动船只大部被毁坏，有的沉没，有的失踪，唯一一艘前来参战的扫雷艇也被台风抛到了沙滩上面，舱内灌满泥沙无法行驶。参战船工牺牲了33名，有32名负了伤。

面对灾情，许世友司令员坚定地说："船坏了就抓紧修，我们解放长山岛的决心不会改变！"胶东地区党和政府一面组织对受灾群众进行救济抚恤，一面组织船工、渔民和部队的干部战士争分夺秒地抢修船只。不到五天时间，大部分受损较轻的海船修补完毕，可以安全行驶，随军参战了。

随后，中共烟台市委、市政府的16名干部带了88只汽船、帆船，561名海员和20名渔民赶来支援；黄县派来200副担架、218辆大车、300辆小车、19只渔船、82名船工、1600名民工；龙口市的234只渔船、836名船工也先后到来。

长山岛的敌人侦知我军船只遭台风毁坏，自认为需两三个月才能修复，可以暂得一时苟延残喘机会。而现在，他们这样的美梦也落空了，能有的只是彻底覆灭，葬身鱼腹的噩梦了。

许司令员的东风

8月11日下午7时，许世友司令员在"长山岛战役前方指挥部"发布了进攻长山岛的战斗命令。

顷刻之间，蓬莱前线集结待命的战船如同离弦之箭，满载着英勇的人民解放军将士、武器、弹药和拆开的山炮辎重，猛虎般扑向长山列岛。

许世友司令员具有深谋远虑。

他在胶东纵横驰骋，转战南北，虽未入海作战却熟识大海的波澜壮阔，汹涌澎湃；在解放长山列岛战役前线，他又连续带领参战部队将领察看地形，观察潮汐，了解气象规律等，深知渡海与登陆作战相比，战胜敌舰是渡海作战成功与否的关键，而我军的短板恰恰是以陆军当海军和以木船打兵舰。

然而，他胸有成竹。他率百战之师，攻必克，战必胜呢。

许世友深深地相信毛主席关于"在战略上要藐视敌人，在战术上要重视敌人"的战争思想。他于是命令警4旅先行直取大、小黑山岛，让敌舰前往增援以调虎离山；担任主攻任务的72师则乘"虚"而入，由军山炮营配合下直取南、北长山岛；警5旅从侧翼进攻大、小竹山岛，打击可能的增援之敌，进而取得全局的胜利。

海面上波澜不惊，二三级的东南风和着蒙蒙细雨悠闲地刮着，船队乘风破浪，勇往直前。

谁知，正在顺利行进之时，却不想船到中途，风却停了下来。无风可乘，也无任何辅助动力，船行速度立刻就慢了下来，眼看着要贻误战机了。

船工们甩开膀子、奋力摇橹，战士们铁锹当桨，协同用力，每小时也只能前进两三里路，显然达不到预定进度。

兵贵神速。许世友司令员命令，进攻时间不能改变。

在束手无策之际，部队首长问计于民，虚心向老船工讨教办法。那些老船工长年在海上生活，观天测海，经验丰富，断定下半夜会潮涨风起，船队将扬帆顺水，速度更快。这让指挥着第一梯队渡海的72师师长康林稍稍放了点心。

东南风来，老渔民的预测果然灵验。船队全速前进，海上千帆竞发，乘风破浪……

康师长高兴地向前线指挥部报告："海上潮涨了，风起了，船行速度加快了！"许司令员听后点点头笑了，大家悬着的心也放了下来。

"这是许司令借来的东风。"战士们就这样传开了。

凌晨3点，三颗信号弹在长山岛上空升起，这是第一艘战船登陆上岸发出的信号。

瞬间，蓬莱西庄到栾家口几十里长的海岸线上，解放军阵地火炮轰鸣，密集的炮弹暴风雨般射向长山岛，落在了敌人的阵地，摧毁了敌人精心构筑的前沿工事。警4旅迅速攻占了大黑山岛，控制了116.5高地，登上了小黑山岛，用炮火封锁了珍珠门海路。警5旅也攻上了大、小竹岛，占了山头，挖了战壕，大炮严密封锁了长山岛东海面。

3点40分，72师在强大炮火的掩护下，分左、中、右三路接近海滩。战士们跳下木船，冒着枪林弹雨，蹚着齐腰深的海水勇猛前进，奋不顾身地向滩头进攻。

作为主攻团的中路部队从岛的南端登陆后，迅速向赵王庄推进。村中一个连的敌人企图阻击，勇敢的战士冲破敌阵，经大、小黄山，攻占了敌人的弹药库，歼敌一部。然后，部队全力向北推进，歼灭荻沟村守敌一个营部和一个连，一举攻占了南城北52.8高地，接着向驻连城村的敌团部发起攻击。

右路部队的另一个团，从岛东北的孙家村南岸和老虎洞一带登陆，迅速歼灭了滩头守敌，向孙家村发起猛烈进攻，遭到南山坡敌碉堡重机枪的阻击，冲在前头的副连长赵成立英勇牺牲。战士董亚铃迂回到侧翼，把一束手榴弹塞入敌暗堡，随着一股烟幕腾起，敌人的机枪哑了，暗堡里一个排的敌人随即打出白旗，举枪投降。部队迅速向土沟村进攻，歼敌200多名。

从寺后登陆的左路部队扫清了寺后、刘家之敌，炸毁了刘家和鹊嘴两村之间敌人的暗堡，歼敌一个排，击毙了敌人的一个营长。

9时许，三路部队悉数扫清了南长山岛南部几个村庄的敌人，在南城东山胜利会师。此刻，从南部溃逃来的残敌，占据南城北边的小山头进行垂死挣扎，掩护敌团部向北长山岛撤退。72师集中火力向敌发起猛烈攻击，将敌赶到南长山岛最北端的连城村全部歼灭。

10点，南北长山、大小黑山、大小竹山和庙岛等七个岛屿全部解放，战斗胜利结束。

我主力部队连续作战，正欲继续攻击南、北隍城，大、小钦岛和砣矶岛，消灭残敌，解放全岛的时候，却赶上13日骤起大风，竟日不停，进攻不得不暂时停了下来。18日下午，还未等到我军再次发起进攻，胆战心惊的"北五岛"敌军和还乡团之类的那些鱼鳖虾蟹惧于被歼，趁风势稍弱之际弃岛乘舰艇狼狈逃窜，长山列岛遂告全部解放。

我军陆军作海军，木船打兵舰，速战速决，取得了解放长山列岛的全面胜利。

人间正道是沧桑

长山岛回到了人民的手中。

"长山岛战役前方指挥部"传达了许世友司令员的命令："部队撤离长山岛，所有缴获的东西，包括仓库的物资、车辆、船只、舰艇、发电设备等一件也不准带走。在长山列岛——这个胶、辽半岛的咽喉之地，就是一草一木，一块石头，一把泥土，也不能动。"

对于部队提出要一部分美械弹药改善装备的请求,经研究得到批准。

后勤人员在接管的仓库里搬了20多个弹药箱回来,打开查看时,见到的却是一扎扎的银圆。如同烫手的山芋,战士们又连忙送了回去。仓库里还有鱼翅、海参、干贝、银枪鱼等海货干、鲜食品,也都毫无保留地移交给了接防部队。

对此,许世友司令员称赞说:"72师是一支老部队,有令就行,有禁就止,保持了我军的好作风,为军队建设树立了好榜样。"

部队凯旋,蓬莱海边男女老少数千群众锣鼓喧天地迎接解放大军归来。部队下船后,老乡们把战士接回原来驻扎的村庄,各家各户热情的乡亲们拉着战士们的手说:"你们把长山岛的国民党消灭了,我们终于可以安心地出海捕鱼了。"

长山岛的解放与每一个地方的解放一样,都是人民的希冀与期盼,总是让人民欢欣鼓舞。

第三十一章

中国，中国，鲜红的太阳永不落

1949年10月1日。

北京，天安门。

毛泽东在天安门城楼上庄严宣布："中华人民共和国中央人民政府今天成立了！"

当庆祝新中国成立的游行人群走过天安门高呼"毛主席万岁"时，毛主席不止一次地向人民群众挥帽致意，一遍又一遍地高呼着："同志们万岁！""人民万岁！"

"人民万岁！"这是人类社会有史以来第一次出自当政者之口。这第一声，如同响彻云霄的春雷，传遍整个世界。

中国人民从此站立起来了。

10月2日，胶东各地、各级都以不同的方式庆祝中华人民共和国的成立。工人、农民、知识分子、机关干部和解放军指战员纷纷举行集会游行，载歌载舞，欢度这激动人心的庄严时刻，沉浸在无限的欢乐之中。

胶东，正在新中国的光辉照耀下，以只争朝夕的精神夜以继日地开创着人民的事业。

建立和逐步完善人民当家做主的管理机制

中国共产党是人民群众的主心骨，有共产党做主，人民的腰杆子才能硬起来。

党的坚强领导是实现人民当家做主的万古基业。

1949年10月27日，中共胶东区委发出了《关于加强建党工作的指示（草案）》，要求各级迅速改变领导思想上忽视建党的危险倾向；加强支部工作，整顿基层组织，有计划、有步骤地把党组织向社会公开；适时召开党的代表会议；加强党的组织纪律，提高各级干部的政治水平和领导能力。

遵照中共山东分局《关于公开党支部的通知（草案）》，青岛中纺一厂党支部于1949年10月11日宣布公开，为全省开了先河。

青岛市把党组织的公开与发展党员结合起来。到年底，全市4664名党员，389个基层党组织全部公开。为加强党的领导，青岛市在各界人民代表会议常委会设立党组、分党组，还逐步在工商企业建立了党的组织。

莱阳、文登地委和烟台市委经过试点，按照先机关、学校、工矿再农村的顺序开展党组织公开工作。1950年12月，对1.9万个党支部和24.08万名党员分期分批进行整顿，新发展了1.36万名新党员，使党组织和党员以崭新的面貌出现在人民群众面前。

群众第一次真实地知道了自己的周围谁是党员。

"哦，怪不得那人对大伙的事儿那么上心，对咱们的苦楚那么关心，原来他是党员啊！"

好长一段时间，这都成为人民窃窃私语的一个话题。

有事找党组织办，有问题找党组织解决，有疑虑找党员帮助拿主意，很快成为习惯、成为风气。

党组织和党员，都被群众称作了"党"。人民群众的极大信任，使"党"感觉到担子更重、责任更大了。

1949年9月29日到10月5日，青岛市召开了各界人民代表会议，出席会议的代表314人，代表提案357件。会议讨论了市委书记薛尚实做的《关于改造旧青岛建设新青岛的方针与任务》的报告和市长马保三做的《关于三个月来施政工作》的报告，通过了以发展生产为中心的加强工商、治安、市政建设和文化教育等项工作的四个决议，选举产生了由15人组成常务委员会，薛尚实任主任，范澄川任副主任。

青岛市人民第一次行使了自己的权权利，从1949年9月到12月，胶东地区内9个中小城市和34个县先后召开了各界人民代表会议，各"海区"普遍加强了民主教育，各阶层都有代表参加各级政权机构。到1950年，农村普遍设立了村公所，90%的村有了党支部。1950年1月，各地开始了建乡工作，各县依据村庄大小及集中分散程度划定乡镇。一般每乡辖属5个村，每村500户左右。

乡村党组织和政权机构逐步形成了健全的体系。

1950年1月22日到29日，中共胶东区委召开新中国成立后的第一次代表大会，与会代表192人，区委书记赖可可、胶东行署主任刘坦、胶东军区司令员贾若愚分别在会上做了报告。

5月1日，山东分局根据中央人民政府政务院决定及山东省政府组织通则，决定撤销胶东、渤海和鲁中南党委和行政公署。胶东行署撤销后，原辖属的东海、西海、南海、北海和滨北地区分别归属新成立的胶州、莱阳和文登专区。

对于与人民群众息息相关的土地、房产等重要生产、生活资料，各级政府也逐步进行登记确权，把重要的生产、生活资料用法律法规固定下来，让人民群众放心经营，安居乐业。遵照中共山东分局关于完成和结束土改的指示，胶东地、县两级从1950年10月开始，通过会议动员和试点推广，普遍展开了"结束土改"的工作。

"结束土改"的主要任务是进行村干部整风、村级组织整理和改正错划成分，处理土地悬案，发放土地证，确立农民的地权、房权等。各地、市、县根据《中华人民共和国土地改革法》和《山东省土地改革具体实施办法》，普遍建立了专门领导机构，采取培训干部、组织工作队下基层进行指导的方式，保证工作的顺利进行、健康发展。文登专区组织2200名干部到县和乡村帮助指导。各县也组织工作队、巡视组进行检查督促，保证工作的进度和质量。

1951年5月，各地、县认真贯彻执行省政府《关于大力贯彻颁发土地房产所有权证工作的指示》和发证整籍委员会的《实施方案》，进一步加强了整籍发证工作。到1952年初，莱阳专区有50%以上的村庄颁发了土地证；文登专区对962.67万亩土地重新确定地权，颁发土地证119.56万张。

青岛市郊的崂山特区是解放较晚的地方。1950年12月在党的领导下，崂山特区进行了土地改革，划定了阶级成分，按政策进行没收和征收土地，分配果实等项工作，翌年3月基本结束。土地改革后，贫苦农民的家庭占有土地明显增多，农民的生产积极性空前高涨，农村各业得到了迅速的恢复和发展。

人民当家做主，有法可依，有章可循，有规可遵，有据可守。有共产党撑腰，根深了，本固了。

第三十一章

真正让人民有个安居乐业的社会环境

巩固新生的人民政权，建立稳定的社会秩序，是国家长治久安、人民安定幸福的重要保障。

一个重要的前提，就是必须及时有力地清除不安定因素……

胶东全境解放以后，一些残留的国民党党团骨干，散兵游勇和隐蔽下来的特务，网罗反动分子，组织多种形式的骚扰破坏，妄图颠覆新生的人民政权。

刚刚解放的青岛，各地流窜而来并潜伏下来的特务和各类反动分子多达2万余人。他们采取散布谣言，敲诈勒索，煽动工潮、行凶抢劫和暗杀接管干部等各种不同方式，不断制造社会恐慌，给新生的政权和人民群众的安全造成严重威胁。

为稳定社会秩序，保障人民生命财产安全，公安机关和人民解放军协同作战，仝力出击，严厉打击各种敌对势力的破坏活动。从入城到1949年底，共消灭匪特十余股，逮捕反革命分子200余名，缴获电台30多部，破获各种刑事案件948起。

1950年5月14日，逃亡台湾的国民党军派遣"国防部山东人民反共救国军"102人在大珠山以东的海口登陆，经人民解放军海防部队和青岛市、胶南县公安局及当地民兵三天三夜围追搜捕悉数歼灭，活捉了匪徒头目江振钰、郭立茂，狠狠打击了敌对势力的嚣张气焰，得到公安部和省政府、省军区及省公安厅的表彰奖励。7月19日，市公安局破获"青岛铁血保安司令部"案，以董良峰、刘义声为首的24名罪犯落网。

新中国甫一成立，反动会道门也沉渣泛起，他们披着宗教的外衣，造谣惑众，蛊惑人心，与反动势力沆瀣一气兴风作浪，进行反革命的罪恶勾当。

胶东的党政军民，绝不允许这样的社会毒瘤恶性滋长！

从1950年8月到10月，莱阳、文登专区和烟台市将"中国普济佛教会"所属组织和"一贯道""观世音会""北斗会""樱桃会""金钱会""天门道""一炷香""鸾座会""圣贤道"等反动会道门组织全部取缔。莱阳专区逮捕"普济佛教会"和"一贯道"道首468名，78名罪大恶极者被处以极刑；查封坛堂203个；退道会众17.3万余名。

青岛市政府1951年3月10日发布通告，确认"一贯道""九宫道""甘珠尔瓦呼图克图"等为反动组织，道首和有罪恶、有反革命行为的分子被立即逮捕。到6月底全市和崂山特区明令取缔了15种反动会道门，查封佛坛口148处，依法逮捕道首233名，判处极刑的26名，登记悔过的2114名，声明退道的7.3万余名。

7月到8月，烟台和青岛市采取措施取缔了反动的天主教"圣母军"。烟台市有"圣母军"支会20个，会众200余人，公安机关逮捕首恶8人，支持"圣母军"的烟台教会代理主教江世范、金克耀也被依法逮捕，余者均向政府登记悔过。莱阳、文登专区的"圣母军"组织也相继被取缔。青岛市依法逮捕了10名从事间谍活动的"圣母军"传教士，另有担任一定职务的骨干分子258人，一般成员532人均登记或声明退出。

遵照中共中央关于《镇压反革命运动的指示》，青岛市委于10月26日召开会议，讨论通过了《青岛市执行中央关于镇压反革命活动的计划方案》，成立了镇压反革命案件审批委员会。到1953年，经过动员部署、巩固成果、深入总结等几个阶段，基本完成了打击"匪、霸、特、党、道"五种反革命分子的任务，夺取了镇反斗争的全面胜利。

沂蒙山区一个还乡团头子刘洪华，趁国民党军队进攻山东解放区的机会干尽了坏事，制造了许多惨案，杀害家乡的共产党员和无辜群众50多人，在镇反中被青岛市公安局抓获押送回村。公审大会那天，家有被害亲人的参会村民有的带着刀剪，准备当场把刘洪华割了。当刘洪华等八名罪犯被押上会场，喊杀声顿时响成一片。会后，罪犯被拉到村外河滩执行了枪决，告慰了惨死的父老乡亲。当晚，许多人家包了饺子炒了菜，设家宴予以庆贺。

杀害莱阳县第一任县委书记李伯颜的叛徒赵百原，在1945年2月万第解放后逃往青岛，青岛解放后被依法逮捕，在镇压反革命运动中被押解到了万第镇，由莱阳县县长梁凤君主持召开群众大会，知情者控诉了他的叛党罪行，他被当场执行枪决。

莱阳、文登专区党委和烟台市委分别于11月进行镇反部署，成立了由政府和公、检、法及纪委主要领导人组成领导班子，各区、县纷纷召开各界代表座谈会、控诉会、公审会和广播大会进行组织动员，自始至终贯彻了"首恶必惩，胁从不问，立功受奖"和"宽大与教育相结合"的政策，集中处决了一批罪大恶极的恶霸、土匪、特务和反动党团骨干等反革命分子。

从1950年11月到翌年9月，莱阳专区地方各级共组织公审大会180次，逮捕反革命分子5211名，处决了1729名，劳改、劳教3020名。文登专区和烟台市经过公审，量刑宣判，使各类反革命分子得到了应有的惩处。

给敌人以震慑，让人民以振奋，予社会以安定，新的政权绝不允许任何敌对势力肆意妄为。

饱受战争之苦的人民最热爱和平

中国古老的文明积蓄了古老的语言，留下了无数的穿越时空的俗言俚语。当1950年以美国为首的联合国军侵略朝鲜，把战火燃烧到鸭绿江边的时候，不禁让中国人民想起那"项庄舞剑，意在沛公"和"城门起火，殃及池鱼"的旧事古典。

6月26日，美国总统杜鲁门命令驻日本的远东空军协助韩国作战，27日命令第七舰队驶入我国台湾省的基隆、高雄两个港口，在台湾海峡巡逻，阻止中国人民解放军解放台湾。7月5日，以美国为主导的"联合国军"，参加了第一场对朝鲜的战役。

6月28日，中华人民共和国主席毛泽东发表讲话，号召"全国和全世界的人民团结起来，进行充分的准备，打败美帝国主义的任何挑衅"。

同日，周恩来总理代表中国政府发表声明，强烈谴责美国侵略朝鲜、台湾以及干涉亚洲事务的罪行。号召"全世界一切爱好和平正义和自由的人们，尤其是东方各国被压迫民族和人民一致奋起，制止美帝国主义在东方的新侵略"。7月6日，周恩来再次发表声明指出，联合国安理会6月27日关于朝鲜问题的决议为非法，中国人民坚决反对。

胶东是海防前沿，与朝鲜一衣带水，受朝鲜半岛局势的影响最为直接。胶东和全国人民一样，饱受战乱之苦，最懂得和平的珍贵和来之不易。新中国成立后刚刚过了几天难得的安稳日子的人们，对美国在自己的家门口又燃起战火更加痛恨。

人民，绝不允许恶虎野狼再把自己的国家拖入战争的深渊。

7月1日到7日，青岛市开展了以"拥护世界和平，反对侵略战争"为主题的和平签名活动，全市43.6万余人在和平宣言上签了字。21日，市委、市政府召开有群众团体和民主党派参加的会议，决定成立"青岛市人民反对美国侵略台湾和朝鲜运动委员会"，从24日到30日为"运动周"。"运动周"期间，青岛全市举行了有数万人参加的游行活动，进行了街头演出，举办了大型专题演讲会，造成了强大的声势。

莱阳、文登和烟台市各级举行了抗议美国侵略朝鲜、武装日本和霸占台湾的游行示威，参加人数达200余万。各地和平签名活动一直持续到12月，得到了全体人民的一致支持和响应，80%以上的人签了名。

10月8日，毛泽东主席命令中国人民志愿军赴朝作战，19日，中国人民志愿军进入朝鲜。

从10月下旬开始，莱阳、文登专区和烟台市开展了轰轰烈烈的"抗美援朝，保家卫国"运动，城乡各地和各界广大人民群众提出了"要钱有钱，要人有人"的响亮口号，以实际行动支援抗美援朝。

一个月之内，"两地一市"有1.5万名青年报名参加中国人民志愿军赴朝作战。1951年6月，为响应山东省抗美援朝分会捐献"山东空军师"的号召，文登专区捐献人民币121.26万元及大批粮食物资；莱阳专区捐献223万元，购买了10架飞机；旅苏华侨张廷阁捐献了"双合盛号"飞机1架；莱阳人民还捐献小麦1000余万斤，咸菜32.7万斤，辣椒面1.6万斤，购买了60辆马车和120头骡子，由120名车夫赶着马车到抗美援朝前线进行支援。另外，全专区6.9万名妇女和500名工人赶制军鞋5万双献给"最可爱的人"。

青岛社会各界支援抗美援朝的捐献活动如同大海的浪涛，一浪高过一浪。自1951年1月开始，青岛市社会各界多次开展向抗美援朝的捐献活动，从机关到企业，从单位到个人，资金、物资、书刊、书信和各种慰问品，只要作战需要、战场需要、战士需要，就应有尽有、应捐尽捐。

虽然，市民并不富裕，但省吃俭用，勒紧裤带也要为保家卫国的前方将士和战争的胜利做出贡献。有的捐出了多年的积蓄，有的捐出了心爱的首饰，有的通过义演和义务劳动募集款项。到12月，全市共捐款396万余元，捐献飞机32架，其中有妇女界的"青岛妇女号"，文化界的"鲁迅号"，医疗卫生界的"白求恩号"，新华制药厂的"青岛新华号"，崂山特区的"崂山号"等带有青岛符号的战斗机，这些战斗机在抗美援朝的战场上大显神威。

1951年2月28日，由山东大学医学院教授冯雁忱、青岛市立医院外科专家王训颖等42名医务人员组成的青岛第一支医疗队赴朝，青岛各界举行欢送大会，载歌载舞为他们送行。此后，又有第二批、第三批共84名医护人员奔赴抗美援朝战场。

1953年1月上旬，莱阳专区机关和莱阳县党政军民举行大会，隆重欢迎赴朝作战的中国人民志愿军——原中国人民解放军第26军——凯旋，地委主要领导同志和志愿军首长在会上讲了话，各界代表做了热情洋溢的发言，会议结束后举行了盛大的军民联欢活动。

7月27日，美国被迫在停战协定上签了字，历时两年零九个月的抗美援朝宣告结束。

许多年后，曾经的联合国军司令、美国五星上将，参加过第一、第二次世界大战，号称打遍欧亚无敌手的麦克阿瑟，却因朝鲜战争中的败绩被撤销了职务。晚年，当他得知有国家在中国边境制造事端，发动侵略时，不无感慨地说："谁要是想和中国陆军打仗，那他简直就是有病！"

站起来的中国人民是最热爱和平，最坚持正义的。

正义的力量是不可战胜的！

中国、中国，鲜红的太阳永不落！

第三十二章
组织起来的力量

胶东人，最多的是农民。

胶东有一句流传久远的话是"千买卖，万买卖，不如老驴驮墼块。"

何为"老驴驮墼块"？就是赶着"驴驮子""骡驮子"驮着打了旧炕洇细了的"墼块"土，送到地里当作肥料种庄稼。

这话也说得实在，民以食为天嘛。习惯于土里刨食吃的胶东父老就这么一代一代地传承着，也就有了一代又一代面朝黄土背朝天的农民，一代又一代的日出而作、日入而息的农家生活。

解放了的胶东农村经过土地改革，家家有了自己的土地。至于土地种法嘛，当然还是千百年来的老一套，一家一户的"单干"，一家一户的"旱无法，涝无法，冰雹来了由着打。水来淹，风来刮。丰了一年饱，欠了饿死娃"。

共产党带领人民推翻压在人民头上的"三座大山"，实现了耕者有其田之后，也还要把人民群众组织起来改革耕作制度和经营体制，实现耕者无其忧……

种地，从互助组到合作化

相对于别的地区，胶东抗日根据地建立得较早，解放得也较早。在党的领导下，农业互助组在抗日战争最艰苦的年代就出现了。

1943年，胶东区党政军在开展大生产运动中，为帮助农民实现农业的稳产高产，便在文登县的高村区望海隋家村率先建起了互助组，并逐步扩展到高村全区。很快，100多个互助组打了167眼井，在当年干旱无雨的情况下实现了农业丰收。

当然，在当年的抗日根据地，互助组并没有普及。何况，当时胶东的大片区域还属根据地边沿的游击区，许多地方仍然是敌占区，那就更谈不上有什么互助合作了。新中国成立之后，才有了各地的统一行动。

中国共产党从诞生到夺取全国政权，大部分时间都生活、战斗在偏僻、穷困的农村，走的是一条农村包围城市的路子。所以共产党对农村最熟悉，对农民最亲近，对农家的疾苦了解最多、体会最深；对改造农村，提升农业，富裕农民的调查最细，探索最广，思考最透，实践最多。

新中国成立前的党的七届二中全会决议和《中国人民政治协商会议共同纲领》都明确规定，一切彻底实现土地改革的地区，必须谨慎地、逐步而又积极地引导个体农民向社会化、集体化方向发展，引导农民按照自愿互利的原则，组织各种形式的劳动互助和生产合作。

1951年9月，中共中央召开全国农业生产互助合作会议，制定了《关于农业生产互助合作的决议（草案）》。12月中旬，中央印发了这个文件，指示全党、全国各级要把农业互助合作"当作一件大事去做"。

1952年2月，文登专区党委召开了全专区农业合作会议，曾经带领乡亲兴办互助组的高村区望海隋家村共产党员张富贵在会上介绍了自己在抗战时期带领群众开展农业互助合作，取得了显著丰产成果，深为群众接受的做法，使参会人员得到了现实的教育和启发。会议总结了农业互助合作的经验，推动了农业合作工作的开展。

在此之前，莱阳专区的掖县蒲家洼村的刘洪恩等17户农民自愿组织，成立了胶东地区的第一个农业生产合作社——掖县红旗农业生产合作社。之后，栖霞县的接官亭、东三叫和文登县的周格庄等村也建起了农业生产合作组织。到1952年年底，莱阳、文登两地区共建起初级社62个，入社559户，常年性互助组9万多个，季节性互助组16万个。长山岛特区的砣矶岛后山村把分到的渔船网具集中起来，采用入股分红的方式建起了初级渔业生产合作社。在后山村的影响下，全岛很快就有7个渔业生产合作社组织了起来。

青岛郊区的农民在土改中分得了土地和相应的生产资料之后，生产积极性空前高涨，农业生产得到了长足发展。但是，一家一户的经营模式，使生产受到极大限制，缺劳力、缺牲畜、缺农具、缺资金等一系列问题使一些家庭陷入新的困境。面对新情况，党和政府提出了"组织起来克服困难"的号召，广大农民本着自愿互利的原则逐步走上了互助合作的道路。到1951年底，崂山特区参加互助组的农民达到了1.36万户，占28.5%。1952

年秋，中共崂山特区工委试办了两处农业生产合作社，为以后工作的开展积累了经验。12月，特区又举办了互助合作训练班，加强了对农村基层干部和生产积极分子的政策教育。

为了保证农业互助合作运动的健康发展，各地按照中央指示精神，随时纠正存在的急躁冒进、拉郎配、凑数字等不良倾向，随时正向纠偏，把工作的着眼点始终放在实事求是和发扬民主、积极推进、稳妥发展上，紧紧依靠群众搞好生产，多打粮多分粮，真正发挥出了互助合作的优越性。到1953年5月底，莱阳专区的农业生产合作社已发展122个，分布在11个县78个区。文登专区7县1市的农业生产合作社达到了84个。这些合作社因为采用了新技术，改良了耕作方法，社员管理的积极性高，农作物产量都大大超过当地的互助组和单干的农民。

各级政府在率先建立的农业合作社中不断总结经验，各地农业合作化由点到面，由初级社到高级社逐步向前推进。

1954年1月公布的中共中央《关于发展农业生产合作社的决定》指出，由具有社会主义萌芽的互助组，到社会主义初级社，再发展到社会主义性质的高级社的过渡形式，是我国农业社会主义改造的具体道路。《决定》指出，发展互助合作运动，以提高农业生产力，是今后党领导农村工作的中心。党对农业合作运动的方针是积极领导，稳步前进的。

在发展中整顿，在整顿中巩固，在巩固中不断提高，胶东地区广大农村走出了一条实现农业合作化的最现实道路。

1955年，文登专区经过整顿巩固，农业合作社由1万多个合并为6298个，入社55.4万余户，占总农户的91%。荣成县青山区蒲头乡楼下村的黎明、黎成、黎华三个小型合作社合成了一个较大的农业合作社，合并后制定了三年的生产发展规划，其经验和做法写成一篇《一个做了三年生产规划的合作社》的文章，收入了毛泽东主编的《中国农村的社会主义高潮》一书。

毛主席为这篇文章加了按语："这个规划有用，可作各地参考。一切合作社，都应做一个几年的生产规划，经过社员多次讨论，加以修改，然后付诸实施。"[①]

[①] 中共中央办公厅编:《中国农村的社会主义高潮》，人民出版社，1956年版，第483页。

《中国农村的社会主义高潮》一书还同时收录了《莱阳县河洛、水沐头乡两个农业生产合作社制定生产计划的经验》。

胶东农村各级干部和广大人民群众得到了极大的鼓舞和鞭策，走合作化道路的积极性更高了。

1956年3月5日，经国务院批准，山东省人民委员会决定撤销文登专区，原文登专区所辖各县归于莱阳专区。

大事，需要更多的人一起干

组织起来，走互助合作的道路，改变了传统的农业生产经营模式，提高了生产效益，解决了一家一户具体的困难。但要从长远、从根本上改变农业生产条件，解决农民生产安全，人民生活安定的问题，譬如江河水患的治理，大型水利工程的建设，农田旱涝保丰收系统的构建，以一庄一疃各自独立的合作社体制依然无法进行。

中共中央和毛泽东主席在新中国百废待兴的时刻，一直在思考这个关乎国计民生的根本问题。

"水利是农业的命脉。"这是毛泽东主席早在领导江西苏区经济时就提出的农业建设思想。水利建设必须全国一盘棋。毛主席从全国考虑，鼓励条件成熟的地方办大社，以利于建立全国水利网。

1958年8月9日，毛主席从河南来到山东。他先在兖州火车站召开座谈会，听取省和济宁地、县、区委和村党支部书记的工作汇报。在同县和乡、村的同志谈到联合起来大搞农田水利建设，并准备合办大社的时候，毛主席说："河南有叫人民公社的，不知怎么样？你们可以去看看。"

第二天毛主席到了济南，深入历城县的田间地头进行调查研究，对农业互助合作的问题做进一步深入探讨。11日，山东省的《大众日报》刊出"毛主席说还是人民公社好"的消息。

9月上旬，莱阳专区全面兴起了联乡联社转人民公社的热潮。一个月的时间，全区6284个农业生产合作社组成了206个人民公社，社员达到143万余户，占总户数的99.8%。

人民公社的建立，成为大规模进行农田水利基本建设的一个重要前提。10月7日，莱阳专区党委作出了《关于今冬明春实现水利化的决议》，提出以小型为基础，中型为骨干，辅以必要的大型工程，苦战一冬春，拦、蓄、挖、提并举，实现大雨不成灾，无雨保丰收的要求。

根据中共山东省委指示，莱阳专区于10月17日进行了区划调整：撤销福山县、牟平县合并入烟台市；撤销黄县、长岛县合并入蓬莱县；莱西县与莱阳县重新归于合并，仍称莱阳县；撤销乳山县，其原区域分别并入文登县、海阳县和烟台市。文登、荣成县和威海市的区划也进行了相应的变动。

区划调整，县域面积扩大了，人口多了，干大事的力量增强了。随后，便在秋收即将结束的时候按计划开始了大规模的农田水利基本建设。

莱阳、莱西两县17日宣布合并，22日便开始了全区最大的水利工程——产芝水库的建设。

建设产芝水库是中共山东省委批转莱阳专区党委关于争取在三年内根治大沽河的规划的重要组成部分。7月，这个项目由山东省勘测设计院和莱阳专区水利指挥部设计编制，完成了总体建设方案，方案规定在大沽河中上游的李格庄公社南部筑坝拦河，大坝选址在产芝村往东到韶存庄村偏东北的岭岗上。

大沽河在胶东半岛中西部，是胶东地区的母亲河，也是胶东地区河道最长、流域最广的河流。许多年来，沿岸百姓既受河水的灌溉之利，也吃尽了河水的泛滥之苦。1953年7月底开始的连续降雨，到8月4日莱西境内突降暴雨162.4毫米，上游的掖县郭家店区域内日降大暴雨264.4毫米，造成大、小沽河（小沽河为大沽河的主要支流之一）河水漫溢，沿岸七八里的区域内平地积水2尺到5尺深，全县3.7万余间房屋倒塌，136人死伤，51.2万亩农田受灾，粮食减产2645万公斤。

莱西县委、县政府迅速派出干部和医务人员奔赴灾区抢救、安置受灾群众，在一穷二白的情况下仍拨出救灾款4.4亿元（旧币），上级政府拨给18亿元（旧币）帮助群众重建家园。沿河人民在水灾面前第一次感受到了新旧社会两重天，感觉到了共产党的伟大，国民党的卑劣。

现在要修建产芝水库，要根治大沽河的水患，变水害为水利了。党和政府一声令下，全县人民一齐响应。清基、夯土、筑坝、围堰、阻水、砌石，凭的都是"纯手工"的锨挖、镢刨、镐凿、车推、人抬，到后来才有了几台拖拉机拖着石头滚子一层一层压实黏土。

水库建设成立指挥部，由原莱西县委组织部部长范学义任总指挥，成员有耿绍忠、周席珍等，技术员为盖庆余。

参加水库建设的民工从开始的1万多人逐步增加，最多时达到3.65万人，人山人海，在数十里的工地上摆开了战场，一派战天斗地的壮观场面。

举全县之力建设大型水利工程，各地参加建设的民工从几十、上百里的家中赶到工地，分布在周围数里、十数里的农家睡土炕，搭草铺，安排不了的干脆就近在野地里搭窝棚住下。民工以连、排为单位自开伙食。天不亮起来，天黑才收工。午饭一律送到工地吃，主要饭菜是地瓜干、玉米窝头和咸菜疙瘩，过节才有机会改善一次生活，也不过是增加点馒头和肉片。

水库建设指挥部的干部大都住在临时搭建的工棚里，吃在工地、住在工地，与民工干在一起、吃在一起。

1959年六七月间，解放军莱阳驻军派出部队到工地支援，战士们挖土推车，运输物料，齐心协力为加快工程建设进度出力流汗。

冬去春来，夏热秋凉，风霜雨雪，尘扬沙暴，干部民工顶严寒、冒酷暑，经年累月苦干在建设工地上。生病、受伤、致残的情况时有发生，有的甚至失去了生命。

1959年冬天的一场大风雪，封住了县妇联派在水库建设指挥部工作的儿童部部长林美玉和两个女水利技术员、两个女拖拉机手住的搭在河套的窝棚。她们早晨醒来，原木头和玉米秸扎成的门怎么也推不开了，荒沟野地怎么喊也没有人答应。直到中午，工地炊事员发现几个女的两顿没来吃饭，便急忙忙跑去指挥部报告。总指挥范学义立即带人赶去，锨铲手扒，出了好大力气才把五个人都扒拉了出来。

"死人的事是经常发生的。"

在艰苦条件下不懈奋斗的日日夜夜，有30多人魂留库区。虽然死因不同，事故却都是在工地发生的。有三个负责爆破的民工在填装炸药的时候雷管意外引燃，炸药爆炸，造成一人当场死亡，两人被炸成重伤；一个管理石灰垛的民工在发放石灰时因垛顶上的石灰袋子掉下爆裂，浓烈的石灰粉尘冲进喉咙，连呛带烫，很快便没有了气息；两名年轻的女民工夜晚从工地赶回睡觉的工棚，在漆黑的夜路上失足踏空，掉入水中，到被发现时已经天人相隔……

1959年9月建起了大坝和东西放水洞及溢洪道，历时经年，主体工程基本完成。水库大坝长2.5公里，控制流域面积879平方公里，库区面积

56平方公里，总库容4.02亿立方米，兴利库容2.15亿立方米。

据测算，产芝水库的拦蓄能力可对大沽河百年一遇的洪水削减69%，千年一遇的可削减74%，万年一遇的可削减76%。水库灌溉分为东、西干渠和姜家泊、辇至头四大灌区，13个乡镇的403个村庄受益。

产芝水库，抑制了水害，兴发了水利。

"水利是农业的命脉"，人民越来越清醒地认识到这一伟大的真理。

从1958年下半年开始，胶东地区共开工建设大、中、小型水库1000多座，其中大型水库除产芝水库之外还有福山县的门楼水库。门楼水库在大沽夹河清阳河段，控制流域面积1077平方公里。门楼水库1958年10月动工兴建，其间经过了停工下马的过程，经三县一市2万多民工艰苦奋战，于1960年5月大坝合龙，完成了这座面积18.4平方公里、总库容1.98亿立方米、兴利库容1.05亿立方米的水库建设工程，消除了千年水患，成为烟台市生产、生活用水的主要水源地。

1958年9月1日，青岛市开工建设月子口水库，蓄崂山雨水解决城市供水问题。水库于1960年4月竣工，总库容4650万立方米，汇水面积99.6平方公里，是新中国成立后青岛最大的城市供水工程。月子口水库后来更名为"崂山水库"，1964年动工补建水库净水厂，1965年建成投产，日净水量达7.5万立方米。

……

"除了党的领导之外，六亿人口是一个决定的因素。人多议论多，热气高，干劲大。从来也没有看见人民群众像现在这样精神振奋，斗志昂扬，意气风发。"[1]这是毛泽东1958年4月15日在广州写的《介绍一个合作社》里的话。

在党领导的新体制下，胶东人民在一穷二白的条件和环境中自力更生完成了一个又一个造福于千秋万代的伟大工程。

---

[1] 毛泽东著作选读编辑委员会：《毛泽东著作选读（乙种本）》，中国青年出版社，1965年版，第190页。

第三十二章

文化翻身，一项重大的基本建设

列宁说过："在一个文盲充斥的国家里是不能建成共产主义的。"

旧社会留给胶东的，不仅是物质上的一穷二白，还有人的文化知识的一穷二白。许多人，从来就没有进过学校的门，用胶东人自嘲的话说就是"一个大字不识的睁眼瞎"，就人自身的知识体系来说，便是"全裸式的原生态"。

人民在政治上翻了身而不能在文化上翻身，就不能或者说不算是彻底地翻身。新中国成立时，全国80%的人口是文盲，学龄儿童入学率仅有20%。

毛泽东指出："在80%的人口中扫除文盲，是新中国的一项重要工作。"

胶东地区在扫除文盲，提高人民文化水平方面也是走在前面的。

土地革命和抗战时期，胶东的农民协会和根据地的村镇就兴办了各种形式的农民识字班，有了"冬学""庄户学校"，编印了《庄户杂字》等识字课本。根据地还为业余教育设置了唱歌、演出、讲形势、教思想的课程，使农民在学习中实现了文化、思想和个人道德品质的多重提高。

新中国成立后，农民的业余教育更是如火如荼地轰轰烈烈开展起来了。

为培养大批有文化的工农业生产者，莱阳专区制定了业余教育计划，采取多种措施培养民师，要求参加业余学习的职工在短时间内学完高小和初中的主要课程，农民摘掉文盲帽子。1954年全专区参加业余学习的农民达到了27.13万人。

平度县到1954年共有"扫盲班"1130个，学员达3.46万人。1955年，全县贯彻落实毛主席关于农民教育"速度要快，规模要大，质量要好"的指示，培养的民师队伍达到4500余人，学员增加到15.6万多人。1958年，全县实现了村村办民校，学员达到21.7万余人。到1966年，青壮年文盲全部扫除。

青岛市在贯彻全国第一次工农教育工作会议精神时，确定了"开展识字教育，逐步减少文盲"的工农教育基本方针和任务，市里成立了扫盲委员会、扫盲协会、职工教育委员会、郊区冬学委员会等组织机构，逐步建立了从扫盲到中学的工农教育网。全市还设立了9所机关干部业余中学，5所干部职工业余学校，建起工农干部文化补习学校和商业职工业余中学各1所。1950年秋，全市设立工农文化补习学校6个，有1334名工农干部入学；

职工业余学校 91 个，2.7 万余名工人入学；冬学 39 个，5361 名农民入学。到 1952 年底，全市共设立市民补习学校 86 个，2 万余人参加学习。

完成土改后的崂山特区农民 7 万多人入了冬学，占青壮年农民的 80% 以上。

为增加有知识农民的成分，在整体上不断提高农民的文化层次，胶东地区各级政府遵照中央关于小学教育应是国民义务教育，绝大多数学生应该从事工农业劳动的指示，积极鼓励高小毕业生回农村参加农业生产，参与农村的建设与管理。

文登专区党委于 1954 年 6 月 5 日召开了回乡高小毕业生代表会议，参加会议的有已经毕业和即将毕业的高小学生代表、教师和学生家长代表。在农业第一线做出成绩的回乡高小毕业生在会上介绍了自己运用掌握的科学文化知识参与新农村建设事业的做法和经验，鼓舞了人心，教育了那些不安心农村的高小毕业生，也让即将毕业的学生高高兴兴地做好了回到农村去发挥自己光和热的准备。

1950 年，掖县过西区后吕村 15 岁的姑娘徐建春高小毕业回到家乡，学会了各样农活，全家与四户农民成立了互助组。1952 年 10 月，《山东青年》杂志以《前年她是个女学生，现在成了模范的互助组组长——模范团员徐建春访问记》为题报道了她的事迹。1954 年 2 月，徐建春当选为农业合作社社长。1954 年 3 月 12 日，《人民日报》转载了《大众日报》的文章《徐建春——农村知识青年的好榜样》，在全国引起强烈反响。1957 年 5 月，徐建春作为扎根农村知识青年的典型出席了中国新民主主义青年团第三次全国代表大会，受到毛主席的亲切接见。

第三十三章
从种田吃饭到种田富民

进行农田基本建设，从根本上改变农业生产条件，让有限的土地资源产出更大的效益，是胶东人民在党的领导下创造的又一个伟大奇迹。

1957年11月16日，莱阳专区成立了以地委主要负责同志为主任的农田水利基本建设委员会，各县也成立了相应的组织，开始了整地改土，改良土壤的群众运动，展开了"大兵团作战"，拉开了大规模农田基本建设的序幕——

黑土地露出娇美

胶东的土地，大多是黄土，黑土地不多。大片大片的黑土地唯独在远近闻名的姜山大洼才有。据说，大洼边缘区域的那个"黄土台"村，就是因当年秦始皇东巡时于此驻跸，取临淄之土于此筑台望仙，号令四方而得名的。

黄土，在姜山大洼始终是稀罕物。

"姜山洼十年九不收：收一收，吃九州。""收了姜山洼，莱阳、栖霞都不怕。"可见，姜山大洼土地资源潜质的丰厚在人们心目中还是很被认可的。但这个"收一收"常常不是以十年计，而往往是百年不遇的。

当地有一个流传久远的故事，很能说明姜山大洼的地质特色。有一个富家给闺女在洼区找了个大户人家的婆家，闺女过门之前，其父亲大老远到亲家那边"考察"。闺女没过门，亲家间自然也不能见面，"考察"也便成了"私访"。这闺女爹打听着到了亲家村东洼的地里，看看待收的麦子金黄一片，齐崭崭一眼望不到边。他兴冲冲回到家里冲着老伴就喊道："嗨，闺女婆家那麦子，长得密实着呢，从地西头推一推，地东头都能动弹着。"

嫁了闺女，趁夏秋之交闲散了，这闺女爹便又去看亲家地里的庄稼。站在村口往东望去,看到的只是一片汪洋,哪里还有庄稼的影子?只见那几穗露出头了的可怜巴巴的高粱在涌流中簌簌地抖动,勉强地宣示着它们的存在……

见了正为发大水淹了地而犯愁的亲家,他提起那次见到的遍地喜人的麦子。亲家苦笑着说:"唉,这地啊,麦子收了那是侥幸。咱这里,最怕的是春旱,旱瞎了麦子;秋涝,涝死了秋粮。要是这样,一家人就都要扎起脖子来眼睁睁干忍饿了。唉,老天爷可常常是咱怕什么就来什么呢。"

当地人有两个顺口溜,一是说大洼的土地:"春天白茫茫(盐碱),夏天水汪汪。秋来潺涝重,入冬秃溜光。"一是说大洼的庄稼:"高粱一杆枪,玉米软叮当,地瓜水叽哩,豆子泡了汤。"大致,这便概括了姜山大洼千百年来的实情实景。

终于,"天翻地覆慨而慷"了。

姜山大洼在胶东半岛西南部,从莱西县的绕岭以南、郝家寄马埠以西,到即墨县的瓦戈庄以北的区域,渐进式的低洼趋向,整体地形是北、南、东高而唯独西低,就形成了"天下无水不朝东,唯有此地向西流"的景象。

大洼的中部莱西与即墨的中间有一条五沽河,携带着域内400余平方公里的所有大径小流一起往西,汇入大沽河后南入黄海。因汛期四围入水多,以致五沽河承载过量,造成潴留,便是涝灾形成的主要原因。另外还有那条落差很大的小沽河也从西北滚滚而来,齐呼啦抬高了水位,造成河水倒灌入五沽河,更让大洼的土地涝上加涝。

在姜山大洼,莱西、即墨两县的90多万亩土地和洼区人民,千百年来饱受洪涝之灾而苦不堪言。新中国成立之后,为解除涝灾,让土地多打粮食,让人民有饭吃,把群众从穷苦的忧愁中解救出来,党和政府从救灾到治洼,不断加大力度,只为了从根本上解决当地人民的愁苦。

1957年9月7日,莱西县成立了涝洼改造委员会。随后,省、地、县都派了水利科技人员对洼区进行探源寻流,考察勘测,提出了疏、堵、抬相结合的综合治理方案,按照实际情况分步实施、分级落实。

1958年11月,开工了大洼改造的主体工程——堤湾滞洪区的建设。

堤湾,是姜山大洼的最低处(最低处的海拔高度只有3.35米),是积水最深、危害最重的地方。在这里建滞洪区,无疑是抓住了大洼治理的"牛鼻子",为进入姜山大洼泛滥肆虐的洪水牢牢地拴上了一个"笼头"。

滞洪区的堤坝全长 1.17 万米，控制流域面积 73.5 平方公里，其中平原、丘陵分别为 80% 和 20%。滞洪区 8 孔闸门净跨 32 米，有 4 个放水洞，1960 年建成开始发挥效益。

1972 年 4 月 25 日，中共烟台地委做出了彻底改造姜山大洼的决定，同时进行五沽河疏浚和堤湾滞洪区、瓦戈庄电灌站及浦东水库配套等项工程建设。烟台地委成立了"洼改指挥部"，由分管副专员任指挥；莱西、即墨两县及洼区各公社派出得力干部具体抓实施，把这"百里洼乡"通过治理改造成了"遇旱有水浇，遇涝无积水"的稳产高产农田。

此后的每年冬天，莱西、即墨两县都有数万名劳动力上阵，挖沟、抬田、清淤、修渠、疏河、调水，展开轰轰烈烈的治洼会战。1972 年，烟台地区水利局编制了五沽河防洪排涝治理规划。

五沽河发源于莱阳西南、即墨东北的丘陵地区，全长 44 公里。1973 年冬天，莱西、即墨两县数万民工上阵，集中对五沽河道进行疏浚治理，经过两个冬春的艰苦奋战，到 1984 年全部治埋结束。紧接着又逐年疏浚了淤沟、朴木沟、李仙庄沟、曲格庄沟、夏格庄沟、姜山沟、李权庄沟、于河子沟、庞家岚沟等五沽河的那些大支小流，形成了畅通无阻的排水泄洪体系。

滞洪区控制了主水，五沽河通畅了客水，连村沟罗集了小水，田间沟承载了渗水，高抬了的台田、条田摆脱了淫涝，黑土地的潜质终于摆脱了压抑，得到了扬眉吐气的发挥，露出了天生的娇容。

从北缓缓而来的产芝水库东西干渠的水一路向南，直接送到了洼区，通过支渠、斗渠、毛渠，成梯级地自流进入农田，冲刷和压制了盐碱，大洼变成了水田，水田种上了水稻。

从 20 世纪 60 年代中后期开始，亘古未有的水稻种植在姜山大洼逐步推开，从未种过水稻也没见过稻田的洼乡农民在南方来的技术人员指导下，开始学整水田、育秧插秧、耥地、驾水牛等一整套的水乡活计，一村村做得细致、耐心而又到位。

秋天，平展展的水稻一片金黄，人民公社社员笑逐颜开，国内外友人前来参观，新华社记者驾上了航拍，新闻电影制片厂跟踪拍摄……一派前所未有的喜人景象。

水稻亩产上千斤，稻米的质量比粮站供应的好了许多。耐涝的红麻也成了大洼的主要经济作物，莱西、即墨因此成为全国的麻纺原料供应基地。

可用于治疗肾炎、水肿、肠炎泄泻、小便不利等症的"泽泻"也引入大片种植，为赤脚医生治病救人提供了新药，为药材公司收购经营创新了门类。

小麦、玉米、大豆、高粱等传统农作物长势更加喜人，年年的麦子就真正是"从西边推推，东边就会动"了。1977年，洼区有30万亩粮田亩产达到314.5公斤，总产9435万公斤，是1949年的6倍还多。在当时，这样的大面积丰产已很是难能可贵了。

姜山大洼低处的最西端，曾产生过"有女不嫁张官寨，送饭送到钓鱼台。饭担子去了草担子来，提溜着半只绣花鞋（泥泞的黏土路把鞋底给拔掉了）"顺口溜的朴木乡，1994年创出亩产2000余斤的高产，成为胶东地区第一个"吨粮乡"。

姜山大洼的黑土地，在人民群众的辛勤劳作和农业科技的作用下，正徐徐释放着无穷的能量。

旱薄地创造奇迹

旱薄地的大规模改造，总不能忘记那场轰轰烈烈的"农业学大寨"运动。

大寨是山西省昔阳县的一个山村，在村党支部书记陈永贵领导下成立了农业合作社，全体社员开山劈岭建造梯田，粮食产量成倍地增长，全村一穷二白的面貌迅速改变。1963年，毛泽东发出了"农业学大寨，工业学大庆，全国学人民解放军"的号召。1964年2月10日，《人民日报》刊登《大寨之路》的报道，介绍了大寨大队的事迹，并发表社论《用革命精神建设山区的好榜样》。1964年3月28日，山西省委书记陶鲁笳向毛主席汇报了大寨大队的事迹。

毛主席高兴地说："穷山沟里出好文章。"

中共烟台地委从1964年3月开始，通过召开会议等多种方式，认真组织全地区学习大寨自力更生、艰苦奋斗的事迹和经验，组织各级干部到大寨参观学习。同时，在全专区推广了黄县北马公社下丁家大队和南仲家大队、招远县罗山公社等农业先进典型，还在黄县召开了有各县、市委书记领导干部参加的会议。人们看了现场大开眼界，听了介绍深受启发，联系自己信心十足。

黄县下丁家大队是由散落在山沟沟里的七个小自然村组成的。在村党支

第三十三章

部书记王永幸带领下,以蚂蚁啃骨头的精神征服了穷山恶水,实现了山地水利化,坡地梯田化,耕地田园化,荒山大部分绿化,粮食亩产由解放初期的200多斤提高到950斤,水果总产量达到90万斤。5月,中共山东省委发出通知,号召全省向下丁家大队学习。至此,全胶东远学大寨,近学下丁家,战天斗地,改造山河的热潮迅速掀起。

1965年11月11日,《人民日报》《解放日报》发表文章,全面介绍了下丁家大队的事迹和经验。在此之前,时任中共中央政治局委员、国务院副总理陈永贵在上海看了《下丁家人闹革命》的幻灯片,指示复制2000套在华东地区放映,号召大家向下丁家大队学习。1969年12月31日,《人民日报》发表了《一心走社会主义道路的铁柱子——王永幸》的长篇通讯,详细介绍了王永幸坚定走社会主义道路,一心带领群众战天斗地实现共同富裕的先进事迹。下丁家的经验和王永幸的事迹走向了全国,烟台全区开展了向王永幸学习的活动。

中共山东省委于1971年7月12日印发了全省22个农业学大寨的先进典型材料,并发出通知,号召全省学习。这22个先进典型中,属胶东地区的就有黄县下丁家大队、蓬莱县聂家大队、荣成县大鱼岛大队和中共胶南县委等。

胶东的农田基本建设都在每年的秋收之后和春耕之前进行。冬春季节,每一个县、每一个公社、每一个大队各有各的工地,各有各的"战场",到处呈现着整地改土的热烈场面。"白天红旗招展(社员上工都打着旗帜),晚上灯火一片",是胶东大地处处都能看到的壮观景象。工地上流行的口号是"干到腊月二十九,吃了饺子就动手""手磨成铁板子,眼熬成蜡碗子(眼熬红了)"。劳动工具还是以铁锨、大镢、镐头、手推车、地排车为主,渐渐地,就增多了拖拉机、挖掘机、深耕犁之类的机械。男劳力光着膀子,女劳力包着头巾,顶风冒雪,日夜奋战。1969年,烟台地区革委组织农业大会战,全区上阵劳动力达到120万人,一个冬春完成农田水利项目3000多个,修整大寨田50多万亩,植树200万株,造林5万余亩。

除了冬春季节的集中会战,各公社还组建有数百或上千人不等的长年"战山河突击队",任务是干那些施工技术要求较高,工期相对较长,工地拉不开场面,容不下多人的农田基本建设工程。"突击队员"都是青年人,有男的也有女的。队长、队员都是从各村抽调来的社员,在"战山河"(当时人们就这样称呼）干活，回生产队记工分，公社一个月给每人发六七元钱补贴并补助部分粮食，集体起灶吃饭，补贴也就当了饭钱。队员们大都早出晚归，远的便就地搭铺住宿，干得热火朝天。

十几年的整地改土，十几年的艰苦奋斗，胶东人民一治一座山，一治一道岭，山水田林路综合治理，把一幅幅开近拓远的宏伟蓝图变成了现实。原来那些"兔子不拉屎"的丘陵山地，巴掌大的地块有的挂在坡上，有的嵌在岭头，牛拉着犁在地里吃力地耕田。经过改造治理，小块地整作大块地，成了方，成了片；原来那些抹破地皮就是石头的土地，成了经得起深耕的肥田沃土。旱能灌，涝能排，机械化生产的连片作业进出自如，减轻了辛苦几辈子农人的劳累。过去只能种些地瓜、花生、芝麻、谷子之类的耐旱作物的土地，治理之后种上小麦、玉米，比掖黄平原当年的产量还高。

人们把改良土壤与改换良种结合起来，小麦、玉米等亩产都达到千斤以上，双季远超过了一吨。

还说个亲家的故事吧。一个平原地的人当年去看山区的亲家，亲家煮面条招待。吃饭的时候，"客亲家"刚夹了一筷子，"主亲家"便说："亲家哎，进去半亩了呢。"故事说的是山地麦子产量低，一筷子面条就顶了半亩地的产量。这故事是编着"矮"山地人呢。

山上的土地改造成了肥田沃土，从今再也不怕被小瞧了。

土地由劣变优，产量由低变高，粮食不仅保证了胶东人的吃饭，更为胶东人通过种、养、加的各种途径进行粮食的转化，为实现收入的不断增长提供了丰厚的条件。

胶东，是全国优质花生产区，我国唯一的花生专业研究机构——山东省花生研究所就设在莱西。胶东的土壤经过改良，花生的品种经过更新，单产、总产连年成倍增长。20世纪90年代之后，以县级单位计算，平度市花生总产量全国第一；莱西市花生人均占有和加工出口全国第一；莱阳市花生油产量、质量、出口量全国第一……

花生及花生产品为胶东创出了许许多多的优质名牌，许许多多的荣誉。

原生态秀出丰姿

胶东人民自力更生，艰苦奋斗，极大地改善了生产条件，为农业的大发展解决了基础性、根本性的问题,同时也改善了环境,改善了生态,改变了人们单一种植的陈旧观念。

胶东的山更青,水更绿,天更蓝,地更腴,物产更多,品质更优……不仅粮食、油料丰产丰收,水果、蔬菜、肉蛋禽奶也带着鲜明的地理标志,以原生态的特色进入城乡市场,进入人民大众的日常生活之中。

随着土壤的改良,生产条件的改变,农业经营政策的改革,这里的地方特产和传统名品也逐步扩大了种植,进入了繁荣的农业商品化时代,成为农民群众发家致富的重要门路。那些过去因土地瘠薄,种植少,产量低,流通面窄,许多地方的许多人只闻其名,未见其物,更不知其味的名优特产,如今通过逐年扩大栽培,逐年提高产量,终于让"旧时王谢堂前燕,飞入寻常百姓家"了。

说胶东的农产名品,人们很容易就会想到烟台苹果。

烟台是中国苹果栽培最早的地方。据记载,这里1871年从国外引进植株进行培育。优越的地理环境让其出落的不同凡响,以"形端、色艳、肉脆、香浓"而闻名于世。2019年11月,烟台苹果入选国家"农产品区域公用品牌";2002年,又得到国家地理标志产品保护;2011年成为中国驰名商标,品牌价值达101.05亿元。

烟台苹果最著名的产地是有苹果之都美誉的栖霞市。这里苹果产业国内领先,果园面积达到65万亩,主要品种是红富士,年产量120多万吨,成为一市经济的主导产业。这里的苹果种植产业化、标准化和国际化水平居全国前列,被国家确定为"中国苹果第一市"和"全国无公害苹果生产示范基地市"。

在胶东,同样享誉全球的"莱阳茌梨"就没有烟台苹果栽植得那么多了。原因是其生长对于土壤、水分和地理环境等方面的条件要求太高,稍有差池,莱阳梨的风味就不足,品质就会改变。过去许多年,莱阳当地人都把茌梨称为"芦儿港的梨",说只有芦儿港村那一点点地方才算是正品的莱阳茌梨。这说法虽然有点玄乎,却也从另一个侧面表明其对生长条件的高要求。虽然,莱阳茌梨名气大,栽培效益高,但莱阳人民以那敦厚纯朴的品格,只把五龙河畔那片适宜莱阳茌梨生长的冲积平原建成了梨园,宁可少栽也不滥栽,始终保持着莱阳茌梨固有的品质和市场信誉,获得了"中国梨乡""中国果菜十大驰名品牌""中国文化遗产标志"的称号。

胶东半岛风清气润，山河秀美，适宜人类以及万物的生活、生长，时刻都孕育着风物繁荣，不时都会催生出流誉远近的名优产品来。

"西有吐鲁番，东有大泽山"，数十年来大泽山葡萄随着面积的扩大，产量的增长，流通的广泛，声誉越来越高了。

有两千余年栽培历史的平度大泽山葡萄，以色泽艳丽，风味醇厚，富含营养而为世人所称道。无奈千百年来当地大多只在村边院落自栽自食，间或给亲友一些馈赠，没有作为大宗商品生产经营。当山区的葡萄作为商品经济的主要项目而逐渐大面积种植的时候，远远近近的商家车辆就在葡萄收摘季节开进了山里，成箱成篓地满载而去。

闻名而来品尝原生态的游人摩肩接踵地进了园子，每人一把剪刀，边采边吃，啧啧称赞。那些名贵的玫瑰香、金手指、红地球、狮子眼、泽玉、巨峰等品种还没有尝遍，便满口香甜浓郁，肚子已经满了。临走，人们总忘不了带一些回去，送给身边的亲戚朋友，也借机炫耀一下自己的不虚此行。一个季节，到大泽山的游客就达百余万人次，园区收入10多亿元。

大泽山葡萄种植面积控制在平度大泽山镇150平方公里的范围之内，2005年被农业部确定为农业标准化示范园区，2008年实施了地理标志产品保护，被中国农学会命名为"全国鲜食葡萄第一镇"。

与大泽山北南相望的崂山，是胶东地区著名的旅游胜地。5月进崂山，看到的不仅是青山绿水，还有那满眼的红山红树红樱桃。不论是从崂顶俯视，还是从北九水仰望，都像是燃烧着的一团团火焰。

崂山樱桃园的梯田大都是先用石头垒起厚厚的围堰，然后填进厚厚的泥土，从山根一层一层直垒到半山腰，才可以栽树种果。地与地的围堰之间，都留着一条像胡同一样细长的小路，采摘者沿小路爬山吃樱桃，虽然累得气喘吁吁，却也别有一种情趣。只是，老人、孩子和腿脚不灵便人的就享不到这个福了。

樱桃园主人想得周到着呢。通山路的两旁，放篮子摆筐子的果农各守摊位，热情地招呼着来客，让南来北往的游人品尝这时鲜的极品，也就不怕上不了山，进不了地，吃不着樱桃了。

吃过了樱桃，不到一个月满山的杏子就熟了，也是红红的。到秋天，迎霜的柿子压弯了枝头，就像挂了满山的红灯笼……

胶东的果品，有的叫水果，有的叫干果，数也数不清，吃也吃不完。大沽河沿岸，瓜果菜蔬随着季节而长，随着季节而熟，各种各样，应有尽有，一年到头任观赏，任采摘，任品尝，任携带。即使在大雪纷飞的严寒季节，冬暖大棚也繁花似锦，等待着与八方客人相期相会。

　　生产条件改善了，生产关系改变了，生产力的发展呈现出新的生机。胶东大地青葱娇美，更加风姿绰约了。

第三十四章
"莱西经验",从胶东走向全国

"莱西经验"就是三配套经验。

从地图上看,莱西市几乎在胶东半岛的正中,公路、铁路的线条指向大都在莱西汇集,又从莱西通向四面八方。莱西距空港、海港也都不过一个小时的车程,交通极其发达。如果从半岛东部陆路径直走到内地,莱西便是必经之地。

莱西经验是中共莱西县委根据农村实行联产承包责任制出现的新情况、新问题,为解决一家一户生产经营遇到的实际困难,根据人民群众的实际需要和现实要求,在实践中不断探索,不断完善而形成的,得到了人民群众的真诚拥护和欢迎。

1990年8月5日到10日,中共中央组织部、中央政研室、民政部、共青团中央、全国妇联五部门联合在莱西召开了"全国村级组织建设工作座谈会",交流了农村工作情况,推广了莱西经验,确立了以党支部为领导核心的村级组织建设工作格局,这次会议史称"莱西会议"。

2013年11月,习近平总书记在山东考察时说:"发端于莱西的村级组织配套建设,在全国起到了很好的示范引领作用。希望山东增强进取意识,勇探新路。"

2018年5月20日,山东省委书记刘家义指出,要按照习近平总书记的指示……制定推动乡村组织振兴的思路举措,更好发挥党组织作用,让老百姓得到货真价实的获得感。

2020年10月13日,"纪念莱西会议30周年座谈会"在济南召开。与会同志围绕深入挖掘和深化拓展莱西"三配套"经验的时代内涵,坚持"一统领三融合"的新时代农村基层党建工作路子,进行了认真探讨。

刘家义等领导同志出席了会议。

第三十四章

（一）

党的十一届三中全会之后的 1982 年春天，莱西在全县进行了土地大包干试点，开始了一场不改变所有制关系的新时期的"土地改革"。

当年秋末冬初，全部的土地就分到了全部的社员家庭。分配的方法是以生产队为单位，按照土地等级由一家一户分片抓阄，抓到哪块就签哪块的承包合同。分散到户的土地，有的是收了秋的白地，有的已经种上了麦子。

生产队集体的农具也分了，因为并没有那么多，当然也不可能一户分一整套，就只能这家分去犁，那家分来耙，这家得了耧，那家分了耙……到用的时候自家用着缺什么就自家想法子去买什么吧。要不然，就户与户相互掰着伙或者借着用。饲养院的牲畜也分了，几家一头，轮流着喂养，轮流着使用……

生产队集体是什么都没有了，什么也不管了，完全都成了一家一户。这些许多年都没有自己经营土地的家庭，对于地怎么种，种什么，能不能种好，谁心里也没有底。但是地分了总还是要种的，自然也是自己说了算，愿意种什么就种什么呗。

在希望的田野上耕耘着自己的土地，农民的生产积极性还是很高涨的。

一家比着一家干，一家朝着一家看，有多大力气出多大力气，有什么本事使什么本事。那种原来干生产队的活出工不出力的"老刁"，在自家的地里却是尽心尽力，精耕细作，没白没黑地抻筋拔力了。与四邻八舍比，这样户的庄稼长势良好，着实令人刮目。

"人叫人干人不干，政策调动一大片。"这句话，成了当时农村干部挂在嘴上的口头禅。

一季麦子就见了分明。1983 年麦收之后，许多人家的麦子就缸满瓮满囤子满了。原来一季分不上百八十斤，一年到头除了过年过节走亲戚之外，平时难得吃上顿白面的农家，立刻就饺子馒头加花卷，放开肚皮吃白面了。

交够国家的，留够集体的，剩下都是自己的。每个人的心头都被喜悦笼罩着，似乎都是从心里往外乐。到了秋天，就更让人乐不可支了。

胶东的秋天，云淡天高，漫山遍野都熟透了。高粱通红，谷子娇黄，玉米咧嘴，大豆破肚，花生上了场，地瓜打了干，芝麻晒荚，棉花吐絮……继春而夏的樱桃、杏子、李子、柰子之后，那些鲜美的桃，甘脆的梨，香甜的苹果，火红的山楂，晶莹的石榴，月色爆下了栗子，河边洗净了白果，又到园中架下采了葡萄，蔓上摘了甜瓜。西瓜硕大，葫芦刁蛮……数也数不尽，说也说不完，只感觉到处飘浮着金秋的风色，喘口气也清香凛冽。

农作物普遍丰收，粮食大户、果品大户、蔬菜大户，花生大王、苹果大王、葡萄大王，千元户、万元户连传捷报。各级层层召开表彰大会，给那些大户、大王、万元户披红挂彩，颁发奖状、奖品、奖金，大张旗鼓地进行鼓励，把群众勤劳致富的劲头鼓得足足的。农家大多是"油满坛，粮满仓，腰里的钱袋鼓囊囊"了。

变化如此地突如其来，让人们沉浸在无边的喜悦和憧憬之中。农民的生产积极性和对幸福生活的追求欲望空前高涨。

家里富不富，街头看神气；日子旺不旺，赶集看市场。"胶东四大集，水集第一家"。水集，就是莱西县政府的所在地。其余三家分别是栖霞的桃村，掖县的沙河，崂山的李村。

1983年冬季的水集山会，从农历十月二十赶到二十五，一共是六天。山会上每天人山人海，一个河滩，几条街道，摆摊的，设铺的，店里的，棚里的，商品琳琅满目，应有尽有；挑担的，推车的，叫卖的，侃价的，摩肩接踵，熙熙攘攘；选衣的，挑帽的，购鞋的，扯布的，人来人往，热热闹闹。

在其后的几年里，胶东农贸市场的商品从零售到批发，现场的拍卖，预约的交易，一直都是这样繁荣兴旺。

陡然飙升的社会购买力让商品流通市场措手不及。厂家产不出，商家进不来，不仅是紧俏货，就是一般的工业品也纷纷断档缺货。抢购风彼伏此起，厂家多少年的旧库存清了底子；商家囤积惜售，待价而沽；有的打起了歪歪主意，趁机以次充好，以假充真。一般的小哔叽布几毛钱一尺，叫卖成几元一尺的中长花呢，价钱高出许多倍。棉毯充毛毯，绒线充毛线，杂牌当名品，兔皮混狐皮的现象在当时并不鲜见。

从毛泽东时代过来的纯朴善良的人们，那时还并不知道有人会骗他！

"看出人们有钱来了。"奔走相告的，私下闲聊的人都这么说。

这是刚刚富裕了的农民急于改善生活条件，提高生活水平，改变生存现状的真实景况。

富裕了的农民，眼光也多是长远的，他们并没有一味地沉醉在丰收的喜悦之中而迷恋于享受，更多的人也同时紧盯着优良种苗，科技资料，农药、肥料和新兴农具、农机，想到对农业基础设施的改善，着眼于把更多的资金投入到了扩大再生产上，希图着一年更比一年富。

要使地里庄稼好，必须家中谋划长。胶东人的话："吃不穷，穿不穷，打算不到一齐穷。"说的都是那么诚恳，做的也都是那么实在。

地好，粪力头大；种子好，技术到位；机具好，种管及时；还愁没有好收成，没有高收入？凡事上心，黄土生金呢。

纯朴的胶东人总是那么自信。

（二）

农业的丰收，农民的收入是连年增长的，但一家一户生产状况和收入的不同步、不平衡状况在两三年内就表现得越来越突出了。由于种种原因出现的种种困难，家与家、户与户之间的收入及其他方面的差距逐渐拉大了。

其中，最主要的原因是各种生产要素配置的不合理、不到位。农民种地缺牲畜、缺机械、缺技术、缺肥料，还有许多家庭缺劳动力，个别病灾户的土地甚至干脆就因为不能耕种而撂荒，新的贫困家庭、贫困人口陆续出现，一些人家刚刚泛起的笑容逐渐消失掉了。

对这种情况，莱西县委、县政府是及时发现也是特别重视的。

"致富路上不使一户掉队"，是莱西县党政领导的一个共同心愿。

1985年秋冬到第二年春天，县委从各部门抽调干部组成调查组，按不同专题集中到农村基层进行调查。后来的几年间，县委书记张成堂也经常亲自带队下到基层进行调查研究，查看现场，了解实情，听取汇报，随时发现问题，总结经验，推广典型。

各方面的调查情况随时汇总，察看现实，梳理问题，及时根据基层创造的经验和调查研究的结果，提出解决问题的思路和方法。县委、县政府把农业和农村问题特别是解决农民生产生活中遇到的困难作为工作重点，随时通过文件和简报把农村基层的好做法、好经验印发到乡镇和县直有关部门做参考性推广。

在农村经济发展和为农业、农民服务的问题上，县委、县政府根据实际情况，及时通过各种形式进行交流探讨，通过座谈会、工作会议进行部署。基本的流程是边调查研究，边总结经验，边提出解决问题的方法，边落实到生产实践中去，不断从部分、单一向全面、系统上综合推进，使之从萌芽到成长到发展不断走向完善。

实行大包干责任制之后，农村和农业出现的问题及农民遇到的困难不止莱西有，别的地方也同样存在。《中共中央关于一九八四年农村工作的通知（中发〔1984〕1号）》就出现了"无力耕种""土地使用权转移""荒芜""弃耕""转包""雇工"等字眼。

与农村经济发展同时出现的，是表现在思想层面的一系列问题。最突出的是在一些带根本性问题上的认识错位，思想错乱，信仰缺失，等等。当时比较流行的话是"辛辛苦苦三十年，一夜回到解放前"。直接导致问题出现的原因是党的方针政策在农村得不到有效贯彻；农民应该承担的责任和义务得不到落实；农村干部工作作风简单草率，常常与农民群众形成对立；封建迷信抬头，歪门邪道得不到封堵；社会治安的混乱状况得不到治理和改善。人们迷乱、失落、彷徨，以致不知道怎样才算是对，怎样才算是不对，真正到了"找不着北"的程度。

更有甚者，虽然我们党旗帜鲜明地提出要坚持"四项基本原则"，有的地方有的人却对此持怀疑甚至是否定的态度，以为真的"回到解放前"了。有的村庄，在土改时曾经被分了的土地、房屋，曾是"原主"的个别人到现住户的家里指手画脚：哪里哪里别弄坏了，哪里哪里应该修一修了，等等。那意思非常明白：他们将来是要收回去的。

一个莱阳县的人到莱西县政府上访，讨还莱西县城那个"福顺德"小楼，说那是他爷爷的产业，应该还给他。接待的人告诉他说，那个小楼在抗战时期是日本部队的据点，里面住的是日本兵和"二鬼子"，1945年八路军摧毁了据点才从日本人手里夺了回来。接待人员让来人回去找出证据，并说明白当年他爷爷与日伪之间的关系。他无凭无据，张口结舌也就有去无回了。甚至，有的竟然说"如果中国一直让外国人像香港、澳门那样殖民着，现在一定会更好"，媚态、奴性不遮不掩，不遗余力，不知羞耻地表露了出来。

这是一种动摇我们党的执政根基的危险倾向，是一种十分恶劣的反动思潮。

导致这种思潮出现的直接原因除了国内资产阶级自由化思潮滋长蔓延，国际上苏联解体、东欧剧变对农村的影响和那些顽固坚持资产阶级自由化立场的人煽风点火，蛊惑人心的渗透毒化，肆无忌惮地对中华五千年文明污名、对中国共产党的领导诋毁、对人民民主专政的否定之外，最重要的原因是党在农村领导的淡化、削弱和缺位。

人们的思想已经缺乏了党的正确引领。许多人认为"包产到了户，不用党支部"，对村干部的态度是"有粮有钱不靠你，不批不斗不怕你"。有的村党支部如同一盘散沙，根本不管事，形同虚设；有的党员"先进性"观念逐渐减弱，真正到了"混同于一般老百姓"的地步。"党员不党员，就差两毛钱。"有的党员似乎连这一年两毛钱的党费也不愿意交。

党支部和党员得不到群众信任，威信逐渐下降。这种状况虽然只是个别地方的个别人，却造成了极坏的影响。

党的领导必须坚强，绝对不能缺位，一时一刻都不能有丝毫缺失，每时每刻都要坚强有力。

农村、农民、农业在生产生活和思想观念上存在的这些问题，是交替出现和同时存在的综合性问题。莱西县委在发现问题解决问题的时候就在总体上采取了"抓基层、打基础、强化村级、工作到户"的基本方法，总结推行了"三配套"的工作经验。

这个"三配套"经验就是"以党支部为核心搞好村级组织配套建设，强化整体功能；以村民自治为基础搞好村级民主政治配套建设，启动内部活力；以集体经济为依托搞好社会化服务配套建设，增强村级组织的凝聚力。"

这个"基本方法"和"配套经验"，便是从1985年开始关注、推进并逐步完善的。这期间全县经过了整党和几次基层党组织及党员的集中整顿与教育培训、《村民委员会组织法》的试点、社会治安的综合治理、推行党员包户和县乡干部联系村户制度等一系列措施，并得到上级领导机关的关心帮助和具体指导，经过不断地总结深化，思路逐渐明晰，内容逐渐充实，体系逐渐完善，在总体上最终得到完全确立。

1989年11月，中共山东省委在莱西县召开了全省村级组织建设工作座谈会，把莱西村级组织建设"三配套"经验与诸城的组织商品经济大合唱、莱芜的强化乡镇管理职能的经验，作为山东农村改革的"三篇文章"，在全省进行了推广。

（三）

"三配套"经验旗帜鲜明地提出"以党支部为核心",进一步强化党在农村的领导地位。村民自治、民主政治、村级服务等各个方面都必须置于党支部的领导之下,始终不偏离党指引的正确方向。

这是在改革开放新形势下从根本上巩固党的基层政权,保证党的全心全意为人民服务宗旨的全面贯彻落实和坚持"以人民为中心"的具体体现。

莱西县委清醒地认识到,党在基层的领导是具体实在的领导,只有办实事才会真正做到位,只有真正把群众的需要当作工作方向,把为群众解决实际问题作为工作重点,动真的,来实的,才能得到人民群众的真正信任和真诚拥护。

任何空话、假话、套话只能让人厌恶和失望。

团结人民,教育人民,组织和领导人民进行伟大的斗争,必须时时刻刻想着人民的利益,扎扎实实为人民办实事,在人民群众遇到困难的时候能够及时出现在他们面前,帮助他们加以解决。只有这样,人民群众才能心服口服地相信党,拥护党,才能心甘情愿地听党的话,跟着党走。这是我们党从成立到发展壮大,从夺取政权到巩固政权矢志不渝的坚定信念和宝贵实践。从毛泽东提出的"关心群众生活,注意工作方法"到习近平总书记提出的"以人民为中心""精准扶贫"和实现"两个百年"奋斗目标等一系列重要思想都是一脉相承的。

我国是工人阶级领导的、以工农联盟为基础的人民民主专政的社会主义国家,"抓基层,打基础"关系到党的领导地位和国家政权的巩固。"基础不牢,地动山摇"。这是一个非常重要的思想理论体系。

莱西经验在全国带有普遍意义。

1990年8月5日到10日,由中共中央政组织部等五部门联合召开的全国村级组织建设座谈会在莱西举行,会期六天。出席会议的有中央领导和中组部、中央政研室、民政部、共青团中央、全国妇联的领导同志;各省、市、自治区参加会议的是省委副书记、副省长和省直相关部门负责人以及在会上交流经验的典型单位的代表。山东省和青岛市的主要领导同志自始至终参加了会议。

全国村级组织建设座谈会在莱西宾馆二号楼会议室召开,会场的桌椅包括主席台的用品都非常简陋。会议开幕当天，民政部部长崔乃夫首先讲话，接着山东省委副书记、省长赵志浩，省委常委、青岛市委书记郭松年先后发言。之后一直到第二天，会议进行经验交流和分组讨论；第三天讨论修改文件。8月8日是会议的第四天，中共中央政治局常委宋平同志做了题为《努力增强以党支部为核心的村级组织的凝聚力和战斗力》的重要讲话。

宋平同志在讲话中特别强调："农民问题，始终是中国革命和建设的根本问题。我们党能不能把广大农民群众吸引和组织到自己的周围，最大限度地发挥农民的积极性、创造性，为实现党的政治路线和农民的切身利益而斗争，决定着我们事业的成败。在中国搞社会主义，千万不能忘记这个基本特点。""以工人阶级为领导、工农联盟为基础的人民民主专政，是社会主义现代化建设的政治保证。""我们必须鲜明地提出加强以党支部为核心的村级组织建设，增强村级组织的凝聚力和战斗力，并为此进行不懈的努力。"

宋平同志讲话之后，共青团中央书记处第一书记宋德福和全国妇联副主席、书记处第一书记黄启璪发言。会议第五天，与会人员分头到李家疃、牛溪埠、赵家庄、孟家庄、韶存庄、辛庄、东庄头、西张格庄、前沙湾庄等九个典型村庄进行现场参观，听取了村干部介绍"三配套"经验在自己村里实施的情况；第六天，中组部副部长赵宗鼐做了总结讲话。

莱西经验确立了以党支部为领导核心的村级组织建设工作格局，莱西会议把莱西经验推向了全国。

全国村级组织建设工作座谈会结束之后，各地、各方面纷纷组织人员到莱西县参观。来的人有地（市）级的，也有县（区）乡级的，人员很多，代表性也很广泛。在座谈会结束后的当年年底，莱西县共接待全国24个省（市、区）的91个地（市）165个县（市）的323批6157名参观人员，以后陆续来的还有多批、多人。许多新闻单位、学术机构和高等院校的记者、专家、教授等也多次前往进行采访、考察和调查研究。

莱西经验，从胶东走向了全国。

（四）

全国村级组织建设工作座谈会统一了全党在改革开放新形势下加强农村基层组织建设的思想认识，确立了党支部在村级组织建设中的领导地位，形成了以党支部为核心的村级组织配套建设的总体思路和工作格局；肯定了以村民自治为基础，加强村级民主政治建设的重要性，在全党、全国形成了广泛共识。

全国学莱西，莱西怎么办？对此，莱西县委、县政府始终保持了非常清醒的头脑。

莱西经验从来没有停止在一个水平上。

全国村级组织建设工作座谈会之后，莱西县进一步调整工作思路，加大工作力度，不断对村级组织、民主政治、社会化服务等方面的建设进行深化完善。10月17日，县委、县政府讨论制定了全县《村级配套建设的三年规划》以"西发〔1990〕60号"文件下达执行；1991年4月6日，发布了《关于贯彻落实中共中央〔1990〕19号文件进一步加强村级配套建设的意见》；1995年12月，市委（1991年2月撤县设市）印发了《关于加强乡镇党委建设搞好农村基层组织整顿工作的意见》，1997年6月，市委办公室转发了市委农村基层组织建设工作领导小组办公室《关于在全市农村建立党员活动日的意见》等。莱西经验深化拓展的工作步步适应着发展，时时关注着群众，事事服务着人民。

莱西会议召开5周年、10周年、15周年、20周年、25周年、30周年的时间节点，从中央到地方各级、各方面都有相关人士聚集莱西、青岛或济南，了解和研讨"莱西经验"在与时俱进中的新实践，与莱西市的领导及相关方面的同志一起对新形势下的新情况、新特点和出现的新问题，发现的新苗头进行梳理，及时提出新思路、新对策。当然，其中最基础最现实的是莱西市各级随时对客观现实做出的新判断，制定的新决策，进行的新实践的有效作为，挖掘新的时代内涵，使"莱西经验"在时代大潮的作用下不断实现新的突破。

2018年3月8日，习近平总书记在参加十三届全国人大一次会议山东代表团审议时指出："要充分发挥农业大省优势，打造乡村振兴的齐鲁样板。"这是对山东工作的亲切关怀和殷切期望。中共山东省委、青岛市委认真贯彻落实习近平总书记的指示，在深化农村改革中不断拓展"莱西经验"，使之更加适应新时代、新变化、新要求。

在习近平新时代中国特色社会主义思想指引下，莱西市委根据农村社会结构、经济结构、组织结构变化加剧，村庄空心化、农业边缘化、农民老龄化状况加重的现实，不断优化农村基层党组织架构，形成了以农村基层党组织统领，发展融合、治理融合、服务融合的"一统领三融合"的工作体系。

建强基层党组织，加强党对农村工作的全面领导，创新优化党组织设置，提升党组织服务能力；深化村级组织配套建设，以党建引领推动乡村治理，以组织振兴统领乡村全面振兴。通过抓镇促村，实现整体推进，全面提升。

莱西市从实际出发，经过实践探索，实施了村庄结构的优化调整，建立起农村社区，解决了村庄规模小、数量多、管理费用高、工作难度大的问题。2019年上半年，全市行政村数量从861个调整为142个，村庄人口平均规模从512人扩大到2803人。调整后的行政村及时选举产生了新的"两委"，形成了"镇党委—村党组织—网格党组织—党员中心户"的组织链条；根据党员生产生活、年龄及工作特长等因素，灵活设置产业发展、乡村治理、文明实践等特色党支部，搭建起党员发挥先锋模范作用的新平台。

党支部建在产业链上，党的力量直接在新经济体中发挥作用。人们从大包干初期"包产到了户，不用党支部"的认识转变成了"要致富，靠支部，党员带头同致富，条条富路连正步"的观念。镇党委—新村党组织—网格党组织—党员中心户的组织链条联结着千家万户，推进着广阔天地百业兴旺，蓬勃着新时代的无限生机。

2020年7月13日，在第五届全国基层党建创新案例评选活动中，莱西市的《深化拓展"莱西经验"构建"一统领三融合"农村基层党建工作体系》获评最佳案例第一位。

"一个国家治理体系和治理能力现代化水平很大程度上体现在基层。基础不牢，地动山摇。只有不断夯实基层社会治理这个根基，才能真正实现社会主义现代化强国的目标。"2020年7月23日，习近平总书记在吉林考察时又一次谆谆告诫全党。

"莱西经验"再出发，拓展深化，探索前进，不断走出了适应时代，服务人民的新路子。

第三十五章
在那桃花盛开的地方

在大沽河、小沽河和五沽河交汇处，一个方圆百里的地方叫"桃花乡"。明嘉靖年间成书的《张廷尉梦鲤传》《莱阳县初志》和清光绪年间《增修登州府志》等典籍里，都有"桃花里""桃花乡""桃花寨"等地名的记载。

有资料介绍，元世祖中统年间，巡检崔琳于此筑寨屯兵，操演之余在四围遍植桃树。逐渐就形成了一个春有桃花、秋有桃实的香苑清境。或许是囿于《桃花源记》的承接融会，人们慢慢便把这里叫作"桃花乡"了，一个村庄至今还叫着"桃花寨子"。

名字虽然是这么叫，但人却是该怎么穷还怎么穷，该怎么苦还怎么苦，直到人民得到解放。

共产党来了，年年都往各个村庄发一些救济粮、救济款之类，让村里按"救急不救贫"的原则，评定出村民中的困难户、病灾户进行救济。然而，虽僧多粥少，却都还指望着能有点分到自家的名下。如此，有的人就变着法子向村里的干部讨要，以致至今还流传着关于"评救济"的悲凉故事。

今非昔比了。在习近平新时代中国特色社会主义思想指引下，胶东地区各级党委、政府采取一系列脱贫攻坚、决胜全面小康的举措，让每一个家庭，每一个人都过上了幸福美满的生活，让胶东大地成了真正的桃花盛开的人间仙境。

（一）

胶东，是我国最早实行对外开放的地区之一，总体上呈现着经济强劲、人民富裕、社会发达、文化繁荣的势头。但由于诸多不确定因素影响，乡镇村户发展不同步、不均衡的情况还是存在的——平衡是相对的，不平衡是绝对的，这当然并不奇怪——贫富差距较大，有的村、户生存状态，生活质量仍然不高。

在贯彻落实习近平总书记关于"实事求是、因地制宜、分类指导、精准扶贫"的重要指示中，胶东各市、各级基层组织，根据各自的实际情况划定贫困乡镇村户的标准，分类管理，分步落实。采取的最主要措施就是牢牢压实"五级书记抓扶贫"的主体责任，不断强化脱贫攻坚"书记抓、抓书记"的主体意识，认真选派"第一书记"进村，深入调查研究，瞄准扶贫对象，重点帮扶，精准施策，确保贫困人口到2020年全部脱贫，户户人人过上无忧无虑的幸福生活。

2018年6月12日，习近平总书记在威海视察时指出："威海要向精致城市方向发展。"威海市各级党组织深刻领会总书记的指示精神，在扶贫工作中坚持"明确责任、尽锐出战、狠抓实效"，驻村"第一书记"向着"精致城市·幸福威海"的建设目标，一个个铆足了劲头，撸起袖子加油干，以绣花功夫奋战在脱贫攻坚，精准扶贫的第一线上。

乳山市徐家镇小浩口村"第一书记"朱元水2016年驻村后，利用30万元财政扶贫资金，在村里建起两个大棚种下草莓后，又引入社会投资一连建了八个，在大棚里遍植果木，面积逐年扩大。到现在四年过去，大棚建了许多，水果一个品种一个品种按时令排着队成熟，全年的收采几乎没有空当。春节前后，草莓、樱桃上市了，接着就是桑葚、油桃，再就是无花果、树莓、猕猴桃、苹果等，真正是"你方熟罢我登场"，远远近近，贩卖的、观光的络绎不绝。贫困人口在大棚干活，每人每天能收入60多元，腰包逐渐鼓了起来。

让"半边天"在家门口就业是临港区东武林村"第一书记"丛培民的招数。丛培民进村后为了让闲在家里的中老年妇女有收入，有钱花，便同村"两委"决定投资修复扩建了村里那闲置了的旧厂房，接下了一家网具公司的手工加工产品，让那些在家无事的妇女进厂做工，每人每月能收入2000多元，就连村里七八十岁的健康老人也自愿加入进来，一方面用自己的一技之长增加些收入，另一方面也图个乐呵，免得一个人在家里孤单寂寞。村里还因地制宜、因人制宜发展了特色养殖、特色种植，对有特殊情况的人口给予特殊照顾，贫困户一下子全脱了贫。丛培民把"不落一人"作为底线，把长久脱贫作为最终的成绩单，得到了全体村民的高度赞同。

初心千里

2018年2月，王明德从市委组织部下到环翠区的省定扶贫重点村王家夼任"第一书记"，不仅在任期内达标完成了扶贫任务，还培养出了合格的继任者；完善了村级治理，美化了村居环境，抓好了产业富民，也抓实了村里的文化建设。

王家夼村民有演吕剧看吕剧的爱好，村吕剧团成立由来已久，只是行头、乐器、舞美和演出场地都很简陋，被说成是"穷乐呵"。王明德与村委会决定拿出10万元购买乐器、灯光、音响等器材和戏装，建了文体活动室和文化广场，搭起了戏台子，"王家夼吕剧团"亮出了牌子，一下子"洋气"了起来。村里还建了乡村记忆博物馆，主街道绘制了文化墙，开展了"好婆婆""好媳妇""好妯娌""好小姑"等评选和传扬善行义举的"四德榜"活动，成立了"红白理事会"，完善了《村规民约》《村民自治章程》。村民的物质、精神都脱了贫。

青岛市把农村人口的扶贫标准定为年收入4600元，分别高出国家和省定标准的68%和38%；确定的经济薄弱镇、村和贫困村、户分别为10个、200个和310个，人口总计6.5万人，到2016年贫困人口全部脱贫，2018年经济薄弱镇和贫困村全部摘帽。经过几年奋斗，在完成第一阶段脱贫目标的基础上，到2020年经济薄弱镇的主导产业竞争力和财政收入都有了大幅度提高，基础设施、服务设施都有了显著改善，贫困村和经济薄弱村大都有了极富竞争力的特色产业，村容村貌达到了美丽乡村的标准。

莱西是"三配套"经验的发源地，是青岛市"重点突破"的县级市之一。在精准扶贫中，全市发奋开拓，勇探新路，努力把"三配套"经验优势转化为扶贫优势，党建活力转化为攻坚动力。各级牢牢压实主体责任，不断强化主体意识，深度推进脱贫攻坚。围绕脱贫攻坚目标，有关部门因村制宜选派了40名"第一书记"驻村帮扶贫困村发展，选拔1732名党员干部充实了党的基层组织班子，公开遴选了11名村党组织书记，选派20名职业党建工作者到整合后的新村任职，高标准、高质量实现并巩固了建档立卡贫困户的全部脱贫，93个贫困村和经济薄弱村摘帽，4个经济薄弱镇出列，农村脱贫攻坚任务取得了阶段性的成就。

烟台市印发了《扶贫挂职干部管理办法》和《第一书记工作管理制度》，确定海阳、栖霞、莱阳为扶贫工作重点县，筛选了30个扶贫工作重点镇、200个重点村，选派了236名挂职干部和第一书记。下派干部自带行李，自行报到，吃住在基层，全脱产扎根村里，实现了扶贫重点全覆盖。市委组织第一书记到莱阳县的两个村庄现场观摩，确立了以班子建设为根本，让第一书记敢作为；以严管厚爱为保障，让第一书记愿作愿为；以资源整合为关键，让第一书记善作善为的理念，搭建了业绩考核平台，素质提升平台，充分调动了选派人员的积极性，每个人都努力发挥自己的聪明才智，把精准扶贫工作做得有声有色，卓有成效。

胶东的妇女，又如同当年支前那样投入到了脱贫攻坚决胜小康的行列之中。

威海市妇联开展了"精准扶贫巾帼行动"，抓住电商初起的时机举办了电商培训班，对全市180个省定贫困村的妇代会主任和有能力的贫困妇女进行重点培训；举办各类"巾帼双创训练营"230场次，开展网络直播培训35期，培训妇女3.5万人，培育电商创业巾帼带头人270名；安排小额贴息贷款帮助贫困群体搭上电商快车增收致富；对400余种特色民俗产品进行推介展销和网络义卖，所得款项全部用于扶持弱势群体。利用各种现代营销手段创设了"看得见、摸得着、得实惠"的销售模式，创成了环翠"原产递"、文登"巾帼创富网"、荣成"巾帼创客"等特色电商平台。到2019年，共有2632名妇女拥有了网络店铺，创业淘宝店613家，注册企业及个体工商户76家，形成了有7万多妇女参与的营销群体。

精准扶贫，创成了精致发展。

（二）

落实习近平总书记关于"产业扶贫"的指示，巩固脱贫成果，防止返贫，确保人民群众持续增收致富，胶东各地有基础，有实招，思路对，效果好，工作做得扎扎实实。

在桃花乡，优质高效的种、养、加工产业遍地开花，家家参与，户户受益。这当然不止种桃子，各种瓜果蔬菜都种，奶肉禽蛋都有。地处桃花乡中心的店埠镇和周围区域几十万亩土地大多种植胡萝卜、白萝卜、青萝卜和其他优质蔬菜，是全国著名的优质蔬菜产区，有"萝卜小镇"之称。青岛有田农业公司为全镇789户低保户和150户贫困户免费提供蔬菜种苗。镇中心区域建立了"东庄头蔬菜批发市场"，蔬菜日上市量高达100多万公斤，随产随销，产销两旺。

实行鸡产品饲养加工销售一体化的青岛九联集团与所在的后庄扶村成立联合党委，先后投资1亿多元用于村庄建设和扶贫事业，村里所有的贫困人口都乐得后顾无忧。

马连庄镇利用市镇两级扶贫资金于2017年办起了全控股的青岛马连庄农业发展有限公司，以流转方式从农户手里取得土地，土地按等级每年每亩付给农民500~700元流转费，流转出土地的农民到公司的园区做工，一天收入100~120元。现在，公司的资产已达到1.8亿元，有葡萄、甜瓜、金银花、万寿菊、大樱桃和紫花苜蓿及小麦、玉米等产业基地7个。2019年，公司实现销售收入400余万元，利润108万元；2020年收入和利润可分别达到4000万元和800万元，按资金占用额拿出8%作为扶贫专项资金，其余全部用于扩大再生产。

国有公司的建立让新产生的农村贫困元素有了及时化解的能力，镇党委、政府扶贫有了主动权。

威海市文登区以优质水果、无公害蔬菜、出口花生、西洋参等十大特色产业构建起"三区六带"区域发展格局，将产业扶贫与发展现代农业深度融合，实现高收益、可持续的精准脱贫。2018年，全区规划实施镇级扶贫基地8个，直接带动了27个省定扶贫重点村、29个集体经济薄弱村、1955个贫困户增收脱贫。全市总结推广了文登区实行镇级基地带动模式，走出了"科学定位，把扶贫的路子确定好；搭建平台，把各方的力量凝聚好；统筹兼顾，把特惠和普惠的关系处理好"的"文登模式"，产业扶贫的路子越来越宽，成效越来越大。

烟台市牟平区实施区、镇、村三级联动的产业扶贫机制，把扶持产业发展作为扶贫工作的重要载体和抓手，通过发展特色农业、光伏发电等产业项目增强贫困村造血功能，让贫困群众共享产业发展红利。水道镇已有8个村率先尝试规模种植：北税目村建设了80亩苹果种植园，北徐格庄村建设了40亩优质桃子种植园，通海村建设了50亩蓝莓种植园，东蒋家、东石桥、牟家沟、青虎山、大瞳村则建设了蓝莓基地。牟平区还在资源少、经济差的贫困村庄推行光伏发电，组织运维员集中培训和安全施工，53个光伏项目全部顺利并网发电，实现年收益200多万元，2367名建档立卡贫困群众有了新收入。

连片发展产业，抱团创业扶贫，是莱阳市一个现实而有效的探索。2018年，莱阳针对包括烟台市级40个扶贫重点村在内的17个镇（街道），46个村庄380个贫困户，643名贫困人口，投资了460万元建设高效大棚和相关产业基地，委托山东福祖生态农业有限公司经营，共同签订了20年运营合同。合同规定，无论盈亏，公司每年都要按使用资金的10.2%向46个参与村庄缴纳保底收益46.92万元。运营期间年利润率超过30%时，每超过1个百分点增加0.3个百分点作为浮动收益，解决了一镇一村办项目规模小、运营难、效益低、风险高的难题。

在战"疫"中战"贫"，是青岛市田横岛旅游度假区2020年的工作重点，全区通过实施"党组织·扶贫大棚·贫困户"模式，利用智慧商超助推农产品销售方式，打响产业扶贫突破战。郑家村属省定贫困村，田横岛旅游度假区利用90万扶贫资金为该村建起五个蔬菜大棚，让贫困户在棚里打工赚钱。大棚生产的新鲜水果、时令蔬菜、肉禽蛋品等各类农副产品都由度假区电商服务中心开发的"六禾恩团"果蔬团购配程线上销售，解决了因新冠疫情商贩来不了产品卖不出的问题。

为准确掌握贫困户产业发展需求，度假区通过网格保户制度进行摸底排查，对继续享受政策的贫困户逐户逐人走访确认，对扶贫户产业发展有针对性地加以研究，发现问题及时解决。郑家村贫困户郑兆刚养殖鹦鹉和东陆戈庄村贫困户宋进泰开办超市使用小额扶贫贷款，区里安排专人指导网上申请，银行及时审批，应了他们的急用。

（三）

当年，胶东人民子弟兵在抗击日本侵略者、歼灭国民党军队、解放敌占区的战斗中，坚决执行党的指示，抽出精兵强将支援前线。去东北，进鲁中，下江南参加新的战斗，人民群众踊跃支前，表现了无比的英勇无私。

现在，对口扶贫，支援中、西部脱贫致富，他们还是当年的那种精神，那股子劲头……

胶东三市，各市有各市对口支援的"战场"，青岛对口贵州的安顺、甘肃的陇南和本省的菏泽；烟台对口重庆的巫山和本省的德州；威海对口重庆的云阳和本省的枣庄。在新的"战场"上，每个市都同当地党委、政府和人民群众一起，真"枪"实"弹"，真抓实干，与贫困进行着"殊死"的搏斗。

在贵州，青岛的区、市（县）与安顺的区、县分别结对，集中优势，各自发力，在产业扶贫中实行了一二三产业融合发展。1996年，青岛红星化工集团在安顺建起了红星发展股份有限公司，2018年实现销售收入6.7亿元，利润1亿元，上缴税收8559万元，成为安顺市的"纳税大户"。企业用工1100人，其中有当地建档立卡的贫困劳动力73名，人均年收入6万余元。脱贫攻坚进入决战决胜期，红星公司倾情助力，出资8400万元设立贵州红星山海生物科技公司，开发辣椒油萃取，扶持镇宁县和周边村镇种植高辣度辣椒5万亩，实现产值4亿元以上，带动了当地1.6万农户发展，2600个贫困户脱贫。

普定县的韭黄有悠久的种植历史，为使之形成"一县一业"的重点产业，不断向基地规模化、生产标准化、产品绿色化、营销品牌化发展，打造成全国最大的韭黄生产基地，形成"贵州韭黄在安顺，安顺韭黄在普定"的声誉，结对帮扶的青岛市崂山区从2018年开始，累计把4000余万元资金投入到普定的韭黄产业，并组织农科专家进行技术指导。普定县通过175个村级合作社发展韭黄生产，带动了4649个贫困户、18596人增收。目前，全县韭黄种植面积已达到10万亩，占贵州全省韭黄种植面积的95%以上，不仅占了80%的贵阳市场，还远销其他省市。

与韭黄种植同属第一产业的青岛榕昕牧业，借助安顺宜人的气候、良好的生态环境发展奶牛、肉牛养殖，一期工程于2016年8月开建，新上了生产加工设备，就地生产巴氏鲜奶、酸奶、牛奶冰激凌、奶片、奶酪等优质奶制品并布局了连锁鲜奶吧。当地的牧业合作社与榕昕牧场签订了牧草种植合同，由榕昕牧场统一供种、统一播种、统一收割、统一送货、统一结算。榕昕公司还组织贫困群众种植甜高粱、黑麦草、燕麦草等1000余亩，每亩收入6000元，直接带动了1000余贫困户脱贫致富。特色鲜明的榕昕生态产业园区为安顺的农牧业供给侧改革，助力脱贫攻坚提供了一个范本。

"山海同心，情深意切。"这是《重庆日报》报道烟台与巫山携手扶贫的用语。2017年以来，烟台市组织力量到重庆巫山县开展扶贫协作，遴选9个经济强区（市）与巫山9个贫困乡镇结对，累计投入资金6000余万元，援建项目50多个，助推着巫山县的脱贫攻坚。

巫山县3000多亩蜜柚分属1200多个农户,其中包括260多个贫困户。由于管理条件差,水平低,多年来农户收入甚微。对此,烟台市于2017年投资315万元帮助改造柚园,增加管理设施,使蜜柚树陆续挂果,到盛果期每户都可收入3万至4万元。

2018年山东省级帮扶巫山的800万元资金用于巫山工业园区基础设施提档升级,烟台(巫山)工业园一并投入建设并成立了重庆巫峡粉丝有限公司,分期投资2亿元建起粉丝粉条加工项目,年可消化红薯1.5万吨,吸纳350余劳动力就业。一期工程已于2019年建成投产。

设在烟台(巫山)工业园区的"烟台·巫山双创中心",企业产品展销区已入住了巫山当地30余家企业生产加工的农副产品、中药材、旅游产品等,品种近300个,为巫山中小微企业创新创业搭建了综合服务平台。

围绕农旅融合,打造特色产业是两地对口支援的又一特色。采取"专业合作社+基地+农户"的发展模式,由工业园区重点支持红椿土家族乡建设的中药材基地,已种植党参200亩,有近100人依靠党参脱贫致富;投资1800余万元,集中打造了两个乡村旅游点,增加特色农产品销售,使当地农民依托乡村旅游增加了收入。另外,工业园区还开通了"烟台—巫山—重庆"旅游航空线路,实现客源互通,促进两地旅游融合发展;建造了茶园、伍柏、三河3个搬迁安置点,安置搬迁群众399户1600余人;新修、整修山区公路9.5公里;建成3.5万吨水果冷链贮藏气调库,延长了巫山脆李的保鲜期。

在鲁南,在抗战时期"台儿庄大战"发生地的枣庄,威海市对口扶贫战果辉煌。2016年,威海市与枣庄市开展对口扶贫协作——生产有订单,产品有订购是两地对口扶贫的重要特色。威海人说,国际市场低迷,我们的订单不少;枣庄人说,只要威海的商家收购,我们就能拓地增收。

威海的迪尚、家家悦等一批骨干企业与枣庄的纺织和农业产业开展合作,形成了紧密的产业链。

枣庄盛泰嘉恒制衣有限公司几年来就苦于货源不稳,销路闭塞,与威海迪尚集团合作后,产与销的问题都迎刃而解了。迪尚集团给盛泰嘉恒订单每年以20%到30%的幅度增长,盛泰嘉恒每月生产各类服装10万件以上,90%订单来自迪尚集团。迪尚集团以工人规模200人以上的纺织企业为中心,外放订单至周边农村小型加工点,方便村民就近就业。盛泰嘉恒一个厂带动了周边 300 余村民就业，贫困户全部脱贫。村民孙衍翠在工厂上班，年收入 2 万元以上。按照协议，迪尚集团 2019 年、2020 年各投放订单 1 亿元以上，实际贸易额每年在 1.5 亿元到 2 亿元。之后，迪尚集团又与青纺联（枣庄）纤维科技有限公司等两家枣庄企业签约，产业合作进一步深化。

扶贫协作，让越来越多的两市企业走向共赢。枣庄市峄城区峨山镇东山里村葡萄种植基地的葡萄收获时节，威海家家悦集团的运输车辆适时开到，有多少收购多少。

往年，到了葡萄收获季节就愁眉不展的种植户现在神采飞扬了。种植户纪成功家有 110 亩葡萄园十余个品种，往年因为卖不出去有许多就烂在了地里。现在不愁了，只管种，不愁销。纪成功的葡萄园扩大到了 160 亩，年产葡萄 8000 余吨，随摘随卖。

家家悦集团经营的是快消品，连锁门店遍布全省，并正在走出山东，走向全国。两地商务部门携手搭建了产销合作平台，农户增加收入，商家货源充足。

土豆也是枣庄的一大特产。枣庄土豆在家家悦超市的销售占到 50% 以上。滕州土豆基地负责人黄瑞弘说，家家悦促进了基地的标准化管理，土豆生产走上了"国际化道路"，产品除了供应省内，还远销东南亚。下一步，滕州土豆基地的种植规模要扩张到 2000 亩，给家家悦集团的供货量要比上年再增 20%。近年来，家家悦集团在枣庄逐年扩大采购，还开设了 6 家门店，吸收了大量就业人口。

山东省委常委、青岛市委书记王清宪说："脱贫攻坚有期限、东西协作无止境。我们要根据青岛的优势和受援地区的实际情况，做到缺什么、扶什么。"

脱贫摘帽是新生活新奋斗的起点。精准扶贫，产业扶贫，对口扶贫，还需要锲而不舍，持续前行。

人民对美好生活的追求和向往正东风漫卷，红旗如画。

第三十六章
人民至上，生命至上

2021年9月8日，在全国抗击新冠肺炎疫情表彰大会上，习近平总书记语重心长地说："病毒突袭而至，疫情来势汹汹，人民生命安全和身体健康面临严重威胁。我们坚持人民至上、生命至上，以坚定果敢的勇气和坚忍不拔的决心，同时间赛跑、与病魔较量，迅速打响疫情防控的人民战争、总体战、阻击战……充分展现了中国精神、中国力量、中国担当。"

同投入伟大的抗日战争、解放战争和进行社会主义各项建设事业的伟大斗争一样，在抗击新冠肺炎疫情的战斗中，胶东各级党组织和政府机关，组织和带领广大人民群众，为捍卫生命，守卫家园，与新冠肺炎疫情展开了艰苦卓绝不屈不挠的斗争，取得了辉煌的战果。

不平静的除夕之夜

2020年除夕之夜，胶东城乡家家户户的过年饺子还在锅里煮着，己亥、庚子交替的钟声还没有敲响，防疫、抗疫的战斗就打响了。

这里是桃花乡的一个村庄，村党支部接到了上级党委的通知，要求立即设卡封村，检测人员进入；村内停止登门拜年，防止"人传人"的新冠肺炎病毒感染。随即，书记通知"两委"成员（支部委员和村委委员的简称），"两委"成员通知党员，党员便在顷刻之间通知到了家家户户。

过年，这是胶东人最隆重的节日；除夕之夜，是胶东人最重视的夜晚；吃完饺子拜年是胶东人最看重的礼仪；正月初二送神是胶东人最隆重的祭祀；初三之后走亲戚是胶东人最讲究的礼俗。然而防疫抗疫通知一下，所有这一切的"最"都如同没有了发条的钟表——停了。

中共中央说了，生命至上；总书记说了，生命至上。是的，有什么还能比生命更重要呢？

城市乡村，老百姓都认这个理：生命至上。

都老老实实地"宅"在"家"里吧，"'宅家'也是贡献"。党委、政府、党员、村干部都这么说。

然而，各级干部、共产党员和所有的公职人员，专业人员却"宅"不了"家"，因为他们都要为人民群众的"宅家"服务。莱西市诗词楹联学会的一首抗疫诗是这样写的："梅园沽水寄乡愁，北岭南原物产优。庚子新冠防大疫，地方公干创一流。隔离检测巡山虎，救治消杀下地牛。大爱为民担大任，党心如火在心头。"

包括诗词在内的所有文学作品与现实生活相比都是蹩脚的。这首诗里写的"巡山虎""下地牛"虽然还算形象，还算精彩，可那些在街头、在市场、在居民小区门口、在所有公共场所搭棚登记、疫情检测等做着各方面工作的公职人员，在风雪交加的天气里就那么索索发抖地履行着防控疫情、保护人民的责任。

冻麻冻木了的手里拿着的测温仪常常掉落……

胶东城乡如同桃花乡的这个村庄一样，大年初一，所有的村庄和城市居民区都封关设卡，"盘查"行人了。这是新中国成立以来所没有过的。

是的，因为疫情的严重性同样是新中国成立以来所没有过的呢。

非常时期，采取非常果敢，非常特别，非常有效的行动，这就是英明，这就是伟大！

同样，从大年初一开始，胶东的医院、宾馆、商店、银行、机关、农贸市场、公交车辆和经过胶东的高铁、动车、普快等铁路交通，所有的公共场所和公共交通都按照上级要求实行了严格的管理和防控。社区工作者、基层干部、公安民警、抗疫志愿者，一个个不避风雪冰冻，始终坚守在疫情防控第一线；环卫工人、快递小哥、商店售货员不舍昼夜，服务万家。

烟台市新冠肺炎疫情处置工作指挥部组织各级各有关部门迅速展开疫情防控，出动卫生监督人员对所有公共场所进行紧急处置，对消毒措施、通风情况、空调使用、隔离防护等情况进行监督检查，对医疗卫生机构、公共场所等重点领域、重点单位、重点环节、重点部门进行周密部署，精准监督，保证重点对象和群众的安全。

胶东陆、海、空港密集，进出境人员多。各地、各级、各有关方面对此都进行了严密部署，周到服务。各地采取的基本措施是客人入关后到哪个地方去，就由哪个地方派专人专车接回，按程序进行安置。既有效防控了疫情，又达到了人人满意。

威海市与日本、韩国隔海为邻，两国入境人员多从这里登陆入关。从2月25日开始，威海市对所有入境的人员都与国内跨省区流动人员一样，全部集中隔离14天，得到了来客的理解。3月，一位被隔离的人员因隔离所在的宾馆收费问题写信给威海市委书记，市委办公室及时调查了解，按实际情况给予了客人满意的答复。

病毒无情，也无国界；无关情绪，也无关态度。隔离、观察、发现、救治、康复是一个对人民负责，对世界负责的大国担当。

周密安排　精准施治

关键，各方面都筑起了严密的"防火墙"；另一个关键，是对感染病人及时、精准地进行治疗，这是医院和医生神圣的责任。

所有的一切，胶东各级各地都做了最周密的安排，最充分的准备，全部迅速进入"阵地"，进入了"战时状态"。

在青岛，山东第一例新型冠状病毒感染的肺炎患者是1月21日（农历己亥年腊月二十七）入住青大附院西海岸院区隔离病房进行治疗的。舍弃了年假的专业医护团队身着防护服、护目镜，全副"武装"，日夜坚守，精心救护。初发病的患者胸闷憋气，高烧不退，加之不知道新冠肺炎病症对自身究竟有多大的危害，遂产生了巨大的心理压力，以致失眠厌食，痛不欲生。为让病人在病理和心理上都得到良好的治疗，医护人员在对其进行正常救治的同时，也对其进行耐心的心理疏导，还经常送以水果、鲜花进行慰问，用专业与责任燃起了患者的生命之火。

终于，这位患者于1月29日康复出院。临行时，他激动地感谢医护人员的专业救治和倾情付出；感谢家人和亲友的支持和鼓励；感谢党和政府全免费的防控与诊疗政策，让自己得到及时治疗，得以很快地康复出院。

以青大附院市南院区重症监护室副护士长王刚为组长的新冠肺炎救治医护团队共17人，是分别从16个科室抽调而来的。虽然，他们对于突发的新冠病毒感染疾病还陌生着，但依凭多年的从医经验，他们相互交流探讨，及时沟通情况和经验，很快摸索并制定出了系列流程，让每一个患者得到及时有效的治疗。

青岛大学附属医院副院长、新冠疫情医疗救治组组长孙运波，在对首例患者救治的过程中，冒险摘下口罩亲自示范教他自主呼吸。大年初二，是孙运波的58岁生日，眼前没有任何祝贺的亲人，没有一件生日礼物，就一个人孤零零地在定点医院的会诊现场悄无声息地度过了。西海岸病区隔离病房主治医生、共产党员谷传凯在陪同首例确诊患者用负压救护车转来，又义无反顾地即时投入了治疗。

医护人员穿着隔离衣、防护服，戴着护目镜、N95口罩、橡胶手套等，不出半个小时便浑身透湿。为抓紧工作，为少换防护服，大家忍着口渴坚持少喝水，坚持少上厕所，汗水湿透了内衣，口罩勒出了血痕全然不管不顾，用"一切为了患者"的信念激发着患者生命的动力，践行着"救死扶伤，实行革命的人道主义"的初心和使命。

在中国，中医药防治"瘟疫"具有悠久的历史和良好的效果。为有效防治新冠肺炎，中医中药全方位参与其中。新冠肺炎疫情出现以来，山东省级中医药专家组在技术上对口支持青岛；青岛市级医院和各区（市）、定点救治医院也都成立了中医药救治专家组，形成了三级中医药专家纵向联动指导定点救治医院的机制。这个"联动"，由市疫情防控指挥部办公室统一指挥，医疗救治组统一调度，定点医院集中施行。

中西医结合、中西医联动的救治模式，构建了中西医协作的工作机制，防控和救治效果是非常好的。到2月24日，青岛全市确诊的60个病例，中医药100%参与治疗，治愈出院38例，治愈率达63.3%，治愈和症状改善率达96.7%。对治愈出院的患者，医院还依照中医的按摩、艾灸、熏洗、贴敷等方法散寒除湿、扶正祛邪，辅以益气养阴、健脾补肺的"代茶饮"、药膳食疗和行气活血、身心兼调的八段锦、太极拳及调畅情志、疏肝解郁的音乐疗法等，助力其肺部功能的调理恢复。

10月11日夜间，青岛发现了3例新冠肺炎无症状感染者，立即引起了广泛重视。凌晨2点，青岛市委主要领导赶赴市疾控中心，召开市区两级紧急视频会议，进行全面动员部署，要求坚决遏制疫情蔓延。凌晨4点，山东省委、省政府主要领导接到疫情报告，第一时间做出部署，要求青岛全面从严从细从实从快排查、检测、隔离、治疗。清晨，山东省在青岛市成立省、市一体化指挥部，全面推进疫情应急处置，并分别就核酸检测、离青人员追踪随访等项工作进行周密安排部署。

紧接着，全青岛开始了大规模全覆盖的核酸检测，截至16日10时，完成核酸采样超过1082万份，出结果的超过了1043万份，找到了零号病人，未发现新增阳性病例，确定了不存在社区感染风险的结论，向全社会报告了一个干净安全的青岛的喜讯。

青岛很快建立了国家、省、市三级专家联合巡诊会诊机制，按照"一人一策""一人一案"的精准救治，分别采取了抗结核、抗病毒的对症施策。到10月28日，包括以前发病入院的13名病例，救治情况全都良好，其中4人已经治愈出院。

湖北胜就是全国胜

"武汉不哭，武汉加油，湖北加油！"这是疫情发生、发现最初阶段全国人民发出的最有力、最坚强、最温暖、最激动人心的语言。

全国各地在全力支援武汉，支援湖北。胶东各地也都行动起来了，人们纷纷捐款、捐物、捐技能。相对而言，胶东收入高，物产优，人们还是年复年的那个说法："只要党发话，要人有人，要钱有钱，要东西有东西。"

胶东人从来都是这么爽快，这么实在，这么直来直去。

胶东人民又像支援淮海战役、渡江战役等各个战役那样，响应党的号召，车轮滚滚地支援武汉、支援湖北了。只是，现在的滚滚车轮已经不是小车、不是担架、不是马车骡驮子、不是竹竿木棍，而是大货、高铁、绿皮车、快递飞机的风驰电掣了。

优质蔬菜启运了，都是大沽河冲积平原上露天和冬暖大棚的产出。青岛安隆达汽车销售公司的运输车队第一时间装上菜农刚从棚里采来的新鲜蔬菜，长途跋涉，送给了奋战在第一线的湖北英雄；烟台苹果、莱阳梨出发了，一车车都是胶东人民对湖北人民的深情厚谊，25吨、40吨、75吨、100吨、200多吨，咬着尾巴，排着长队进入了荆楚大地；威海市的速冻饺子、压缩饼干等特色面食以及优质果蔬进入黄冈，上演了胶东根据地与大别山老区的新时代链接……

用于新冠肺炎病毒防控疗救的物资是重中之重的。

青岛市建立了医疗物资应急生产调度机制，重点医疗物资生产企业实行名录库和日报告制度，市工信局向重点企业派驻了驻厂员，协调解决原料、用工、资金、物流等方面的需求，以最快的速度提高生产能力。在较短的时间内，全市口罩由原来日产出不足 10 万只扩大到 100 万只，防护服日产量由不足 1000 件扩大到 1 万件。悟牛智能公司紧急研发改装了消毒机器人，与其他医疗物资一起，源源不断送往抗疫一线。

与所有的援助款、物相比，行动更早的是医生，是那些"逆袭"而行的白衣战士。医生、护士都是精通业务的骨干，主任医师、副主任医师、护理师等，都是领导干部打头阵，共产党员当先锋。告别年迈的父母，告别年幼的孩子，告别新婚爱人，告别除夕之夜的温馨热闹和所有的春节礼俗，他们乘上动车，登上飞机，组成了精锐的援鄂医疗队飞向湖北，进入武汉、黄冈，从大海边来到了大江边，"海鸥"飞翔在黄鹤楼头，进入了祛除荆楚大地疫病的阵地。

大年初一，青岛市从市立医院选派 12 名医护人员参加了山东省援鄂医疗队，首批 8 名队员启程到济南会合共赴武汉。与此同时，青岛市第一、第二批援鄂医疗队的 20 名队员飞赴黄冈，进入了紧急筹建的大别山区域医疗中心展开医疗救治。在 54 天里，他们创造性地实施了 24 小时"滴定式"治疗，所管病区 263 名患者有 262 名康复出院，52 名重症患者无一死亡。黄冈市人民政府作出决定，授予青岛市全体援黄队员"黄冈市荣誉市民"称号。

2 月 8 日 22 时，青岛市再次奉命组建了两支援鄂医疗队。这两支队伍共计 264 名医护人员，各 132 人。一支由市卫健委抽调，市立医院、市中医院、市第八和第六人民医院及胶州中心医院的医护人员组成，由市立医院副院长、呼吸科医学博士李永春领队；另一支由青大附院独立组建，副院长牛海涛担任领队。

两支医疗队携带着医疗设备和防控物资全速到达武汉，共同进入了武汉同济医院光谷院区。由李永春担任领队的医疗一队接管了 E1 区 9 楼重症病房；牛海涛担任领队的二队接管了 E1 区 9 楼的另一个病区。

病区就是战场，病房就是阵地。

在一队负责的重症病房，队员们科学抗疫，精准施治，快速补齐了防控短板。对危重病人早期进行病情识别，把救治风险关口前移，创造性地实施诊疗的"3个3"原则、"纵横网格化"诊疗连续性管理和病房"6S"管理、中西医结合治疗等先进的管理救治方法。在52天里，医疗一队收治病人104名，抢救危重症病人12位，病人"零死亡"，医护人员"零感染"。

日日夜夜，每分每秒，青岛市的医护人员同患者生死与共，与病毒争战搏杀，血光闪动，惊心动魄。52天里，二队先后救治危重症患者97人，成功完成气管插管51人次，气管切开1例，腰穿3例，股静脉穿刺2例，俯卧位通气12人次，CRRT 14人次，深静脉置管4人次，超声引导下鼻肠管置入肠内营养3例。在治愈的患者中，有合并多脏器损伤的91岁的重症患者，有107公斤超重患者在气管插管机械通气10天后顺利康复，分别为光谷院区救治成功了年龄最高、体重最大的患者。

难忘的1月25日，烟台、威海两市都选调医护人员参加了山东援鄂医疗队。1月24日大年三十，按照山东省卫健委紧急通知要求，烟台市医护人员踊跃报名参加援鄂抗疫。1月25日，来自毓璜顶医院、滨州医学院烟台附属医院、烟台山医院的呼吸内科、重症医学、院感专业，和威海市立医院、中心医院相关学科得到批准的11名医护人员，于1月26日凌晨到达湖北黄冈市，分别到几家医疗机构开展工作。其后，又有两批医务人员分别于1月28日、2月9日随队到达湖北（三批队员中烟台、威海的分别为26名和24名），接管了武汉汉阳国博方舱医院等医疗机构。

胶东援鄂抗疫，直到患者清零，英雄凯旋，创造了零死亡、零感染、零返舱、零事故、零投诉的业绩，立下了不朽的功勋。

2020年9月8日，中共中央在北京召开的全国抗击新冠肺炎疫情表彰大会上，青岛市的李永春、牛海涛，威海市的张静，烟台市的马飞荣获"全国抗击新冠肺炎疫情先进个人"称号；青岛国际机场集团有限公司党委成为"全国抗击新冠肺炎疫情先进集体"。

健康第一，生命至上

抗击新冠肺炎疫情，中国取得了重大战略成果。全国人民并没有松懈，各地都还在大睁着清醒的眼睛，时刻警惕着、抗击着，防止大股"疫敌"卷土重来，损害中国人民健康的肌体。

绝不让疾病和瘟疫侵害人民健康，这是中国共产党领导下最重要的理念和最成功的实践。

翻开新中国祛病疗疾防疫抗疫的历史，那些不容否定的事实无一不生动地彰显着党和政府对人民群众健康的无与伦比的关心和重视，中国共产党领导下的人民中国无时无刻不在守护着人民的健康和生命的尊严。

新中国成立之前，我国烈、急性传染病广泛流行，人口死亡率为20‰，婴儿死亡率为200‰，孕产妇死亡率为15‰。1949年11月，毛泽东对国家卫生部指示说，必须大力加强对卫生防疫工作的组织和领导。1950年1月，卫生部首先展开了对结核病的预防工作；10月，国家颁布《种痘暂行办法》，全国民众普种牛痘，预防天花；1951年4月，国家制订了19种传染病防治方案和《法定传染病管理条例（草案）》以及若干防疫工作的具体办法。其后，中央和各级党委、政府一系列的关于防治疫病，保证人民健康的举措随着社会发展和人民需要逐步完善，形成了人民卫生健康事业的完整体系。

胶东的流行性、传染性疾病主要有流感、麻疹、天花、霍乱、痢疾、痨病（肺结核）、疟疾、麻风、脑炎等，还有因旧社会的恶习遗留的性病、毒瘾等。按照中共中央和山东省委、省政府的指示，胶东各地、各级政府采取积极措施加以防控治疗，使一些疾病很快得到抑制或根除。如严厉禁毒消除了毒瘾；铲除妓院清理了性病滋生地；接种牛痘消灭了天花，注射疫苗预防了脑炎；等等。其他传染性疾病则随着医术的提高，设施的增加，人民生存环境和条件的改善逐步减轻或消失。

1952年3月，美国飞机多次飞临胶东沿海地区，投放带病菌的苍蝇、蚊子、老鼠等。莱阳、文登专区和青岛市各级政府机构都迅速成立了细菌战防御组织，通告全体人民加强防御戒备。公安、卫生等部门分片包干组织发动，数百万人参与对"毒虫"的消杀捕灭；医疗机构和医务人员研究制定了防疫措施，广泛开展了爱国卫生运动，有效消解了毒菌的威胁和侵害。各地响应毛泽东关于"动员起来，讲究卫生，减少疾病，提高健康水平，粉碎敌人的细菌战争"的号召，陆续开展了"除四害——苍蝇、蚊子、老鼠、麻雀（后纠正为臭虫）——讲卫生"等多项爱国卫生运动，城乡卫生面貌迅速改变，疫病发生率逐渐降低。

1959年，胶东多地出现了水肿病人。4月，即墨、胶县、胶南三县发病人数达到11725人，死亡634人。青岛市积极采取药物治疗和营养补充措施，病人的病情逐渐有了好转，多数痊愈康复。水肿病发病原因在于食物单调，营养不足。烟台专区发出通知，要求各县抓好食堂，改善营养，让社员吃得饱，吃得干净卫生。医务人员则展开了巡回医疗，及早发现病人，及早进行救治，及早实现了康复。

1965年6月26日，毛泽东针对农村医疗卫生的落后面貌，指示卫生部"把医疗卫生工作的重点放到农村去"，解决长期以来农村缺医少药的问题。

1966年2月到3月，胶东各地认真贯彻落实"6·26"指示精神，医务人员纷纷要求到农村安家落户。青岛第一批批准到基层医疗单位工作的医务人员有230多人，其中有老专家、青年医师及各学科、各专业的医生、护理人员。这些人中，许多是党员、团员，还有省、市、区级人大代表、政协委员。3月11日，市委举行各界1800多人参加的大会，欢送到农村去的医务人员分赴昌潍、烟台、临沂、聊城、泰安、菏泽、枣庄及郊区崂山等地工作。陆续，各医疗单位又有多名医务人员下乡安家落户，到1973年共达到500多名。烟台地区地直综合医院有102名医务人员下到莱西、蓬莱、牟平、栖霞等县的基层医院工作。

组织城市医疗队到农村巡回医疗，是胶东各地医疗卫生工作的一个重要方面。青岛市先后多次组织医务人员到莱西、平度、胶县、胶南、诸城、五莲送医送药，防病治病。医疗队每到一处，前来就诊的人络绎不绝，有时每天要接诊三四百人，医务人员常常顾不得吃饭，推迟了睡眠。对不能到诊的病人，医疗队还登门诊疗，及时让那些危重病人转危为安。

1968年，胶东农村普遍实行了合作医疗制度。合作医疗基金由生产大队、生产队和个人筹集，参加合作医疗的个人每人每年交2~4元，"五保户"和确有困难的烈军属、困难户、病灾户由生产大队统一缴纳。各村普遍建立了卫生室，卫生室的"赤脚医生"小村1个，大村2~3个，实现了小病不出村，中病不出公社，看病就近方便，随患病随治疗。社员在村医疗室治病产生的费用报销70%以上，出村治病经赤脚医生批准报销不低于30%。各村还培养了接生员（有的村由赤脚医生兼任），随生随接，分级负责，一般情况下的生育也是非常安全的。

农村赤脚医生得到各方面的严格训练，公社、县、地、市建立了系统的赤脚医生培训体系，上级医院都有代培进修赤脚医生的任务。青岛市许多大医院的医生结合下乡巡诊，也把培训赤脚医生作为重要任务之一。

赤脚医生保持了胶东人勤劳朴实节俭智慧和虚心好学刻苦钻研的品格，

为社员治病实行中西医结合的方法，许多流传民间的土单验方也被挖掘出来用于防病治病。村卫生室常备的药品有许多是赤脚医生到田野或山中采集的中草药，有的还制成了膏丹丸散，熬制了汤药，方便取用，治病效果都比较好。

莱西县小河子大队赤脚医生居兴仁是个老实厚道、勤于钻研的人，行医期间一直苦于村里数十位患风湿性关节炎的乡亲难以治愈，长期精心治疗却不见好转。他受启发于当地"打不断的狗大腿，倒不了的虎骨架"的俗话，便跑公社、跑县城到医院向医疗专家讨教，拜药剂师学习制作针剂。经过反复研究试验，开始用在动物和自己身上，证明没有毒副作用后便请自己患风湿病的知心朋友试药效。居兴仁给多年因关节炎卧床不起的老朋友、老乡亲张华开每天打一针，连续12天之后，张华开竟然自己去村卫生室向居兴仁道谢了。

其后，村里患风湿病的人陆陆续续就在村卫生室治疗，都见效了，都渐愈了……经层层上报，山东省卫生厅专门为此召开"祛风湿注射液（狗骨针）"鉴定会，得到了与会专家的普遍认可，顺利通过了评审，获得了生产许可证。

《人民日报》、新华社、中央人民广播电台及省内、境外等50多家新闻单位刊播了居兴仁和他的"狗骨针"的消息，影响所及，就诊者、参观者每天都有上百人拥到小河子村卫生室。

赤脚医生居兴仁惠及了远远近近多少风湿病患者，已经不计其数了。

赤脚医生最了解农民和村里的情况，一般流行疾病来袭时，有经验的赤脚医生往往就会用传统偏方熬了汤药送到家家户户，让人们按时服用，常常能收到很好的防治效果。

从毛泽东关于"动员起来，讲究卫生，减少疾病，提高健康水平"的指示，到习近平总书记"人民至上，生命至上"的教诲，中国共产党对人民健康的重视，对人民生命的珍爱，始终是一脉相承的。

这就是中国共产党人的初心，这就是中国人民的福祉。

抗击新冠肺炎疫情，我国已经取得了阶段性胜利，胶东人民在以习近平总书记为核心的党中央和各级党组织的领导下，万众一心，牢牢地筑起防疫抗疫的钢铁长城，不获全胜，绝不收兵。

不得不提到的是，生活在新冠肺炎疫情水深火热之中的世界人民正纷纷看好中国、赞美中国,在许多方面得到了中国无私援助的情况下,个别国家的无耻政客却在睁着眼睛说瞎话,不遗余力地从事着抹黑中国,甩锅中国,不遗余力地离间中国人民同中国共产党深厚感情的卑鄙伎俩。

"蚂蚁缘槐夸大国,蚍蜉撼树谈何易。"

新冠病毒和小人之心,在中国共产党领导下的中国人民的抗击之中,必将被消灭净尽!

第三十七章
胶东，迎着黄渤海的霞光进入新的百年

胶东各地同全国一样，完成了"十三五"的既定目标，绘就了"十四五"的宏伟蓝图，进入了全面建成小康社会，开启全面建设社会主义工业、农业、国防和科学技术现代化国家的新的征程

在习近平新时代中国特色社会主义新的历史发展时期，崂山更绿了，昆嵛山更青了，大沽河更幽了，黄渤海更蓝了。

"青山有幸埋忠骨"。胶东的山山水水，浸润着英雄的鲜血，安葬着烈士的忠骨，磅礴着志士的浩气。一处处陵园，一座座纪念馆、博物馆、陈列馆，记录着、铭刻着、讲述着一代又一代中国共产党人不忘初心，英勇奋斗，为国家的独立，为民族的解放，为人民的幸福前赴后继，发奋进取的伟大功业。

胶东人民，一代又一代建设着红色文化，传承着红色基因；一条条英雄的道路，一座座不朽的丰碑，刻写在胶东大地，矗立在人民的心中。

新党员上的第一堂党课，是瞻仰革命先烈；新团员的第一次活动，是倾听革命先烈英雄事迹的述说；新入队少先队员的仪式，是齐刷刷举起右手，向着红色的队旗宣誓，向着烈士的遗像敬礼……高唱着《中国少年先锋队队歌》，步伐整齐地行走在前进的道路上：

"我们是共产主义接班人，继承革命先辈的光荣传统，爱祖国，爱人民，鲜艳的红领巾飘扬在前胸。不怕困难，不怕敌人，顽强学习，坚决斗争，向着胜利勇敢前进……

"我们是共产主义接班人，沿着革命先辈的光荣路程，爱祖国，爱人民，少先队员是我们骄傲的名称。时刻准备，建立功勋，要把敌人，消灭干净，为着理想勇敢前进……"

人们走进青岛革命烈士纪念馆，瞻仰王尽美、邓恩铭、李慰农、郭隆真、刘谦初、李春亭等烈士的遗容；走进英灵山革命烈士陵园，聆听理琪、王文、林江、任常伦等抗日英雄的事迹介绍；走进"许世友将军在胶东"

纪念馆，领略那炮火连天的岁月，中共胶东区委、胶东军区指挥千军万马，消灭凶残的日本侵略者、打退疯狂的国民党反动派进攻的"横扫千军如卷席"的风采；走进产芝水库移民博物馆，遍览人民群众在党的领导下自力更生，艰苦奋斗，战天斗地，改造山河的气概……浸润、陶冶、沉思、体悟，抚今追昔，感慨不已。

初心砥砺，气象万千。

多少青少年，多少知识分子，多少仁人志士来到荣成，瞻仰"郭永怀事迹陈列馆"。

郭永怀是荣成市滕家镇人，是中英庚子赔款基金会第七届留学生留学加拿大后转入美国留学的科学家。1956年，他与钱学森相约，先后回到百废待兴的祖国。他是我国近代力学著名的开拓者，是我国"两弹一星"国防事业关键的支撑者之一。

1968年12月，郭永怀搭乘夜航专机从基地飞往北京机场降落时，飞机不幸失事。

当时，周恩来总理正在会见外宾。秘书慌忙走进来对着总理耳语说，首都机场一架飞机失事，机上有郭永怀。周总理听了，当场失声痛哭……

同机唯一的一位幸存者回忆说，当飞机出现险情时，机舱里一片沉默。唯独听到一声高喊："我的资料！"

解放军战士在清理飞机失事现场时，看到了紧紧抱在一起的两具焚毁的遗体。这两个人，一个是郭永怀，一个是他的警卫员牟方东。

当人们费力地把两个人分开时，发现两人的胸膛间紧紧夹住了一个未被烧着的公文包。此情此景，让现场的所有战士纷然跪地，放声大哭。

当郭永怀的同事们打开公文包时，看到的是完好无损的热核导弹项目的实验数据等重要的技术资料。

郭永怀牺牲第22天之后，我国第一颗热核导弹成功试爆，氢弹的武器化得以实现。

1968年12月25日，郭永怀被授予"中华人民共和国烈士"称号。这是中国科学院院士、"两弹一星"元勋中唯一的一位烈士科学家。

2016年10月16日，在我国第一颗原子弹爆炸成功52周年时，郭永怀事迹陈列馆在荣成落成开馆。馆中陈列了郭永怀的遗照和遗物；中科大建校资料；我国第一颗原子弹、氢弹1∶1模型；我国最新一代运载火箭长征五号、长征七号1∶10模型；目前世界最先进的JF-12激波风洞模型等。

2016年7月，郭永怀事迹宣讲团成立。宣讲团的足迹遍及各地，引起强烈反响。许多大学生表示，郭永怀留给我们的精神财富，是我们努力学习、报效国家的精神动力。教授们说，在新的时代，更应该把郭永怀伟大、崇高的精神传递给每一位青年学子，让他们更加明确未来的使命和责任，到祖国最需要的地方去实现自己的人生价值。

宣讲团吸引着越来越多的人接受着红色教育，牢记着红色历史，不忘初心，砥砺前行。

2018年7月，中国科学院紫金山天文台将发现的两颗小行星分别命名为"郭永怀星""李佩星"，让这对科学家伉俪在空中重聚，光耀星空。

习近平总书记高度赞扬以钱学森、邓稼先、郭永怀等"两弹一星"元勋为代表的老一辈知识分子的家国情怀和奉献精神。

郭永怀专精力学，站在科学的制高点上，居高临下；郭永怀的生命，升华在精神的制高点上，永志人间。

郭永怀忠于事业、忠于国家，他的身上，凝聚了胶东人的品格，展现了胶东人的情怀，这是胶东人的楷模，是胶东人的骄傲。

胶东人，继承着一代又一代革命先辈的精神，在习近平新时代中国特色社会主义思想指引下，坚定不移地贯彻新的发展理念，构建新的发展格局，不断增强"四个意识"，坚定"四个自信"，做到"两个维护"，肩负着中华民族伟大复兴的历史重任，向着第二个百年的奋斗目标，迈出新的更加坚实的步伐。

传承着四方机厂工运精神的青岛四方机车公司的"和谐号"，一代代新的高速动车组正一列接一列风驰电掣地驶出胶东，驶向全国，驶向世界.

承载着中国近代百年屈辱的黄渤海洋面上，飘扬着五星红旗的一艘艘、一队队帆船、游船、商船、战船、航母，它们披着朝霞，迎着旭日，劈波斩浪，胜利前进，去完成新时代赋予的新的使命⋯⋯

昭彰着五四精神的"五月的风"的火炬，在五四广场，在信号山下，在碧海蓝天之间，闪耀着胶东人民自强不息的熠熠光华。

东方，在波光粼粼的海面上，一轮朝日正冉冉升起⋯⋯

2019年12月—2021年3月

后记

我生在胶东,长在胶东。我深深地爱着我的家乡,爱着家乡的人民,爱着这一方无与伦比土地。

从小,我所听到的凶残恐怖就是日本兵、"二鬼子"的扫荡和国民党、还乡团的进攻;所听到的英雄壮烈就是抗日寇、打蒋匪、消灭还乡团。到后来的年代,家乡人民在党的领导下所创造的可歌可泣和威武雄壮的不朽业绩,有些方面就直接进入了我采访写作和调查研究的视野。

2019 年 10 月,当中国共产党成立 100 周年的日子即将来到的时候,我便想到应该在家乡撷取一个足够分量的题材谋篇成书,向这庄严的时刻献礼。冥冥之中,我的笔触便定格在了这波澜壮阔的历史与现实上。

我调动了脑海里全部记忆的资源;翻找出橱柜里所有有关的书籍;劳驾了当地外地全部的亲友包括已经调走的我的老领导帮我寻找资料;我打开电脑搜索那些官方网站所载党史、地方史、专业史披露的信息;我向相关的业务部门咨询相关的情况,在各报刊里浏览,发现其中的工作亮点和新近的事件报道;等等,从而得以有众多相关的文献篇什流水般源源而来。

于是,我通读和选读着这浩如烟海的文字,如同在写作准备中的长途跋涉探源寻流的采访,在多多益善中做着比较、选择,客观实在地展开去粗取精、去伪存真的奔波搜求,选取那些能够中肯而又恰到好处地表达主题、构成篇章的真实而生动事例。这一个个由最初的亲历者、研究者用生命的血泪和汗水创造和发现的真实而生动的事例,成了本书大格局中最基本的元素。

我艰难地探寻着眼下的胶东,沐浴着新时代的英雄浩气,去采访在习近平新时代中国特色社会主义思想指引下不舍昼夜地创造着新生活的人们;我踏着先辈的足迹,走着当年峥嵘岁月里那艰难的历程,认真地实地考察、探索,谦恭地造访仅存的那寥若晨星的亲历者、知情者,认真细致地挖掘那些血肉相连足以佐证历史的第一手资料。我翻山越岭,蹚河渡海,沐浴着古战场的雄风，啼听着历史与现实对接碰撞的轰响，经受着灵魂的洗礼，沉浸在无限的玄远与神圣玄奥之中。再苦再累也在所不辞。

在本书成书的过程中，得到了莱西市委和上级党史研究机构、出版部门及有关方面的高度重视和大力支持。

书稿形成之后，中共莱西市委党史研究中心即上报中共青岛市委党史研究院并转请中共山东省委党史研究院审核。省、市两级党史研究院经逐字逐句认真审读后，青岛市委党史研究院回复莱西市委党史研究中心："我院对《初心千里》书稿的基本史实、政治观点、行文规范等方面进行了审核，认为该书稿结构清晰，史料详细，内容丰富，无政治性错误和重大史实性错误，基本达到出版要求……"山东省党委党史研究院回复青岛市委党史研究院："收到《初心千里》书稿后，我院领导非常重视，责成相关处对书稿进行了认真审读。经审读，我们同意青岛市委党史研究院的审读意见……"同时，省和青岛市党史研究院对书稿中存在的"史实不够准确、表达不够规范"的问题提出了中肯的修改意见，并补充了相关史实新的研究成果。按照省和青岛市党史研究院的审读稿本，我对书稿进行了认真修改，郑重地加进了那些宝贵的修改意见，从而使全书的史料更加翔实，自己的创作心理也更加踏实了；出版社的编辑同志按规范程序进行了认真审阅和严格把关，在各方面给予了特别关照和热情支持；我的老领导自始至终表达着诚挚的关切、支持和热情的帮助指导；我的亲朋、我的家人对此也付出了艰辛的劳动，不断延伸着无比的真诚和担当。

值此图书出版之际，我在此向所有为此书的写作、出版给予帮助的人们一并表示深深的谢意！

敬请读者方家和知情者对本书可能存在的不足、缺点和讹误提出批评指正，我当不胜感激之至。

作者

二〇二一年三月十七日

主要参考文献

中共中央毛泽东选集出版委员会：《毛泽东选集》，人民出版社，1966年版。

毛泽东著作选读编辑委员会：《毛泽东著作选读（乙种本）》，中国青年出版社，1966年版。

中共中央办公厅编：《中国农村的社会主义高潮》，人民出版社，1956年版。

中共中央党史研究室：《中国共产党历史》，人民出版社，1991年版。

中共中央党史研究室，胡绳主编：《中国共产党的七十年》，中共党史出版社，1991年版。

中共中央党史研究室：《中国共产党历史》，中共党史出版社，2011年版。

中共山东省委党史资料征集研究委员会：《中共山东党史大事记》，山东人民出版社，1986年版。

中共山东省委党史研究室：《中共山东地方史》，山东人民出版社，1998年版。

中共山东省委党史研究室：《中共山东历史·简明读本》，山东人民出版社，2016年版。

中共烟台市委党史研究室，烟台市档案局：《中共烟台历史大事记第一、二卷（1919~1949，1949~1978）》，中共党史出版社，2003年版。

中共烟台市委党史研究室：《中共烟台地方史第一卷》，中共党史出版社，2003年版。

中共青岛市委党史资料征集委员会办公室：《中共青岛党史大事记1921~1949》，中共党史资料出版社，1990年版。

中共青岛市委党史研究室：《中共青岛地方史大事记1949.10~1999.10》，中共党史资料出版社，2000年版。

中共青岛市委党史研究室：《中国共产党青岛历史第二卷（1949~1978）》，中共党史资料出版社，2016年版。

《中共威海市历史大事记》编委会：《中共威海市历史大事记1930~1949》，中共党史出版社，1997年版。

中共威海市委党史研究室：《中共威海市历史大事记 1949~1997》，中共党史出版社，1998 年版。

中共莱阳市委党史研究室：《中国共产党莱阳历史》，中国档案出版社，2005 年版。

中共莱西市委组织部，中共莱西市委党史研究室：《中共莱西地方史第一卷》，青岛出版社，2000 年版。

中共莱西市委组织部，中共莱西市委党史研究室：《中共莱西地方史第二卷》，中共党史出版社，2012 年版。

中共平度市委党校：《中共平度党史大事记 1949~1989》，国防大学出版社，1993 年版。

中共平度市委组织部，中共平度市委党史研究室：《红色记忆——平度新民主主义革命时期党史资料汇编》，中共党史出版社，2015 年版。

中共昌邑县委史志办公室：《中共昌邑县历史简编》，中共党史出版社，1993 年版。

中共蓬莱市委党史研究室：《蓬莱革命斗争史》，2002 年。

中共烟台市福山区党史资料征集研究委员会：《中共福山县党史大事记 1921~1949》，1989 年。

中共高密市委：《中共高密市历史资料》，2005 年。

许世友：《我在山东十六年》，山东人民出版社，1981 年版。

林一山：《林一山回忆录》，长江出版社，2019 年版。

济南军区党史资料征集委员会办公室：《齐鲁烽火》，1986 年。

烟台地区行政公署出版办公室：《胶东风云录》，山东人民出版社，1981 年版。

烟台警备区军事志编纂委员会：《胶东军事志》，军事科学出版社，1990 年版。

中共山东省委党史研究室：《山东的土地改革》，山东人民出版社，1993 年版。

郝玉子：《胶东妇女运动史略（1921~1949）》，山东人民出版社，2017 年版。

刘同钧：《辛亥革命前海莱招抗捐运动》，社会科学文献出版社，1989 年版。

周建生：《齐鲁军事史》，黄河出版社，2000年版。
《沽水天佑》编纂委员会：《沽水天佑》，泰山出版社，2002年版。
张代文主编：《双山张氏六百年》，燕山出版社，2008年版。
莱西县志编纂委员会：《莱西县志》，山东人民出版社，1989年版。
莱阳市志编纂委员会：《莱西县志》，齐鲁书社，1995年版。
平度县地方史志编纂委员会：《平度县志》，山东省出版管理处，1987年。
烟台市水利局史志办公室：《烟台水利志》，1991年。
莱西市水利志编纂委员会：《莱西县水利志》，1996年。
莱西市军事志编纂委员会：《莱西市军事志》，2012年。
莱阳市"胶东红色文化"建设工作领导小组办公室：《莱阳红色文化丛书》，2015年。
其他。